U0519561

巴 金 杨 苡 黄 裳 等著

李 致 李 斧 编选

棠棣之华／巴金的两位哥哥

四川文艺出版社

图书在版编目（CIP）数据

棠棣之华 : 巴金的两位哥哥 / 巴金等著. -- 成都 :
四川文艺出版社, 2019.3
ISBN 978-7-5411-5182-8

Ⅰ.①棠… Ⅱ.①巴… Ⅲ.①李尧枚—纪念文集②李
尧林—纪念文集 Ⅳ.①K825.46-53

中国版本图书馆CIP数据核字（2019）第028728号

TANGDIZHIHUABAJINDELIANGWEIGEGE

棠棣之华:
巴金的两位哥哥

巴金　杨苡　黄裳　等著
李致　李斧　编选

责任编辑　　梁康伟
封面设计　　叶　茂
内文设计　　经典记忆
责任校对　　段　敏
责任印制　　唐　茵

出版发行　四川文艺出版社（成都市槐树街 2 号）
网　　址　www.scwys.com
电　　话　028-86259287（发行部）　028-86259303（编辑部）
传　　真　028-86259306

邮购地址　成都市槐树街 2 号四川文艺出版社邮购部　610031
排　　版　四川经典记忆文化传播公司
印　　刷　成都东江印务有限公司
成品尺寸　149mm×210mm　　　开　本　32 开
印　　张　13.5　　　　　　　　字　数　270 千
版　　次　2019 年 3 月第一版　　印　次　2019 年 3 月第一次印刷
书　　号　ISBN978-7-5411-5182-8
定　　价　68.00 元

目录

大哥李尧枚

三哥李尧林

附 录

大哥李尧枚

李尧枚（1897—1931），字卜贤。巴金的大哥，《家》中觉新这一形象的原型。是最早将新文化思想带进旧家庭并支持弟弟外出求学的人，后独自承担一个没落大家庭的全部生活负担。巴金说，大哥是爱他最深的人。

李尧枚致巴金的信[①]

一

亲爱的弟弟：

当你们送我上其平轮[②]的时候，我的弱小的心灵实在禁不起那强烈的伤感，眼泪不知不觉地流下来，把许多要说的话也忘记了。我们哭了一阵，被他们将你同惠生[③]唤走，我送也未送，但是我也不忍送你们。你们走后，我就睡在舱里哭，一直到三点半钟船开始抛（起）锚，我才走出来，望着灯光闪闪的上海，嘴里不住地说："别了，上海！别了，亲爱的弟弟们！"上海，我不大喜欢[④]，但是我的弟弟住在那里，我也爱他了。

---

① 巴金在十年浩劫后发现四封大哥写给他的信（参见李致《终于理解父亲》）。原信无标点，标点是李致后加的。

② 其平轮，船名。李尧枚乘该船离上海返川。

③ 惠生，即高惠生，李尧枚和巴金的表弟。他同李尧枚一起去上海，留在上海读中学。后来与尧枚和巴金的九妹结婚。

④ 据巴金分析，李尧枚可能是不喜欢"海派"和节奏快。同时，李尧枚第一次远离四川，对家里很思念。

一直看不见了，眼泪也流得差不多了，我才回舱睡觉。直到八月初三后方抵重庆，初七乘汽划到合川①赶旱回省②，十五夜八（点）钟方抵家，从七月二十八日由宜昌起，每日不住的下雨，一直把我送回成都。十六日却又天晴了，一路平安，请释念。归家即读你七月十七日写的信（八月初十到的），又使人伤感不已。弟弟，沪上一月的团聚，使我感到极大的安慰，不料匆匆又别了，相见不知何日。弟弟，我真舍不得离开你呵。我回来到今已经六天了，但吃饭也吃不得，精神也不如以前了，甚（什）么事也不想做了。弟弟，并不是我懒，或是我病了，只是心中像损失了一件甚么东西一样。弟弟，我真苦啊！弟弟，我在上海把你耽搁了一个月，甚么事都使你不能做，真是对不起你得很。但是，我还觉得我们未好生快乐过一天，太短了。我觉得你在我的面前太少了。亲爱的弟弟，我还觉得你是我一个最小的弟弟，难得有我这个老哥子在你面前时时拥抱你。弟弟，我想你时时在我怀中。弟弟，我人虽回到成都来，弟弟，我的灵魂却被你带去了。弟弟，我时时刻刻在你的身边，我是一刻不离你的。弟弟，前数夜，我同妈妈③、大嫂④、九妹⑤他们摆龙门阵，我说四弟同高惠生他们俩在我的面前，简

---

① 合川，县名，今重庆合川区。
② 指由陆路回省会成都。
③ 继母邓蘐如。
④ 李尧枚的妻子张和卿。
⑤ 即李琼如，高惠生的妻子。

直比一些寻常的儿子在老子面前还好，我实在舍不得他们，不放心他们。我含泪的说，却把他们的眼泪惹下来了。弟弟，你的哥哥是爱你的，你也是爱你的哥哥的。但是，你的哥哥实在不配你爱呵！唉！

弟弟，我托你一件事，是你已经答应的，就是照顾高惠生弟的事。请你照应照应一下呵。那天立约虽是我们三人一时的游戏，但高惠生他很愿意的。他有志于文艺，希望你指导指导罢。

今天又接着你的第二封信。谢谢你的美意，怎么你又送我的书？弟弟，你说你硬把我的《小宝贝》①要去了，你很失悔。弟弟，请你不要失悔，那是我很愿意送你的。其所以要在船上拿与你，就是使我留下一个深刻的映（印）象，使我不会忘记我们的离别时的情景，借此也表出我的心情，使我的灵魂附着那张小小的唱片永在你的身旁。②

弟弟，还有许多话是说不完的，只好打些……代表了罢。本来，我要再等两天才写的（因为我实在不舒服），却因接着你的信，很念我，所以勉强写点给你。但是，我并没有大病呵，只不过我太懒和心中难过罢了。请了，下次再谈，敬祝健康！

　　　　　　　　枚　八月二十一日夜书于灯下

---

① 唱片，系格蕾西·菲尔滋唱的《小宝贝》。
② 有关细节，巴金在《做大哥的人》中曾有描写。

二

弟弟：

好久没有接你的信了，很念你的。知道你的事情忙，所以我先写封来，有空请复我，没空也就算了。好在我的灵魂是在上海的，在你身旁的。你的身体好么？你不要太劳苦了，总得要休息休息和运动运动一下，一天到晚伏在桌子上，很痛苦的。请你听我的话罢。

你近年来还爱看电影么？我知道你进了电影院一定不高兴，因为你的哥没有坐在你的旁边了。但是，弟弟，你只管看你的电戏（影）罢，你的哥还是在你的左右。他不过是爱听悲哀的音乐，坐在前面罢了。弟弟，他还是在等他的弟弟，解释着悲哀的剧情给他听呢！就是听不见他的弟弟唱Sonny Boy[①]，心里不免有些酸痛罢了。

弟弟，你对现代社会失之过冷[②]，我对于现代社会失之过热，所以我们俩都不是合于现代社会的。现代社会所需要的是虚伪的心情，无价的黄金，这两项都是我俩所不要的、不喜的。我俩的外表各是各的，但是志向却是同的。但是，我俩究竟如何呢？（在你的《灭亡》的序言，你说得有我俩的异同，但是我俩对于人类的爱是很坚的。）其实呢，我两个没娘没老

[①] 指听不见巴金放唱片《小宝贝》。
[②] 巴金在一本叫《一月十五日》（即《旅途通讯》）的旧作的序中说："我虽然知道我们的心不会被那无边的海洋所隔断，但是现在我的心实在寂寞得很！冷得很！希望你们（指李尧枚和李尧林）送点火来罢。"

子的孩子，各秉着他父母给他的一点良心，向前乱碰罢了。但是结果究竟如何呢？只好听上帝吩咐罢了。冷与热又有什么区别呢？弟弟，我的话对不对？

　　弟弟，我向你介绍一个人罢了，就是高惠生，胖大娘①是也。他是个富于感情的人，希望你时时指导他。他前天与他的妈妈有封信，信内有几句话："大哥在上海时，有什么事情，还可同他商量商量，现在呢，我还有什么人来商量呵，唉！"弟弟，你看他说得多么可怜呵！弟弟你安慰他一下罢。

　　弟弟，我是不再看电影了。因为没有他弟弟在他旁边替他解释剧情了。弟弟，他要他的弟弟来了，他才得快乐呵！弟弟，这次我回川，我失掉我两个小弟弟：你和惠生。我是如何的痛苦。唉！请了，祝你健康！

枚　双十夜

三

四弟：

　　一连接着你两封（信）：九月二十八日一封，本日一封。二十八日那封信接着时，我的二女②正患着极重的气管肺炎，离

---

① 高惠生的绰号。
② 指李国炜。

死神不远了。好容易才由死神的手里夺回来，现在还调养着，所以当时没有给你写回信。

弟弟，我此次回来，一直到现在，终是失魂落魄的。我的心的确的掉在上海了。弟弟，我是多么的痛苦呵！弟弟，我无日无夜的不住思念你。弟弟，我回来，我仍在我屋里设一间行军床，仍然不挂帐子，每夜仍然是照在上海时那个样子吃茶看书。然而在上海看书过迟，你一定要催促我。现在我看书往往看到一两点钟，没有人催促我，因为大嫂月分大①了，总是十点前后就睡了，我还是朝深夜看去，□□过迟，往往掩卷而泣，悄悄的睡了。

弟弟，我常常的当是你在我身旁一样，即（及）至警觉你不见（在）我的面前，我总是十分的难过。我每天吃了饭，我总是到处乱跑的混午饭，总不愿意在家吃，因为我总想你回来吃晚饭。弟弟，我诚然不对，因为我甚么事都不想做了。

弟弟，我自己（我）都不知道我要怎才对。

弟弟，我万不料我这一次把我的弱小的心灵受着这剧（巨）大创痕。弟弟，我这创痕不知何时才医得好？弟弟，更不料我这次使你也受着极大痛苦，弟，我恨不得……种种……

弟弟，你说的"如果你还不曾忘记你的弟弟"。弟弟，我如何会忘记你？弟弟，我如果忘记你到（倒）好了，因为我无论甚么事我总是闷在心头，越筑越紧。弟弟，我多年来未曾胖过的，受不住热天，即（及）至我回来，我却胖了。家里人这

① 指怀孕后期。

一九二九年，李尧枚（前坐）在上海时与
巴金的合影

样说，我不信，我把我以前的衣裳穿起，果然胖了。但是现在却大瘦了许多了。弟弟，我是时时刻刻的思念你呵！

弟弟，你不要以为我难得写信来是忘记了你了，那是错了。因为我写信给你，总是悲哀话多。我想我已经难过，如何再使你难过。所以每次提起笔又放下了，甚至有一两次写好了，我又（把）他（它）撕了。弟弟，如果你今天的信不来，还不知那（哪）天我受不住才写呵！

弟弟，白天我都好混过，夜间最糟，我真痛苦极了。我想我有一架飞机，那就好办了。

弟弟，我一天到晚都是鬼混唐朝的，希望你也将空时候，给我写一点信来，总之，我俩互相安慰着罢。

弟弟，我的神经是慌糊（恍惚）的，这是为甚么缘故？

弟弟，我托你一件事：请你代买一本法文初范，用快邮寄来。务必费心，因为成都多年没有了，天主堂邓梦德牧师那里也去问过了。弟弟，请你不要忘记，费心，费心。

弟弟，我是时时刻刻的在你身旁的，你也是时时刻刻在我的身旁的。请你时时放宽心罢，因为忧愁是很不好的。

弟弟，好好的过去罢，不要太伤感了。弟弟，我接你这封信，不知道要使我难过多少天。弟弟，我也放心些。弟弟哟，请你不要忘记我罢。

弟弟，天气冷了，你的大衣做起了么？不要受凉。弟弟，《小宝贝》你在唱么？①弟弟，假如你要吃西餐，请你照顾一下

---

① 指是否在放唱片《小宝贝》。

三和公①罢，因为他对我和你两个很好的。茶房我走时一共给了三块钱，但是对于那笑嘻嘻的堂官（倌）和那几个山东人，我很抱歉的。你照顾他一下也好，因为我俩是时常在那里一块吃饭呵！

话是说不完。弟弟，我是忘记不了你的，请你也不要忘记我罢。我想你决不会忘记我，只有越更想我的。弟弟你说对不对？请了。敬祝健康！

枚　十一月九日

四

小弟弟：

连接你好几封信，知道你一切情形，但是实在没有空复你。很使你失望，实在的对不起呵！望你原谅。

自从回来，再没有比去年冬月腊月忙的了。忙到腊月二十把我的胃病疼一切发了，好不扫兴。但是事实上不容许我安静，只好撑着病体与他（它）奋斗了。把幺妹的事办完，年也完了，所以病也没有好。这两天事情到（倒）少些，精神却委顿了，所以你的信只是一封一封的接着，没有精神与你写回信，只怕你要疑我把你忘了。

---

① 一家饭馆，现在淮海路附近。

读了你二月六日（邮局戳）的"我对于生活早就没有一点兴趣"一段，不觉使我异常悲痛，我也是陷于矛盾而不能自拔之一人，奈何！来函谓"哥来函……未及弟痛苦于万一也"。此时，暂不自辩，将来弟总知道兄非虚语[1]，恐到那时，弟都忘却兄了。唉！

《春梦》[2]你要写，我很赞成；并且以我家人物为主人翁，尤其赞成。实在的，我家的历史很可以代表一切家族的历史。我自从得到《新青年》书报，读过以后，我就想写一部书来，但是我实在写不出来，现在你想写，我简直欢喜得了不得。弟弟，我现在恭（敬）向（你）鞠躬致敬，希望你有暇把他（它）写成罢。怕甚么罢。《块肉余生》[3]过于害怕就写不出来了。

现在只好等着你快写成了在《小说月报》上发表，你尚没有取名的小说罢。

我一定要寄点钱给你看电影，不过要稍缓几天，这几天有点窘。

代出版合作社[4]收的账，他们答应阴历年底交付。成都的习惯，三十晚上给钱，都算漂亮的。那（哪）知到了初一都不

---

[1] 巴金在《做大哥的人》中说："他回到成都写了几封信给我。他说他会自杀，倘使我不相信，到了那一天我就会明白一切。但是他始终未说出原因来，所以我不曾重视他的话。"
[2] 巴金和大哥议论写大家庭的小说书名，即以后的《家》。
[3] 即狄更斯的《大卫·科波菲尔》。
[4] 上海的一家出版单位。

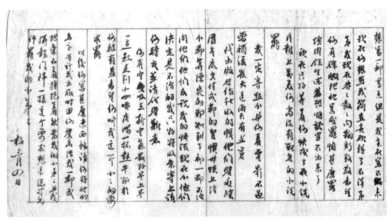

李尧枚致巴金信手迹

给。问他们，他们反说我的怪话。现在钱他们决定是不给的。我只好将收条寄上，请你转交，并代答歉意。你有空吸点新鲜空气，最好早上早一点起，去到小咖啡店喝一杯热牛奶，于你很有益。希望你听我这一个小小的要求罢。

以后你写什么东西，务请你将他（它）的名字告诉我。出版时你签名给我一部。我把（它）汇存着拥抱着，就像我的小弟弟与我摆龙门阵一样。这个要求，想来总可以允许罢。我的小弟弟。

枚　三月四日

明信片一

正面

中华民国邮政明信片

南京北门桥奂市街廿一号

李尧林、棠两君收

李尧枚明信片之一

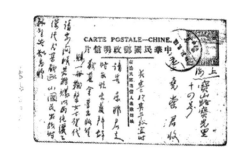
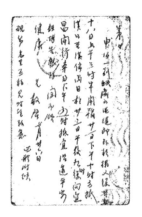

李尧枚明信片之二

反面

三、四弟：

三姊已于昨夕（十八）十一点殁于福禄康医院。先报，余俟续布。

阴历七月十九日尧枚书于祝武烈①之诊断室

明信片二

正面

中华民国邮政明信片

上海宝山路宝光里十四号

李尧棠　君收

贤寄于其平抵宜时

---

① 为当时在成都的一位法国医师。

请告索非君，走时匆忙，未履拜辞，歉意。《金梦》出版，望赐一册。鞠馨女士，望代请安问候。若能赐以两伉俪之像片，尤甚欢迎。《小国民》出版时，务望告之为盼。

反面

弟弟：

申沪一别烦闷不堪，随即卧于榻，又复发热。十八日上午三时半开轮，廿一日下午十时方抵汉口。至汉停两日，于廿三日午后九时复向宜昌开行。本日下午五时抵宜。沿途平安，粗堪告慰。特宣即颂

健康

兄枚启　七月廿六日

西舲附候

砚舅、惠生，还请见时望致意①

---

① 这张明信片，是李尧枚写给巴金的。时间为一九二九年秋，李尧枚从上海返回四川，在所乘其平轮上所写。标点是编者加的。看不清之字，暂用□代替。索非，是巴金的朋友，鞠馨是索非的夫人。西舲，是巴金的堂弟。砚舅，即陈砚农，巴金的四舅。惠生，即高惠生，巴金的表弟，后为他的妹夫。

附：永恒的手足情
——几句说明的话

◆ 李　致

　　熟悉巴金的读者，都知道巴金——我四爸对他大哥深厚的感情。

　　巴金的大哥是我的父亲，叫李尧枚，字卜贤。三十年代，四爸写过一篇《做大哥的人》，记叙了我父亲的一生。写到我父亲自杀时，四爸说："我不能不痛切地感到我丧失了一个爱我最深的人了。"一九五六年，四爸在《谈〈家〉》一文中提到我父亲，又说："他是我一生爱得最多的人。"

　　四爸和三爸，在一九二三年离开成都，到南京读书。直到一九三一年，我父亲给四爸写了（其中包括一起写给三爸的）共一百几十封信。四爸把这些珍贵的信，装订成三册，保存了四十几年。一九六六年，风云突变，大祸就要临头。在八月底或九月初，四爸为了避免某些人利用信中一句半句，断章取义，造谣诽谤，乱加罪名，"只好把心一横，让它们不到半天就化成纸灰"。一九八〇年，四爸回想起烧掉我父亲的信时，还说："毁掉它们，我感到心疼，仿佛毁掉我的过去，仿佛跟我的大哥永别。"

　　十年浩劫以后，出乎意料，四爸找到四封未曾烧掉的我父亲给他写的信。一九二九年七月，我父亲在和四爸分别六年后到上海，他们"在一起过了一个月愉快的生活"。这四封信是我父亲回成都后写的，前三封写于一九二九年，后一封写于一九三〇年。可以想象得到，四爸发现这四封信，是多么的珍惜和喜悦。一九八二年五月我到上海，四爸把这四封信给我看。这是我第一次看见他们的通信，我为他们深厚的兄弟友谊所感动，含着泪水读完它。我把这些信带回成都复印，然后又寄回上海。一九八六年四月二日，我出差到上海，就有关信中的一些问题，向四爸请教，并做了录音。

我一直想把这四封信作为史料，提供给巴金的读者和研究者，但总因工作忙乱无法注释和说明。最近因为在医院做陪伴，便抽空找出信并注释。昨天我还听了上次和四爸谈话的录音。录音的质量不错，四爸谈笑风生，声音十分清晰，使我重温了和四爸在一起的愉快时刻。

四爸在这次谈话中，有两次很动感情，痛哭失声。他说："我感到痛苦的是，我的两个哥哥对我都很好。他们两个都是因为没有钱死掉的。后来我有钱也没有用。""……他们都不愿意死，结果死掉了，就是因为没有钱。……所以我也不希望过什么好的生活。他们如果有点钱，可以活下去，不至于死掉，但是偏偏我活下来……"我理解四爸的心，他对两位哥哥的感情是永恒的。

原信无标点，现有的标点是我加的。

一九九三年六月十二日

呈献给一个人

——纪念我的大哥李尧枚

◆ 巴 金

　　大前年冬天我曾经写信告诉你,我打算为你写一部长篇小说,可是我有种种的顾虑。你却写了鼓舞的信来,你希望我早日把它写成,你说你不能忍耐地等着读它。你并且还提到狄更斯写《块肉余生述》的事,因为那是你最爱的一部作品。

　　你的信在我的抽屉里整整放了一年多,我的小说还不曾动笔。我知道你是怎样焦急地等待着。直到去年四月我答应了时报馆的要求,才下了决心开始写它。我想这一次不会使你久待了。我还打算把报纸为你保留一份集起来寄给你。然而出乎我的意料,我的小说星期六开始在报上发表,而报告你的死讯的电报星期日就到了。你连读我的小说的机会都没有!

　　你的那个结局我也曾料到,但是我万想不到会来得这样快,而且更想不到你果然用毒药结束了你的生命,虽然在八九年前我曾经听见你说过要自杀。

　　你不过活了三十多岁,你到死还是一个青年,可是你果然有过青春么?你的三十多年的生活,那是一部多么惨痛的历史啊。你完全成为不必要的牺牲品而死了。这是你一直到死都不明白的。

　　你有一个美妙的幻梦，你自己把它打破了；你有一个光荣的前途，你自己把它毁灭了。你在一个短时期内也曾为自己创造了一个新的理想，你又拿"作揖哲学"和"无抵抗主义"把自己的头脑麻醉了。你曾经爱过一个少女，而又让父亲用拈阄的办法决定了你的命运，去跟另一个少女结婚；你爱你的妻，却又因为别人的鬼话把你的待产的孕妇送到城外荒凉的地方去。你含着眼泪忍受了一切不义的行为，你从来不曾说过一句反抗的话。你活着完全为了敷衍别人，任人播弄。自己知道已经逼近深渊了，不去走新的路，却只顾向着深渊走去，终于到了落下去的一天，便不得不拿毒药来做你的唯一的拯救了。你或者是为着顾全绅士的面子而死；或者是不能忍受未来的更痛苦的生活而死：这一层，我虽然熟读了你的遗书，也不明白。然而你终于丧失了绅士的面子，而且把更痛苦的生活留给你所爱的妻和儿女，或者还留给另一个女人（我相信这个女人是一定有的，你曾经向我谈到你对她的灵的爱，然而连这样的爱情也不能够拯救你，可见爱情这东西在生活里究竟占着怎样次要的地位了）。

　　倘使你能够活起来，读到我的小说，或者看到你死后你所爱的人的遭遇，你也许会觉悟罢，你也许会毅然地去走新的路罢。但是如今太迟了，你的骨头已经腐烂了。

　　然而因为你做过这一切，因为你是一个懦弱的人，我就憎恨你吗？不，决不。你究竟是我所爱而又爱过我的哥哥，虽然我们这七八年来因为思想上的分歧和别的关系一天一天地离远了。就在这个时候我还是爱你的。可是你想不到这样的爱究竟给了我什么样的影响！它将使许多痛苦的回忆永远刻印在我的脑子里。

我还记得三年前你到上海来看我。你回四川的那一天，我把你送到船上。那样小的房舱，那样热的天气，把我和三个送行者赶上了岸。我们不曾说什么话，因为你早已是泪痕满面了。我跟你握了手说一声"路上保重"，正要走上岸去，你却叫住了我。我问你什么事，你不答话，却走进舱去打开箱子。我以为你一定带了什么东西来要交给某某人，却忘记当面交了，现在要我代你送去。我正在怪你健忘。谁知你却拿出一张唱片给我，一面抽泣地说："你拿去唱。"我接到手看，原来是Gracie Fields唱的Sonny Boy[①]。你知道我喜欢听它，所以把唱片送给我。然而我知道你也是同样喜欢听它的。在平日我一定很高兴接受这张唱片，可是这时候，我却不愿意把它从你的手里夺去。然而我又一想，我已经好多次违抗过你的劝告了，这一次在分别的时候不愿意再不听你的话使你更加伤心。接过了唱片，我不曾说一句话，我那时的心情是不能够用语言来表达的。我坐上了划子，黄浦江上的风浪颠簸着我，我看着外滩一带的灯光，我记起了我是怎样地送别了那一个人，我的心开始痛着，我的不常哭泣的眼睛里流下泪水来。我当时何尝知道这就是我们弟兄的最后一面！如今，唱片在我的书斋里孤寂地躺了三年以后已经成了"一·二八"的侵略战争的牺牲品，那一双曾经摸过它的手也早已变为肥料了。

从你的遗书里我知道你是怎样地不愿意死，你是怎样地踌躇着。你三次写了遗书，你又三次毁了它。你是怎样地留恋着

----

① 即前述《小宝贝》。

青年时代的巴金

生活，留恋着你所爱的人啊！然而你终于写了第四次的遗书。从这个也可以知道你的最后的一刹那一定是一场怎样可怕的生与死的搏斗。但是你终于死了。

你不愿意死，你留恋生活，甚至在第四次的遗书里，字里行间也处处透露出来生命的呼声，就在那个时候你还不自觉地喊着："我不愿意死！"但是你毕竟死了，做了一个完全不必要的牺牲品而死了。你已经是过去的人物了。

然而我是不会死的。我要活下去。我要写，我要用我的这管笔写尽我所要写的。这管笔，你大前年在上海时买来送给我的这管自来水笔，我用它写了我的《灭亡》以外的那些小说。

它会使我时时刻刻都记着你，而且它会使你复活起来，复活起来看我怎样踏过那一切骸骨前进！

一九三二年四月

巴金（1904—2005），原名李尧棠，字芾甘。生于四川成都，祖籍浙江嘉兴。现代文学家、翻译家、出版家。李尧枚、李尧林之胞弟。

唤醒被遗忘的青春

◆ 巴 金

我常常说我是"五四"的产儿。五四运动像一声春雷把我从睡梦中惊醒了。我睁开了眼睛，开始看到了一个崭新的世界。

五四运动发生的时候，报纸上如火如荼的记载，甚至在我们的表面上平静的家庭生活里敲起了警钟。大哥的被忘记了的青春也给唤醒了。我那时不过十四岁半，我也跟着大哥、三哥一起贪婪地读着本地报纸上关于学生运动的北京通讯，以及后来上海的六三运动的记载。本地报纸上后来还转载了《新青年》和《每周评论》的文章。这些文章使我们的心非常激动。我们觉得它们常常在说我们想说而又不会说的话。

于是大哥找到了本城唯一代售新书报的那家书铺，在那里买了一本《新青年》和两三份《每周评论》。我们很兴奋地读着它们。那里面的每个字都像火花一般地点燃了我们的热情。那些新奇的议论和热烈的文句带着一种不可抗拒的力量压倒了我们三个，后来更说服了香表哥，甚至还说服了六姐，她另外订阅了一份《新青年》。

　　《新青年》《新潮》《每周评论》《星期评论》《少年中
国》《少年世界》《北京大学学生周刊》……都接连地到了我
们的手里。在成都也出版了《星期日》《学生潮》《威克烈》
等刊物。……《威克烈》就是"外专"学生办的，那时香表哥
还在"外专"读书。大哥设法买全了《新青年》的前五卷。后

李尧枚与祖父李镛

来他甚至预先存了一两百块钱在华阳书报流通处，每天都要去那里取一些新到的书报回来（大哥工作的地点离那个书铺极近）。当时在成都新的书报很受欢迎，常常供不应求。

每天晚上我们总要抽出一些时间轮流地读这些书报，连通讯栏也不肯轻易放过。有时我们三弟兄，再加上香表哥和六姐，我们聚在一起讨论这些新书报中所论及的各种问题。后来我们五个人又组织了一个研究会。我们在新花园里开第一次会，就被六姐的母亲遇见了。三婶那时刚刚跟我的继母和大哥两个吵了架，她便禁止六姐参加研究会。我们的研究会也就停顿了。

当时他们还把我看作一个小孩，却料不到我比他们更进一步，接受了更激进的思想，用白话写文章，参加社会运动，结识新的朋友，而且和这些朋友第一次在成都大街上散布了纪念五一节鼓吹"社会草命"的传单（这个"草"字是传单上印错了的）。

选自《忆》（1933—1936·觉醒与活动），题目为编者所加

做大哥的人

◆ 巴　金

　　我的大哥生来相貌清秀，自小就很聪慧，在家里得到父母的宠爱，在书房里又得到教书先生的称赞。看见他的人都说他日后会有很大的成就。母亲也很满意这样一个"宁馨儿"。

　　他在爱的环境里逐渐长成。我们回到成都以后，他过着一位被宠爱的少爷的生活。辛亥革命的前夕，三叔带着两个镖客回到成都。大哥便跟镖客学习武艺。父亲对他抱着很大的希望，想使他做一个"文武全才"的人。

　　每天早晨天还没有大亮，大哥便起来，穿一身短打，在大厅上或者天井里练习打拳使刀。他从两个镖客那里学到了他们的全套本领。我常常看见他在春天的黄昏舞动两把短刀。两道白光连接成了一根柔软的丝带，蛛网一般地掩盖住他的身子，像一颗大的白珠子在地上滚动。他那灵活的舞刀的姿态甚至博得了严厉的祖父的赞美，还不说那些胞姐、堂姐和表姐们。

　　他后来进了中学。在学校里他是一个成绩优良的学生，四年课程修满毕业的时候他又名列第一。他得到毕业文凭归来的那一天，姐姐们聚在他的房里，为他的光辉的前程庆祝。他们有一个欢乐的聚会。大哥当时对化学很感兴趣，希望毕业以后再到上海或者北京的有名的大学里去念书，将来还想到德国去留学。他的脑子里装满了美丽的幻想。

然而不到几天，他的幻想就被父亲打破了，非常残酷地打破了。因为父亲给他订了婚，叫他娶妻了。

这件事情他也许早猜到一点点，但是他料不到父亲就这么快地给他安排好了一切。在婚姻问题上父亲并不体贴他，新来的继母更不会知道他的心事。

他本来有一个中意的姑娘，他和她中间似乎发生了一种旧式的若有若无的爱情。那个姑娘是我的一个表姐，我们都喜欢她，都希望他能够同她结婚。然而父亲却给他另外选了一个张家姑娘。

父亲选择的方法也很奇怪。当时给大哥做媒的人有好几个，父亲认为可以考虑的有两家。父亲不能够决定这两个姑娘中间究竟哪一个更适宜做他的媳妇，因为两家的门第相等，请来做媒的人的情面又是同样的大。后来父亲就把两家的姓写在两方小红纸块上面，揉成了两个纸团，捏在手里，到祖宗的神主面前诚心祷告了一番，然后随意拈起了一个纸团。父亲拈了一个"张"字，而另外一个毛家的姑娘就这样地被淘汰了。（据说母亲在时曾经向表姐的母亲提过亲事，而姑母却以"自己已经受够了亲上加亲的苦，不愿意让女儿再来受一次"这理由拒绝了，这是三哥后来告诉我的。拈阄的结果我却亲眼看见。）

　　大哥对这门亲事并没有反抗，其实他也不懂得反抗。我不知道他向父亲提过他的升学的志愿没有，但是我可以断定他不会向父亲说起他那若有若无的爱情。

　　于是嫂嫂进门来了。祖父和父亲因为大哥的结婚在家里演戏庆祝。结婚的仪式自然不简单。大哥自己也在演戏，他一连演了三天的戏。在这些日子里他被人宝爱着像一个宝贝，被人玩弄着像一个傀儡。他似乎有一点点快乐，又有一点点兴奋。

　　他结了婚，祖父有了孙媳，父亲有了儿媳妇，我们有了嫂嫂，别的许多人也有了短时间的笑乐。但是他自己也并非一无所得。他得了一个体贴他的温柔的姑娘。她年轻，她读过书，她会作诗，她会画画。他满意了，在短时期中他享受了以前所不曾梦想到的种种乐趣。在短时期中他忘记了他的前程，忘记了升学的志愿。他陶醉在这个少女的温柔的抚爱里。他的脸上常带笑容，他整天躲在房里陪伴他的新娘。

　　他这样幸福地过了两三个月。一个晚上父亲把他唤到面前吩咐道："你现在接了亲，房里添出许多用钱的地方；可是我这两年来入不敷出，又没有多余的钱给你们用，我只好替你找个事情混混时间，你们的零用钱也可以多一点。"

　　父亲含着眼泪温和地说下去。他唯唯地应着，没有说一句不同意的话。可是回到房里他却倒在床上伤心地哭了一场。他知道一切都完结了！

　　一个还没有满二十岁的青年就这样地走进了社会。他没有一点处世的经验，好像划了一只独木舟驶进了大海，不用说狂风大浪在等着他。

在这些时候他忍受着一切，他没有反抗，他也不知道反抗。

月薪是二十四元。为了这二十四个银元的月薪他就断送了自己的前程。

然而灾祸还不曾到止境。一年以后父亲突然死去，把我们这一房的生活的担子放到他的肩上。他上面有一位继母，下面有几个弟弟妹妹。

他埋葬了父亲以后就平静地挑起这个担子来。他勉强学着上了年纪的人那样来处理一切。我们一房人的生活费用自然是由祖父供给的。（父亲的死引起了我们大家庭第一次的分家，我们这一房除了父亲自己购置的四十亩田外，还从祖父那里分到了两百亩田。）他用不着在这方面操心。然而其他各房的仇视、攻击、陷害和暗斗却使他难于应付。他永远平静地忍受了一切，不管这仇视、攻击、陷害和暗斗愈来愈厉害。他只有一个办法：处处让步来换取暂时的平静生活。

后来他的第一个儿子出世了。祖父第一次看见了重孙，自然非常高兴。大哥也感到了莫大的快乐。儿子是他的亲骨血，他可以好好地教养他，在他的儿子的身上实现他那被断送了的前程。

他的儿子一天一天长大起来，是一个非常聪明可爱的孩子，得到了我们大家的喜爱。

接着五四运动发生了。我们都受到了新思潮的洗礼。他买了好些新书报回家。我们（我们三弟兄和三房的六姐，再加上一个香表哥）都贪婪地读着一切新的书报，接受新的思想。然而他的见解却比较温和。他赞成刘半农的"作揖主义"和托尔斯泰的"无抵抗主义"。他把这种理论跟我们大家庭的现实环境结合起来。

他一方面信服新的理论，一方面依旧顺应旧的环境生活下去。顺应环境的结果，就使他逐渐变成了一个有两重人格的人。在旧社会、旧家庭里他是一位暮气十足的少爷；在他同我们一块儿谈话的时候，他又是一个新青年了。这种生活方式是我和三哥所不能够了解的。我们因此常常责备他。我们不但责备他，而且时常在家里做一些带反抗性的举动，给他招来祖父的更多的责备和各房的更多的攻击与陷害。

祖父死后，大哥因为做了承重孙（听说他曾经被一个婶娘暗地里唤作"承重老爷"），便成了明枪暗箭的目标。他到处磕头作揖想讨好别人，也没有用处；同时我和三哥的带反抗性的言行又给他招来更多的麻烦。

我和三哥不肯屈服。我们不愿意敷衍别人，也不愿意牺牲自己的主张，我们对家里一切不义的事情都要批评，因此常常得罪叔父和婶娘。他们没有办法对付我们，因为我们不承认他们的威权。他们只好在大哥的身上出气，对他加压力，希望通过他使我们低头。不用说这也没有用。可是大哥的处境就更困难了。他不能够袒护我们，而我们又不能够谅解他。

有一次我得罪了一个婶娘，她诬我打肿了她的独子的脸颊。我亲眼看见她自己在盛怒中把我那个堂弟的脸颊打肿了，她却牵着堂弟去找我的继母讲理。大哥要我向她赔礼认错，我不肯。他又要我到二叔那里去求二叔断公道。但是我并不相信二叔会主张公道。结果他自己代我赔了礼认错，还受到了二叔的申斥。他后来到我的房里，含着眼泪讲了一两个钟头，惹得我也淌了泪。但是我并没有答应以后改变态度。

像这样的事情是很多的。他一个人平静地代我们受了好些过，我们却不能够谅解他的苦心。我们说他的牺牲是不必要的。我们的话也并不错，因为即使没有他代我们受过承担了一切，叔父和婶娘也无法加害到我们的身上来。不过麻烦总是免不了的。

然而另一个更大的打击又来了。他那个聪明可爱的儿子还不到四岁，就害脑膜炎死掉了。他的希望完全破灭了。他的悲哀是很大的。

他的内心的痛苦已经深到使他不能够再过平静的生活了。

在他的身上偶尔出现了神经错乱的现象。他称这种现象作"痰病"。幸而他发病的时间不多。

后来他居然帮助我和三哥（二叔也帮了一点忙，说句公平的话，二叔后来对待大哥和我们相当亲切）同路离开成都，以后又让我单独离开中国。他盼望我们几年以后学到一种专长就回到成都去"兴家立业"。但是我和三哥两个都违背了他的期望。我们一出川就没有回去过。尤其是我，不但不进工科大学，反而因为到法国的事情写过两三封信去同他争论，以后更走了与他的期望相反的道路。不仅他对我绝了望，而且成都的亲戚们还常常拿我来做坏子弟的榜样，叫年轻人不要学我。

我从法国回来的第二年他也到了上海。那时三哥在北平，没有能够来上海看他。我们分别了六年如今又有机会在一起谈笑了，两个人都很高兴。我们谈了别后的许多事情，谈到三姐的惨死，谈到二叔的死，谈到家庭间的种种怪现象。我们弟兄的友爱并没有减少，但是思想的差异却更加显著了。他完全变成了旧社会中一位诚实的绅士了。

他在上海只住了一个月。我们的分别是相当痛苦的。我把他送到了船上。他已经是泪痕满面了。我和他握了手说一句："一路上好好保重。"正要走下去，他却叫住了我。他进了舱去打开箱子，拿出一张唱片给我，一面抽咽地说："你拿去唱。"我接到手一看，是G. F. 女士唱的Sonny Boy，两个星期前我替他在谋得利洋行买的。他知道我喜欢听这首歌，所以想起了把唱片拿出来送给我。然而我知道他也同样地爱听它。这时候我很不愿意把他喜欢的东西从他的手里夺去。但是我又一想我已经有许多次违抗过他的劝告了，这一次我不愿意在分别的时候使他难过。表弟们在下面催促我。我默默地接过了唱片。我那时的心情是不能够用文字表达的。

我和表弟们坐上了划子，让黄浦江的风浪颠簸着我们。我望着外滩一带的灯光，我记起我是怎样地送别了一个我所爱的人，我的心开始痛起来，我的不常哭泣的眼睛里竟然淌下了泪水。

他回到成都写了几封信给我。后来他还写过一封诉苦的信。他说他会自杀，倘使我不相信，到了那一天我就会明白一切。但是他始终未说出原因来，所以我并不曾重视他的话。

然而在一九三一年春天的一个早晨，他果然就用毒药断送了他的年轻的生命。两个月以后我才接到了他的二十几页的遗书。在那上面我读着这样的话：

卖田以后……我即另谋出路。无如我求速之心太切，以为投机事业虽险，却很容易成功。前此我之所以失败，全是因为本钱是借贷来的，要受时间和大利的影响。现在我们自己的钱放在外边一样收利，我何不借自己的钱来做，一则利息也轻些，二则不受时间影响。用自己的钱来做，果然得了小利。……所以陆续把存放的款子提回来，作贴现之用，每月可收百数十元。做了几个月，很顺利。于是我就放心大胆地做去了。……哪晓得年底一病就把我毁了①，等我病好出外一看，才知道我们的养命根源已经化成了水。好，好！既是这样，有什么话说！所以我生日那天，请大家看戏后，就想自杀。但是我实在舍不得家里的人。多看一天算一天，混一天。现在混不下去了。我也不想向别人骗钱来用。算了吧。如果活下去，那才是骗人呢。……我死之后不用什么埋葬，随便分尸也可，或者听野兽吃也可。因我应得之罪累及家人受此痛苦，望从重对我的尸体加以处罚……

这就是大哥自杀的动机了。他究竟是为了顾全绅士的面子而死，还是因为不能够忍受未来的更痛苦的生活，我虽然熟读了他的遗书，被里面一些极凄惨的话刺痛了心，但是我依旧不能够了解。我只知道他不愿意死，而且他也没有死的必要。我知道他写了三次遗书，又三次把它毁了。甚至在第四次的遗书

---

① 因为在他病中好几家银行倒闭了，他并不知道。

李尧枚之妻张和卿与子女们

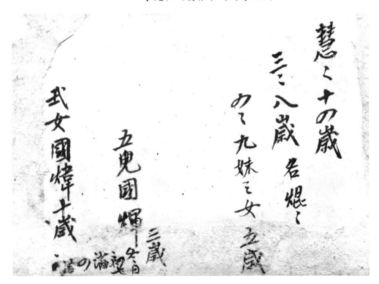

张和卿手书（上图背面）

里他还不自觉地喊着："我不愿意死。"然而他终于像一个诚实的绅士那样吞食了自己摘下的苦果而死去了。结果他在那般虚伪的绅士眼前失掉了面子，并且把更痛苦的生活留给他的妻子和一儿四女（其中有四个我并未见过）。我们的叔父婶娘们在他死后还到他的家里逼着讨他生前欠的债；至于别人借他的钱，那就等于"付之东流"了。

大哥终于做了一个不必要的牺牲者而死去了。他这一生完全是在敷衍别人，任人拨弄。他知道自己已经逼近了深渊，却依旧跟着垂死的旧家庭一天一天地陷落下去，终于到了完全灭顶的一天。他便不得不像一个诚实的绅士那样拿毒药做他唯一的拯救了。

他被旧礼教、旧思想害了一生，始终不能够自拔出来。其实他是被旧制度杀死的。然而这也是咎由自取。在整个旧制度大崩溃的前夕，对于他的死我不能有什么遗憾。然而一想到他的悲惨的一生，一想到他对我所做过的一切，一想到我所带给他的种种痛苦，我就不能不痛切地感觉到我丧失了一个爱我最深的人了。

选自《忆》（1933—1936）

觉新与大哥

◆ 巴　金

一、谈《家》

……

读者的好心使我感动，但是也使我痛苦。我并不为觉慧惋惜，我知道有多少"觉慧"活到现在，而且热情地为新中国的社会主义建设事业献出自己的精力和才能。然而觉新不能见到今天的阳光，不能使他的年轻的生命发出一点点光和热，却是一件使我痛心的事。觉新不仅是书中人物，他还是一个真实的人，他就是我的大哥。二十六年前我在上海写《家》，刚刚写到第六章，报告他去世的电报就来了。读者可以想象我是怀着怎样的心情写完这本小说的。

……

我在前面说过，觉新是我的大哥，他是我一生爱得最多的人。我常常这样想：要是我早把《家》写出来，他也许会看见横在他面前的深渊，那么他可能不会落到那里面去。然而太迟了。我的小说刚刚开始在上海《时报》上连载，他就在成都服毒自杀了。十四年以后（一九四五年）我的另一个哥哥在上海病故。我们三弟兄跟觉新、觉民、觉慧一样，有三个不同的性格，因此也有三种不同的结局。我说过好几次，过去十几年的生活像梦魇一般压在我的心上。这梦魇无情地摧毁了许多同辈的年轻人的灵魂，我几乎也成了受害者中的一个。然而"幼稚"和"大胆"救了我。在这一点我也许像觉慧。我凭着一个单纯的信仰，踏着大步向一个目标走去：我要做我自己的主人；我偏要做别人不许我做的事。我在自己办的刊物上发表过几篇内容浅薄而且有抄袭嫌疑的文章，我不能说已经有了成熟的思想。但是我牢牢记住佐治·丹东的话："大胆，大胆，永远大胆！"这三个大胆在那种环境里意外地收到了效果，帮助我得到了初步的解放。觉慧也正是靠着他的"大胆"才能够逃出那个正在崩溃的家庭，寻找自己的新天地；而"作揖主义"和"无抵抗主义"却把觉新活生生地断送了。

有些读者关心小说中的几个女主人公：瑞珏、梅、鸣凤、琴，希望多知道一点关于她们的事情。她们四个人代表四种不同的性格，也是四种不同的结局。瑞珏的性格跟我嫂嫂的不同，虽然我祖父死后我嫂嫂给逼着搬到城外茅屋里去生产，可是她并未像瑞珏那样悲惨地死在那里。我也有过一个像梅那样年纪的表姐，她当初跟我大哥感情很好，她常常到我们家来玩，我们这一辈人不论男女都喜欢她。我们都盼望她能够成为我们的嫂嫂，后来听说姑母不愿意"亲上加亲"（她说，自己已经受够亲上加亲的痛苦了，我的三婶是我姑母夫家的小姐），因此这一对有情人不能成为眷属。听说我大哥结婚后，还用一个精致的小盒子珍藏着凤表姐送给他的头发和指甲。四五年后我的表姐做了富家的填房少奶奶，以后的十几年内她生了一大群儿女。一九四二年我在成都重见她的时候，她已经成了一个爱钱如命的可笑的胖女人。

一九五六年十月作
一九五七年六月改写

二、谈《春》

我能够花那么多的笔墨描写觉新这个人物，并非我掌握了一种描写人物的技巧和秘诀。我能够描写觉新，只是因为我熟悉这个人，我对他有感情。我为他花了那么多的笔墨，也无非想通过这个人来鞭挞旧制度。

……

不用说，觉新仍然是我大哥的写照。大哥的生活中似乎并没有一个蕙，但是也不能说完全没有蕙的影子。《家》的《初版代序》中曾经有过这样的话："我相信这一个女人是一定有的，你曾经向我谈到你对她的灵的爱……"这是我的另一位表姐，她的相貌和性格跟蕙的完全不同。但是我小时候的记忆中保留着的这位表姐的印象和我大哥在去世前一年半对我谈起的"灵的爱"，使我想到应当创造一个像蕙这样的少女。后来我才把三姐的事加在蕙的身上。三姐的凄凉的死帮助我写成蕙的悲惨的结局。

海儿是我大哥的第一个儿子。孩子的小名叫庆斯。海儿的病和死亡都是按照真实情形写下来的。连"今天把你们吓倒了"这句话也是庆儿亲口对我说过的。祝医官也是一个真实的人。到今天我还仿佛看见那个胖大的法国医生把光着身子的庆儿捧在手里的情景，我还仿佛看见那个大花圈，和"嘉兴李国嘉之墓"七个大字。我为什么记得这么清楚，到现在还不能忘记？因为我非常爱这个四岁多的孩子。"嘉兴李国嘉"在《春》里面就变成"金陵高海臣"了。

一九五八年一月二十七日

三、谈《秋》

有一位读者写信问我：用"秋"字做书名，除了"秋天过了，春天就会来的"这个意思以外，还有没有别的？我因此想到《家》里面钱梅芬说过的那句话："我已经过了绿叶成荫的时节，现在是走飘落的路了。"在《秋》的最后，觉新也想起了这句话，他自己解释道："我的生命也像是到了秋天，现在是飘落的时候了。"《秋》里面写的就是高家的飘落的路，高家的飘落的时候。高家好比一棵落叶树，一到秋天叶子开始变黄变枯，一片一片地从枝上落下，最后只剩下光秃的树枝和树身。这种落叶树，有些根扎得不深，有些根扎得深，却被虫吃空了树干，也有些树会被台风连根拔起，那么树叶落尽以后，树也就渐渐地死亡。不用说，绝大多数的落叶树在春天会照样地发芽、生叶，甚至开花、结果。然而高家不是这样的落叶树。高家这棵树在落光叶子以后就会逐渐枯死。琴说过"秋天过了，春天会来……到了明年，树上不是一样地盖满绿叶"的话。这是像她那样的年轻人的看法。琴永远乐观，而且有理由乐观。她绝不会像一片枯叶随风飘落，她也不会枯死。觉民也是如此。但是他们必须脱离枯树。而且他们也一定会脱离枯树（高家）。所以即使像琴和觉民那样的高家青年会看见第二个春天、第三个春天，乃至三十五年以后的这个一马当先、万马奔腾、空前明媚的春天，但这早已不是高家的春天了。高家早已垮了，完了。克明和觉新想挽救它，也没有办法。克明是被它拖死的。他死在它毁灭之前。觉新多活了若干时候，也可能一直活到今天，接受改造，因为究竟还有新的力量拉了他几下。在小说的最后觉新好像站起来了。其实他并没有决心要做一个"反抗者"。他不过给人逼得没有办法，终于掉转身，朝着活路走了一步，表示自己的"上进之心并未死去"。以后或死或活，或者灭亡或者得到新生，那要看他自己怎样努力了。

《秋》只写了高家的"木叶黄落"的时节。下一步就是"死亡"。"死亡"已经到了高家的门口。不用我来描写，读者也看得见。高家一定会灭亡。但是我在那个时候不愿意用低沉的调子结束我的小说。当时连我自己也受不了灰色的结局。所以我把觉新从自杀的危机中救了出来，还把翠环交给他，让两个不幸的人终于结合在一起，互相安慰，互相支持地活下去。我曾经说过觉新是我大哥的化身。我大哥在一九三一年春天自杀。这才是真的事实。然而我是在写小说，我不是在拍纪录片，也不是在写历史。

关于《秋》的结尾，我曾经想了好久。我也有过内心的斗争。有时候我决定让觉新自杀，觉民被捕；有时候我又反对这样的结局。我常常想：为什么一定要写出这样的结局呢？在近百年来欧美的文学作品里像这样的结局难道还嫌太少？我读过好些批判的现实主义的作品，里面有不少传世的佳作或者不朽的巨著，作者暴露了资本主义社会的阴暗的现实，对不合理的人剥削人的制度提出了强烈的控诉，这些都是值得我佩服的。我知道他们写出了真实，我知道那样的社会，那样的制度一定会毁灭。但是作为读者，我受不了那接连不断的黑漆一团的结尾。我二十四岁的时候，在三四个月中一口气读完了左拉描写卢贡-马加尔家族兴衰的二十部小说。我崇拜过这位自然主义的大师，我尊敬他的光辉的人格，我喜欢他的另外几本非自然主义的作品，例如《巴黎》和《劳动》，但是我并不喜爱那二十部小说，尽管像《酒馆》《大地》等都成了世人推崇的"古典名著"。我只有在《萌芽》里面看到一点点希望。坏人得志，好人受苦，这且不说；那些正直、善良、勤劳的主人公，不管怎样奋斗，最后终于失败，悲惨地死去，不是由于酒精中毒，就是遗传作祟。我去年又读过一遍《大地》（这次读的是新出的英译本），我好几天不舒服。善良、勇敢、纯洁的少女死亡了，害死她的人（就是她的姐夫）反而继承了她的茅屋和小块土地，她的丈夫倒被人赶走了。我受不了这个结局，正如三十年前我读完莫泊桑的《漂亮朋友》，那个小人得志的结局使我发呕一样。我并不是在批评那些伟大前辈的名著；我也不否认在旧社会里，坏人容易得志，好人往往碰壁；我也了解他们带着多大的憎恶写出这样的结局，而且他们正是在鞭挞法国资产阶级社会的罪恶。我不过在这里说明一个读者的感受和体会。我读别人的小说有那样的感受，那么我自己写起小说来，总不会每次都写出自己所不能忍受的结局。固然实际生活里的觉新自杀了，固然像觉新那样生活下去很可能走上自杀的路，但是他多活几年或者甚至活到现在也并非完全不可能。事实上也有觉新那样的人活到现在的。而且我自己不止一次地想过，在我的性格中究竟有没有觉新的东西？我的回答是肯定的。我至今还没有把它完全去掉，虽然我不断地跟它斗争。我在封建地主的家庭里生活过十九年，怎么能说没有一点点觉新的性格呢？我在旧社会中生活了四十几年，怎么能说没有旧知识分子的许多缺点呢？只要有觉悟，有决心，缺点也可以改正；人可以改造，浪子可以回头。觉新自然也可以不死。

我常常说我用我大哥做模特儿写了觉新。觉新没有死，但是我大哥死了。我好几次翻读他的遗书，最近我还读过一次，我实在找不到他必须死的理由。如果要我勉强找出一个，那就是他没有勇气改变自己的生活，这当然是我的看法。他自己的看法跟我的看法完全不同，所以他选择了自杀的路。他自己说得很明白：

卖田以后……我即另谋出路。无如求速之心太切，以为投机事业虽险，却很容易成功。前此我之所以失败，全是因为本钱是借贷来的，要受时间和大利的影响。现在我们自己的钱放在外边一样收利，我何不借自己的钱来做，一则利息也轻些，二则不受时间影响。用自己的钱来做，果然得了小利。于是通盘一算，账上每月只有九十元的入项，平均每月不敷五十元，每年不敷六百元，不到几年还是完了。所以陆续把存放的款子提回来，作贴现之用，每月可收百数十元。做了几个月，很顺利。于是我就放心大胆地做去了。……哪晓得年底一病就把我毁了。……等我病好出外一看，才知道我们的养命根源已经化成了水。好，好！既是这样，有什么话说！所以我生日那天，请大家看戏后，就想自杀。但是我实在舍不得家里的人。多看一天算一天，混一天。现在混不下去了。我也不想向别人骗钱来用。算了吧。如果活下去，那才是骗人呢。……我只恨我为什么不早死两三个月，或早病两三个月，也就没有这场事了。总结一句，我受人累，我累家庭和家人。但是没有人能相信我，因为我拿不出证据来。证据到哪里去了呢？有一夜我独自一算，来看看究竟损失若干。因为大病才好，神经受此重大刺激，忽然把我以前的痰病引发，顺手将贴现的票子扯成碎纸，弃于字纸篓内，上床睡觉。到了第二天一想不对，连忙一找，哪晓得已经被人倒了。完了，完了。……

　　遗书里所提到的"痰病"，就是我们现在所谓的"神经病"。我大哥的确发过神经病，但也并不怎么厉害，而且也不久，大约有一两个月的光景。我记得是在一九二〇年，那就是《家》的年代。在《春》里觉民写信告诉觉慧（一九二二年）："大哥……最近又好像要得神经病了。有一天晚上已经打过三更……他一个人忽然跑到大厅上他的轿子里面坐起来，一声不响地坐了许久，用一根棍子把轿帘上的玻璃都打碎了。妈叫我去劝他。他却只对我摇摇头说：'我不想活了。我要死。我死了大家都会高兴的。'后来我费了许多唇舌，才把他说动了。他慢慢地走下轿来，垂头丧气地回到房里去。……以后他就没有再做这样的事情。"这是一件真事。我今天还记得三十八年前的情景，觉新仅仅有过两次这样的发作。还有一次就是在《秋》里面，他突然跪倒在他姑母的面前，两只手蒙住脸，带哭说："姑妈，请你做主，我也不想活了。"又说，"都是我错，我该死……请你们都来杀死我……"这次他被陈姨太和王氏逼得没有办法，才一下子发了病。这是小说里的事情。觉新休息了半天也就好了。我大哥不像觉新，在一九二○年冬天的晚上，电灯已经灭了，他常常一个人坐进他的轿子，用什么东西打碎轿帘上的玻璃。我那时已经不住在觉民弟兄住的那个房间。我和我三哥搬到那间利用大厅上通内天井的侧门新建的小屋里面了。这样的装了大玻璃窗的上屋一共有两间。我们住的是左面的一间，离所谓"拐门"最近，离大厅也最近（右面的一间我们一个堂兄弟住过，他后来就跟着他的父母搬出去了，他父亲便是我的三叔）。轿子就放在大厅，大厅上一点轻微的声音也会传到我的小屋里来。我向来睡得晚，常常读书到深夜。我听见大哥摸索进了轿子，接着又听见玻璃破碎声，我静静地不敢发出任何的声音。但是我的心痛得厉害，书也读不下去了。我绝望地拿起笔在纸上写一些愤怒的字句，或者捏紧拳头在桌上擦来擦去。我那个时候就知道大哥的这个病是给家里人的闲言蜚语和阴谋陷害逼出来的。他自己在我们离家后写给我的信里也说："那是神经太受刺激逼而出此。"有一封信里还说："到父亲去世后，才知道人心险诈，世道凶恶，才知道寡妇孤儿最苦。"他后来也还有比较详细的说明，不过总离不了"刺激"两个字。觉新受到的刺激不会比我大哥受的少。但是他并没有发过神经病。我大哥自杀跟他所谓的"痰病"有关系。

我大哥是我们这一房的"管家"。他看见这一房入不敷出，坐吃山空，知道不到几年就要破产。他自己因为身体不好辞掉了商业场电灯公司的事情，个人的收入也没有了。他不愿意让别人了解这种情形。我们写信向他建议放下空架子改变生活方式。他心里情愿，却又没有勇气实行。他既不想让家人知道内部的空虚，又担心会丧失死去的祖父和父亲的面子。他宁肯有病装健康人，打肿脸充胖子，不让任何一个人知道真实情况。钱不够花，也不想勤俭持家，却仍然置身在阔亲戚中间充硬汉。没有办法就想到做投机生意。他做的是所谓"贴现"，这种生意只要有本钱，赚钱也很容易。他卖了田把钱全押在这笔"赌注"上。当时在军阀统治下的成都，谁都可以开办银行、发行钞票。趁浑水摸鱼的人多得很。他也想凭个人的信用在浑水里抓一把，解决自己的问题。其实这是一种妄想，跟赌博下注差不多。不久他害了一场大病。在他的病中，那个本来就很混乱的市场发生了大波动，一连倒闭了好些银行。等他病好出去一看，才知道他的钱已经损失了一大半。他回到家里，等着夜深人静，拿出票据来细算，一时气恼，又急又悔，神经病发作了，他把票据全扯碎丢在字纸篓里。第二天他想起来，字纸已经倒掉了。连剩下的一点钱也完蛋了。他就这样地丢掉了我们这一房人"赖以活命"的全部"财产"，连一点证据也没有！他瞒着别人偷偷地做了这一切，连他的妻子也不知道。他懂一点医学，认识不少中医界和西医界的朋友，也可以给熟人拿脉开方。他半夜服毒药自杀，早晨安安静静地睡在床上，一个小女儿睡在他的身边。他的身体已经冰凉，可是他的脸上并无死相，只有嘴角沾了一点白粉。家里的人找到了他的遗书，才知道他有意割断自己的生命。柜子里只有十六个银元，这就是我们这一房的全部财产了。他留下一个妻子和一男四女。除遗书外他还留下一张人欠欠人的账单。人欠的债大都没法收回，欠人的债却必须还清。我那位独身的堂姐逼得最厉害。她甚至说过："人在人情在，人死人情两丢开。"她就是写过"往事依稀浑似梦，都随风雨到心头"的那个少女！我的继母终于用字画偿清了大哥欠她的钱。她这样一来，别的债主更有话说了："你们自己人都是这样！不能怪我们！"我的继母给逼得走投无路，终于卖尽一切还清了大哥经手的债，有的债还是他为了赌气争面子代别人承担的。

这是一九三一年四月里的事情。我正在写《家》，而且刚刚写完《做大哥的人》那一章（第六章）。《秋》结束在一九二三年的秋天，正是我从成都到上海的那一年。《尾声》里觉新在一九二四年三月和七月写给觉慧的两封信是根据我大哥一九二七年十一月的来信改写的。自然，我增加了许多材料：例如琴和觉民的事情，例如沈氏的事情，例如芸的事情，尤其是翠环的事情。翠环是一个完全虚构的人物。我那位新的二婶有一个陪嫁丫头，叫作翠环。她是一个身材短小的女孩。一九四二年我回成都意外地见到她一次。我嫂嫂告诉我这是翠环。她已经是一个中年妇人了。我只借用了她的名字。在另一个"翠环"的身上并没有一点她的东西。人们读我的小说不一定会注意到那个身材苗条的少女。前年香港影片《秋》在四川放映以后，有些观众对红线女同志的演技感到兴趣，居然有人问我的侄女："你是不是翠环生的？"还有人特地找到我的嫂嫂问她："你是不是翠环？"这是把文艺作品跟真实混在一起了。

我拿我大哥做模特儿来写觉新，只是借用他的性格，他的一些遭遇，一些言行。觉新的身上有很多我大哥的东西，然而他跟我大哥不是一个人。即使我想完全根据我大哥的一切来描写觉新，但是我既然把他放在高公馆里面，高家又有不少的虚构人物，又有那么一个大花园，他不能不跟那些虚构的人物接触，在那些人中间生活，因此他一定会做出一些我大哥并未做过的事情，做出一些连作者事先也没有想到的事情。倘使我拿笔以前就完全想好觉新的一举一动，一言一行，按照计划机械地写下去，那么除了觉新外，其他的人都会变成木偶了。自然，这是拿我的写作方法来说的。别的作者仍然可以写好大纲按照计划从容地写下去，而且写得很好。我在这里只说明一件事：我大哥虽然死了，小说中的觉新仍旧可以活下去，甚至活到今天。

现在又回到人物上面来。关于觉新我已经谈得很多了。我还想再谈一件事情，就是"卜南失"的跌碎。有好些读者写信问我，"卜南失"究竟是什么东西。我写过几封回信。这次我打算在《秋》里面加上一个小注。一九一七年或者一九一八年我们家得到一个"卜南失"，可能是我大哥找来的，也可能是某个年轻的亲戚送来的。这是从日本输入的东西。"卜南失"大概是法文"木板"的译音。这种心形的木板有两只脚，脚上装得有小轮，心形的尖端上有个小孔，孔里插了一支铅笔。人坐在桌子前面，闭上两眼，双手按住木板，他慢慢地进入了催眠状态，木板也就渐渐地动起来，铅笔就在纸上写字。旁边有人问话，纸上就写出答语。这是一种催眠作用。纸上写的全是按"卜南失"的人平日心里所想的话，他进入了催眠状态，经人一问，就不自觉地写在纸上了，连他自己也不知道。在一九一七年（或者一九一八年），我们玩这种把戏一连玩了两个月。总是我那个表哥按着"卜南失"，我在旁边辨认铅笔在纸上写的那些难认的字。有一个晚上继母知道了，要我们把"卜南失"拿到她的房里试一下。她把我死去的父亲请来了，问了几句话，答语跟我父亲的口气差不多。我祖父听说我父亲的灵魂回来了，也颤巍巍地走到我继母的房里来。他一开口就落泪。那时我第二个二婶的坟在不久以前被盗，始终查不出盗墓人。我二叔也找我表哥来按"卜南失"，把二婶的灵魂请来问个明白。结果什么也讲不出来。以后我们对这个把戏就失掉了兴趣，"卜南失"也不知让我们扔到哪里去了。当时我们并不相信鬼，也知道这只是一种把戏。但是我们讲不出什么道理。后来我读到《新青年》杂志上发表的陈大齐的《辟灵学》，才知道这是一种下意识作用。我早已忘记了"卜南失"

的事情，一直到一九三九年写《秋》的时候才想起了它，我把它写进小说里面，无非说明觉新对死者的怀念。蕙的灵柩不入土，觉新始终不能安心。觉新也想借用这个东西来刺激周家的人。"卜南失"在纸上写的话全是觉新一直憋在心里的话。例如"枚弟苦""只求早葬"。还有"人事无常，前途渺茫，早救自己"这几句其实就是觉新本人当时的思想：他对前途悲观，看不到希望。但是他仍然想从苦海里救出自己。

蕙死在《春》里面，可是到了《秋》，她的灵柩才入了土。我在谈《春》的文章里就说过，蕙的安葬就是写我三姐的葬。要是没有我姐夫不肯安葬我三姐的事情，郑国光也许就不会让蕙的灵柩烂在莲花庵里。我既然想不到，也就写不出。我今天翻看我大哥三十二年前写给我的旧信，还读到这一段话：

"三姐之事，尤令人寒心。三姐死后即寄殡于离城二十余里的莲花庵，简直无人管她。阴历腊月二十二日我命老赵出城给她烧了两口箱子，两扎金银锭。老赵回来述说一切，更令人悲愤不已。当与蓉泉大开谈判，但是毫无结果。现已想好一种办法，拟于年节后找他交涉。……"

我大哥信里所说的"办法"我已经在《秋》里面写出来了。蓉泉便是我那位姐夫的大号。他正在准备举行新的婚礼的时候，让我大哥设法请到我们家里，谈了好久，终于不得不答应安葬三姐。所以两个多月以后，大哥来信便说："三姐定于三月初八日下葬。她可怜的一生算是结束了。"《秋》的读者单单从这里也可以知道我不过是一个加工工人，用生活的原料来进行了加工的工作。生活里的东西比我写出来的更丰富，更动人。没有从生活里来的原料，我写不出任何动人的东西！

谈过了觉新，就应该谈觉民，但是关于这个年轻人，我似乎没有多少话可说。在《家》里面，觉民很像我的三哥（我第二个哥哥）；在《春》里面他改变了，他的性格发展了。主要的原因是觉慧走了以后，高家不能没有一个充满朝气的年轻人。否则我的小说里就只有一片灰色，或者它的结局就会像托马斯·曼的《布登勃洛克一家》的结局。人死了，房子卖了，失掉丈夫和儿子的主妇空手回娘家去了，留下离婚两次的姑太太和老小姐们寂寞地谈着过去的日子。两年半以前去世的托马斯·曼被称为批判的现实主义最后的一位大师，他这部在二十六岁写成的关于德国资产阶级家族的小说已经成为近代文学中不朽的名著。他写了一个家族的四代人，写了这个家族的最兴盛的时期，也写到最后一个继承人的夭亡。他写了几十年中间社会的变化，篇幅可能比《秋》多一倍或者多一半。他的确是一个伟大的艺术家。我的作品只能说是一个年轻人的热情的自白和控诉。所以我必须在小说里写一个像觉慧或觉民那样的人。在《秋》里面写觉民比在《春》里面写觉民容易多了。在《春》的上半部觉民对家庭和长辈还有顾虑，他还不能决定要不要参加秘密团体，要不要演戏。但是经过王氏那次吵闹以后，他的顾虑完全消除了，他把心交给那些年轻的朋友。好些年轻人的智慧结合在一起，造成了一股力量，居然能帮助堂妹淑英脱离旧家庭逃往上海。对觉民来说淑英的逃走是一个大胜仗。在这次胜利之后觉民的道路也就更加确定了。他只消挺起身子向前走就行了，何况还有那些年轻朋友给他帮忙！在觉民的身上有我三哥的东西，也有我的东西。但是在那些时候我三哥比我沉着，比我乐观，而且比我会生活，会安排时间。他会唱歌，会玩。所以在高家觉民并不说教，他用各种方法使妹妹们高兴，鼓起她们的勇气。但是觉民在外面的活动就只好借用我当时的经历了。我写得简单，因为我当时的经历并不丰富，而且像我这个没有经过锻炼的十七八岁的青年除了怀着满腔热情、准备牺牲一切为祖先赎罪外，也不知道应当干些什么事情。办刊物，散传单，演戏，开会，宣传……这就是我们那些年轻人当时的工作（其实我自己也没有演过戏，不过看朋友们演戏罢了）。我最近修改《秋》，很想给觉民们的活动添一点色彩，但是我的本领有限，我只能够在觉民的几个朋友身上多加几笔。张惠如拜师傅学裁缝倒是真事。我在前一篇文章里已经讲过，张惠如今天还在成都当中学校长。他大热天穿皮袍，走进当铺脱下来换钱办刊物，也是真事。可惜他离开"外专"后只做了几个月的裁缝，又考进华西大学去念书了。他有一个兄弟，跟张还如差不多。但是我们在一起不到两年，他的兄弟就离开了成都。一九二三年我和三哥一路出川经过重庆，还得到这个朋友的帮忙，我绝没有想到两个月后他就害伤寒症死在那里了。

一九五八年四月一日

四、关于《激流》

我还记得，一九六六年八月底九月初，隔壁人家已经几次抄家，我也感到大祸就要临头。有一天下午，我看见我的妹妹烧纸头，我就把我保存了四十几年的大哥的来信全部交给她替我烧掉。信一共一百几十封，装订成三册，从一九二三年到一九二六年写给我和三哥（尧林）的信都在这里，还有大哥自杀前写的绝命书的抄本。我在写《家》《春》《秋》和《谈自己的创作》时都曾利用过这些信。毁掉它们，我感到心疼，仿佛毁掉我的过去，仿佛跟我的大哥永别。但是我想到某些人会利用信中一句半句，断章取义，造谣诽谤，乱加罪名，只好把心一横，让它们不到半天就化成纸灰。十年浩动中我一直处在"什么也顾不得"的境地，"四人帮"下台后我才有"活转来"的感觉。抄去的书刊信件只退回一小半，其余的不知道造反派弄到哪里去了。在退回来的信件中我发现了三封大哥的信，最后的一封是一九三〇年农历三月四日写的，前两天翻抽屉找东西我又看见了它。在第一张信笺上我读到这样的话：

> 《春梦》你要写，我很赞成；并且以我家人物为主人翁，尤其赞成。实在的，我家的历史很可以代表一切家族的历史。我自从得到《新青年》等书报读过以后，我就想写一部书。但是我实在写不出来。现在你想写，我简直喜欢得了不得。我现在向（你）鞠躬致敬，希望你有余暇把他（它）写成吧，怕什么！《块肉余生述》若（害）怕，就写不出来了。

整整五十年过去了。这中间我受过多少血和火的磨练，差一点落进了万丈深渊，又仿佛喝过了迷魂汤，记忆力大大地衰退，但是在我的脑子里大哥的消瘦的面貌至今还没有褪色。我常常记起在成都正通顺街那个已经拆去的小房间里他含着眼泪跟我谈话的情景，我也不曾忘记一九二九年在上海霞飞路（淮海路）一家公寓里我对他谈起写《春梦》的情景。倘使我能够挖开我的记忆的坟墓，那里埋着多少大哥的诉苦啊！

为我大哥，为我自己，为我那些横遭摧残的兄弟姊妹，我要写一本小说，我要为自己，为同时代的年轻人控诉，申冤。一九二八年十一月回国途中，在法国邮船（可能是"阿多士号"，记不清楚了）四等舱里，我就有了写《春梦》的打算，我想可以把我们家的一些事情写进小说。一九二九年七八月我大哥来上海，在闲谈中我提到写《春梦》的想法。我谈得不多，但是他极力支持我。后来他回到成都，我又在信里讲起《春梦》，第二年他寄来了上面引用的那封信。《块肉余生述》是狄更斯的长篇小说《大卫·考伯菲尔》①的第一个中译本，是林琴南用文言翻译的，他爱读它，我在成都时也喜欢这部小说。他在信里提到《块肉余生述》，意思很明显，希望我没有顾忌地把自己的事情写出来。我读了信，受到鼓舞。我有了勇气和信心。我有十九年的生活，我有那么多的爱和恨，我不愁没有话说，我要写我的感情，我要把我过去咽在肚里的话全写出来，我要拨开我大哥的眼睛让他看见他生活在什么样的环境里面。（那些时候我经常背诵鲁迅先生翻译的小说《工人绥惠略夫》中的一句话："可怕的是使死骸站起来看见自己的腐烂……"我忍不住多次地想：不要等到太迟了的时候。）

---

① 现译《大卫·科波菲尔》。

　　过了不到一年，上海《时报》的编者委托一位学世界语的姓火的朋友来找我，约我给《时报》写一部连载小说，每天发表一千字左右。我想，我的《春梦》要成为现实了。我没有写连载小说的经验，也不去管它，我就一口答应下来。我先写了一篇《总序》，又写了小说的头两章（《两兄弟》和《琴》）交给姓火的朋友转送报纸编者研究。编者同意发表，我接着写下去。我写完《总序》，决定把《春梦》改为《激流》。故事虽然没有想好，但是主题已经有了。我不是在写消逝了的渺茫的春梦，我写的是奔腾的生活的激流。《激流》的《总序》在上海《时报》四月十八日第一版上发表，报告大哥服毒自杀的电报十九日下午就到了。还是太迟了！不说他一个字不曾读到，他连我开始写《激流》的事情也不晓得。按照我大哥的性格和他所走的生活道路，他的自杀是可以料到的。但是没有挽救他，我感到终生遗憾。

　　……

　　我在三十年代就常说我不是艺术家，最近又几次声明自己不是文学家。有人怀疑我"假意地谦虚"。我却始终认为我在讲真话。《激流》在《时报》上刊出的第一天，报纸上刊登大字标题称我为"新文坛巨子"，这明明是吹牛。我当时只出版了两本中篇小说，发表过十几个短篇。文学是什么，我也讲不出来，究竟有没有进入文坛，自己也说不清楚，哪里来的"巨子"？我一方面有反感，另一方面又感到惭愧，虽说是吹牛，他们却也是替我吹牛啊！而且我写《激流·总序》和第一章的时候，我就只有那么一点点墨水。在成都十几年，在上海和南京几年，在法国不到两年，从来没有人教过我文学技巧，我也不曾学过现代语法。但是我认真地生活了这许多年。我忍受，我挣扎，我反抗，我想改变生活，改变命运，我想帮助别人，我在生活中倾注了自己的全部感情，我积累了那么多的爱憎。我答应报馆的约稿要求，也只是为了改变命运，帮助别人，为了挽救大哥，实践我的诺言。我只有一个主题，没有计划，也没有故事情节，但是送出第一批原稿时我很有勇气，也充满信心。我知道通过那些人物，我在生活，我在战斗。战斗的对象就是高老太爷和他所代表的制度，以及那些凭借这个制度作恶的人，对他们我太熟悉了，我的仇恨太深了。我一定要把我的思想感情写进去，把我自己写进去。不是写我已经做过的事，是写我可能做的事；不是替自己吹嘘，是描写一个幼稚而大胆或者有点狂妄的青年的形象。挖得更深一些，我在自己身上也发现我大哥的毛病，我写觉新不仅是警告大哥，也在鞭挞我自己。我熟悉我反映的那种生活，也熟悉我描写的那些人。正因为像觉新那样的人太多了，高老太爷才能够横行无阻。我除了写高老太爷和觉慧外，还应当在觉新身上花费更多的笔墨。

　　倘使语文老师、大学教授或者文学评论家知道我怎样写《激流》，他们一定会认为我在"胡说"，因为说实话，我每隔几天奋笔写作的时候，我只知道我过去写了多少、写了些什么，却没有打算以后要写些什么。脑子里只有成堆的生活积累和感情积累。人们说什么现实主义，什么浪漫主义，我一点也想不到，我想到的只是按时交稿。我拿起笔从来不苦思冥想，我照例写得快，说我"粗制滥造"也可以，反正有作品在。我的创作方法只有一样：让人物自己生活，作者也通过人物生活。有时，我想到了写一件事，但是写到那里，人物不同意，"他"或者"她"做了另外的事情。我的多数作品都是这样写出来的。我控制不住自己的感情，也不想控制它们。我以本来面目同读者见面，绝不化妆。我是在向读者交心，我并不想进入文坛。

我在前面说过，我刚写完第六章，就接到成都老家发来的电报，通知我大哥自杀。第六章的小标题是《做大哥的人》。这不是巧合，我写的正是大哥的事情，并且差不多全是真事。我当时怀着二十几年的爱和恨向旧社会提出控诉，我指出：这里是血，那里是尸首，这里是屠刀。写作的时候，我觉得有不少的冤魂在我的笔下哭诉、哀号。我感到一股强大的精神力量，我说我要替一代人申冤。我要使大哥那样的人看见自己已经走到深渊的边缘，身上的疮开始溃烂；万不想大哥连小说一个字也没有能读到。读完电报我怀疑是在做梦，我又像发痴一样过了一两个钟头。我不想吃晚饭，也不想讲话。我一个人到北四川路，在行人很多、灯火辉煌的人行道上走来走去。住在闸北的三年中间，我吃过晚饭经常穿过横浜桥去北四川路散步。在中篇小说《新生》里我就描述过在这条所谓"神秘之街"上的见闻。

我的努力刚开始就失败了。又多了一个牺牲者！我痛苦，我愤怒，我不肯认输。在亮光刺眼、噪音震耳、五颜六色的滚滚人流中，我的眼前不断出现我祖父和大哥的形象，祖父是在他身体健康、大发雷霆的时候，大哥是在他含着眼泪向我诉苦的时候。死了的人我不能使他复活，但是对那吃人的封建制度我可以进行无情的打击。我一定要用全力打击它！我记起了法国革命者乔治·丹东的名言："大胆，大胆，永远大胆！"大哥叫我不要"怕"。他已经去世，我更没有顾虑了。回到宝光里的家，我拿起笔写小说的第七章《旧事重提》，我开始在挖我们老家的坟墓。空闲的时候我常常翻看大哥写给我和三哥的一部分旧信。我在《家》以及后来的《春》和《秋》中都使用于不少旧信里提供的材料。同时我还在写其他的小说，例如中篇《雾》和《新生》，大约隔一星期写一次《家》。写的时候我没有遇到任何的困难。我的确感觉到生活的激流向前奔腾，它推着人物行动。高老太爷、觉新、觉慧，这三个主要角色我太熟悉了，他们要照自己的想法生活、斗争，或者作威作福，或者忍气吞声，或者享乐，或者受苦，或者胜利，或者失败，或者死亡……他们要走自己的路，我却坚持进行我的斗争。我的最大的敌人就是封建制度和它的代表人物。我写作时始终牢牢记住我的敌人。我在十年中间（一九三一到一九四〇）写完《激流三部曲》。下笔的时候我常常动感情，有时丢下笔在屋子里走来走去，有时大声念出自己刚写完的文句，有时叹息呻吟、流眼泪，有时愤怒，有时痛苦。《春》是在狄思威路（溧阳路）一个弄堂的亭子间里开了头，后来在拉都路（襄阳路）敦和里二十一号三楼续写了一部分，最后在霞飞路霞飞坊五十九号三楼完成，那是一九三六到一九三七年的事。《秋》不曾在任何刊物上发表过，它是我一口气写出来的。一九三九年下半年到第二年上半年，我躲在上海"孤岛"（日本军队包围中的租界）上，主要是为了写《秋》。人们说，一切为了抗战。我想得更多，抗战以后怎样？抗战中要反封建，抗战以后也要反封建。这些年高老太爷的鬼魂就常常在我四周徘徊，我写《秋》的时候，感觉到我在跟那个腐烂的制度作拼死的斗争。在《家》里我的矛头针对着高老太爷和冯乐山，在《春》里我的矛头针对着冯乐山和周伯涛，在《秋》里我的矛头针对着周伯涛和高克明。对周伯涛，我怀着强烈的憎恨。他不是真实的人，但是我看见不少像他那样的父亲，他的手里紧紧捏着下一代人的命运，他凭个人的好恶把自己的儿女随意送到屠场。

当时我在上海的隐居生活很有规律，白天读书或者从事翻译工作，晚上九点后开始写《秋》，写到深夜两点，有时甚至到三四点，然后上床睡觉。我的三哥李尧林也在这幢房子里，住在三楼亭子间，他是一九三九年九月从天津来的。第二年七月我再去西南后，他仍然留在上海霞飞坊，一直到一九四五年十一月我回上海送他进医院，在医院里他没有活到两个星期。他是《秋》的第一个读者。我一共写了八百多页稿纸，每次写完一百多页，结束了若干章，就送到开明书店，由那里发给印刷所排印。原稿送出前我总让三哥先看一遍，他有时也提一两条意见。我五月初写完全书，七月中就带着《秋》的精装本坐海船去海防转赴昆明了。我今天向一些年轻朋友谈起这类事情，他们觉得奇怪：出版一本七八百页的书怎么这样快，这样容易！但事实毕竟是事实。

一九八〇年十二月十四日

选自《巴金谈创作》，题目为编者所加

怀念大哥

◆ 李采臣

一

我家是个大家庭。父母生养了我们兄弟姐妹十一人，我是第九个，按大排行算十四。我不满周岁，母亲就去世了；不满四岁，父亲也丢下我们走了。

没有听家里人讲过是什么原因，我会去跟黄姨婆（我祖父的第二个姨太太）一起过。黄姨婆虽认识字，但念书不多，除管我吃饭穿衣外，上学读书的事她就不懂了。

上学读书由大哥管我。我记得大哥，而且记得很牢。他的话我句句都听。他的声音不大，很温和。他处处关心我，对我特别好。他觉得我的成绩不好，把我从私塾换到学堂，去大成中学小学部读书，专学古文，打点底子。两年后又让我去考四川省高等师范学校的附属小学，从二年级读起。毕业后又要我去考有名的成华联中。我没考上成华联中，幸好华阳中学录取了我，总算没让大哥太失望。

二

祖父去世没两年，黄姨婆也去世了。我跟黄姨婆一起过，她的丧事该我办。但我人小不懂事，办不了。这样，一切都由我大哥操办了。

大哥丝毫不替我们这房人打算，一切听家中长辈的吩咐。仅留在箱子里的一颗金戒指，也被人偷偷拿走了。有一位长辈拿出两三千元，以一部分还黄姨婆生前的借债，一部分给黄姨婆买棺材办丧事，就把黄姨婆留下的一院房子拿走了。这是封建家庭长辈的强权掠夺！我大哥不愿与掠夺者抗争。他不计较这些，他愿以自己的力量来养活他的弟弟。我明白他的用心，愿意在他的教育下，做个自食其力的人。

我从此回到生养我的家，与继母、大哥、大嫂、姊妹们一起生活，朝夕相处。我年纪轻，不大懂事，常给大哥带来麻烦。也只有大哥才能保护我。继母为家务和弟妹忙，我的生活多由保姆照管。大哥不定期查问我的功课。

三

以前跟黄姨婆住，她和我加上保姆才三人，很是寂寞。那时我总去找与我同岁的堂兄李巨川玩，他的母亲（我叫五婶）很喜欢我。回本房来，生活热闹，见闻增多。过去只知道谁是大哥，见面叫声大哥就算了，现在朝夕相处，才慢慢熟悉大哥这个人。

大哥对继母很好。早晚请安问好，遇事请示，细声商量，继母总是高高兴兴的。我觉得他是大孝子。慢慢我又发现，他对任何人都讲礼貌。对叔叔婶婶们如此，对兄弟姐妹们如此，对仆人也不例外。在家在社会都一样，从未发脾气骂过人。他去世以后，街上的铺面、挑担做小生意的，都问大少爷怎样了？为这样的"好人"的遭遇难过。

大哥对继母孝顺，对长辈尊敬，对平辈爱护，对仆人平等，对所有的人和蔼可亲，绝不是谁逼出来的。他有一颗母亲给他的爱心。他心中只有他人，唯独没有自己。当时能了解他的人，实在太少了。

四

我的年龄小，大哥在学校读书的情况，一点不知道。后来听说，我大哥很聪明，在中学每期考试都是班上第一名，毕业考试也是第一名。他充满理想，希望毕业后去德国学化学。但祖父因为他是承重孙，多给他分了四十亩田地，不同意他出国读书。父亲给他决定了一门亲事，又给他找了一份工作。他结了婚，在商业场事务所当了一名职员。这样就改变了他的前途和命运。

大哥一个人，没人商量，没人理解他；他不敢反抗长辈，只能把痛苦埋在心里，听人摆布，牺牲自己。

大哥心里没有自己，却总是为别人着想。大哥爱读书，长期订阅和购买新书刊，三哥四哥很爱读。我们家人多亲戚多，年轻人不少。大哥关心大家，出主意把年轻人组织起来，成立了一个读书会，名叫"驰驱学会"。让大家一起阅读新书杂志，开会讨论，写文章出刊物，男女一起活动。当时在一个旧的大家庭，办这样的学会，是很不容易的。

三哥四哥要求到上海读书。大哥不顾家里的经济情况，硬起肩膀支持。他先说通继母，进而说通二叔（当时的家长），筹备好费用，让两个弟弟一同坐小木船起程。三姐出嫁时，大哥把三姐的婚礼办得很体面，仅放嫁妆的抬盒就不少。后来大哥又支持四哥去法国留学。

一九二九年大哥去上海看望四哥时，还带了表弟高惠生去上海读书。不管遇到什么事情，大哥总是尽量去帮助需要他帮助的人，从不考虑自己能否负担得起，只要当事人满意就行了。

大哥感谢二叔支持三哥四哥出外读书，他对二叔那一房人特别好。二叔临终前，把他的家人托大哥照管。后来搬出正通顺老家，我们两房的房子都租在一起，以便大哥照顾他们。

五

大哥很能干，爱帮忙。自己家的红白喜事他亲自办。亲戚家的事，大家爱请他，他也乐意帮忙到底。大哥总爱叫我跟着他学着干。我分析，他想我将来做他的帮手。

大哥总是有求必应，从头到尾，有始有终，负责到底。他为增加家庭收入，填补开支，打算开一个书店。三叔要他的一个儿子参加。书店叫启明书店，从上海进货，大哥曾带着我的堂兄去上海。结果生意没做好，亏本收摊关门了。亲戚所亏的钱可能也由他负担了，他不愿别人遭受损失。

大哥为家庭生计，亲自出马在私人经营的银行做贴现生意。他不但自己做，也帮亲戚做。我真想不到他会那样厚道：赚钱是委托人（亲戚）的，亏本则归他自己。

总之一句话，大哥尽量帮助别人，自己陷多深也不顾。这就是我大哥。

六

我大哥不是学医的，不知什么原因，他买了不少医书，刻苦自学，收获很大。一般的小病他都能治好，还会打针。他给家里所有的人看小病，仆人保姆生病他也医。亲戚家有人生病，也爱找他医。他不只看病，连针、药都买好一起带去，直到把病医好。要是遇到麻烦的病，他就帮忙找医生，直到看好为止。他完全把这些当成自己的事，绝不半途而废。可是，唯独他自己的痰病，他就不想办法治好，也没有人帮他医治。

七

大哥看我不是读书做学问的材料，所以不像培养三哥四哥那样，让我进学校深造。他很想我走商业这条路，或者学一门手艺。他曾叫我去一家照相馆收账，要我与相馆的人混熟之后，悄悄学艺，将来有机会就干这一行。我真学了不少，除修相片以外，其他照洗等我都会做。

我每次出去收账之前，大哥都要教我怎样讲话；回来后，要问对方是怎样回答的；然后，再教我下次去该怎样讲。如果我办得好，他就高兴，买春熙大舞台的票奖励我，让我去看京戏。

大哥希望我成才，可是我年岁太小，帮不了他什么忙，不能分挑他的担子。他也不肯过多地使用我，那时的我又能干什么呢？

八

我非常爱大哥，愿意为大哥做事。每天早上，我去为他买早点，豆浆油条；买好早点就叫他起床。有时还给他擦皮鞋。一九三一年阴历三月初一早上，我买好早点去叫他起床，但老叫不醒。大哥吃了他自己配的安眠药，已经走了，怎么喊得醒他、叫得活他啊！我用尽气力大声喊："大哥！你醒醒啊！你醒醒啊！"可是，我叫得太晚、太晚了；他走得太快、太快了。无论怎样也喊不回来了。

九

大哥！你心太慈，过于自责。我们不是都活得好好的吗？你的孩子们，在大嫂的精心抚育下，不都长大成人，成为国家的有用之才了吗？你今年一百零二岁，我也快八十六岁了。七十多年过去了，那时许多值得怀念的事，简直想不起来了，脑子一片空白。这不要紧，等过了这些年，把该做的事做完以后，你的十四弟再去向你汇报、谈心吧。

一九九九年八月六日

李采臣（1913—2007），原名李尧橡。生于四川成都，祖籍浙江嘉兴。出版家。李尧枚、李尧林、巴金之胞弟。

我记忆中的大哥

◆ 纪　申

　　为了解答电视连续剧《家·春·秋》的编剧、导演、演员、美工等同志提出的一些问题，有助于他们对原著精神的理解，加深对时代背景、地方色彩以及封建礼教的认识，我总尽力追寻记忆，用往事中的实际事例和自己的感受给以说明。到该剧摄制完成后又连看了三次录像，使得我当时心潮起伏，颇为激动。特别是剧中觉新这个人物的经历和命运，更无处不勾起我对往事的回忆，真是思绪万端，似有许多话想说，却又不知该从哪儿讲起。四哥（巴金）在《和读者谈"家"》一文中曾直率地说："觉新是我的大哥。他是我爱得最多的人。"如果把他的另一篇回忆文《做大哥的人》拿来跟小说《家》的第六章两相比照，一看就十分清楚明白了。其实小说初版的第六章本冠有"做大哥的人"这个标题的。不过后来他又把全书的标题通通给删去了。关于这部小说他写过不少文章阐述种种，用不着我再作添足之举，只不过想记下大哥（不是觉新）在我记忆中的一些琐事与印象，以抒思怀而已。

　　大哥学名李尧枚，字卜贤，小名果麖，以字行。人多唤他李卜贤，学名倒鲜为人知。我母亲在家里有时也叫他"老果"。学名是按祖上定下的"道、尧、国、治、家、庆、泽、长、勤、修、德、业、世、守、书、香"十六字排列命名的。父辈就以"道"字排始，别加一字必从水，故我父亲名"道河"，叔父们分别名"道溥""道洋""道沛""道鸿"。连在浙江嘉兴原籍的本族人的这一辈也叫"道"什么的。到过四川，后在上海报馆工作过的玉书大叔，就名"道澄"。一九二三年三哥、四哥相偕来上海，这位本族大叔还带他们去嘉兴塘汇镇看望四伯祖，瞻仰祠堂。前些日子去医院探望四哥，他还跟我讲起往事，说我三姐还曾拜玉书大叔做过干父。我们这一辈弟兄全按"尧"字排名，另字从木。我们五弟兄就被命名为"尧枚""尧林""尧棠""尧椽""尧集"。下一辈按"国"字排，另字从火，大哥的五个孩子分别叫"国煜""国炜""国炯""国鎣""国辉"。由此可见封建大家庭的子孙连取个名字都定下这么样的规矩，旧礼教的虚礼繁文可想而知。故使得四哥从小就产生反感，极不习惯，总是设法躲避和抗拒。以至后来发展到对旧社会、旧礼教、旧制度的极端憎恨与反对。不过这命名的框框早就给冲破了。四哥和我的孩子命名就没照老规矩办事。这是我那死去的祖父万万没料到的。毕竟时代在变，人的思想也在变。旧的要灭亡，新的要萌生。

　　大哥出生在一八九七年，足足大我二十岁。他去世时，我不过是个十四岁的少年。那是一九三一年的一个春天里，我清楚地记得那天早晨我家突然发生这意外的情境。时间已经不算早了，我正站在堂屋前的阶沿上，眼见大人们从大哥住房（他住在左厢房）里进进出出，表情紧张，不知发生了什么事，只听见母亲和嫂嫂不断呼唤着大哥的名字，还着急地说："这个样子叫人咋个办！"据说大哥睡到现在还不醒，怎么叫也叫不醒，不知出了什么事。之后要我马上支请张伯馨来诊视。张是位开业的私人西医，原先在法国领事馆为祝武烈（中名译音）医官（也就是小说《春》里面替海儿治病的那个外国人）任翻译。祝回国后，张就自己申请开业行医，跟大哥是朋友，有时我们家的人生病，也请他看看病，因之同我家很熟。我家那时早搬出老公馆，住在桂王桥西街七家巷口，是租的一座公馆大厅以内的正院，与二叔一房合住。大厅外还有两个小院，住的一家姓王、一家姓吴。张的诊所（也是他的家）在双栅子，相距两三条街。我立即小跑奔赴张处，张见我气喘吁吁，一副紧张的样子，问明情况后还安慰我说："不要着急，你先回家，我带上药箱马上即到。"果然，我前脚跑回家报信，接着张也就来到。经他仔细检查、灌药施救，又打强心针，可大哥依旧沉睡如故，未见醒转。张忙了好一阵子最后终于摊开双手说："发觉太晚，无法抢救，完了。"断言大哥定是睡前服下了大量的安眠药物，才是这样。

大哥为什么要这样做，要服用大量药物以毒杀自己，不说当时我这个少年不明白，就是母亲、嫂嫂也弄不清楚。连他究竟吃的什么毒药也不知道，没留下一点痕迹。直到后来找出了他留下的遗书，方知他早就萌有死念，遗书都写了三次，撕去了三次，第四次方成。可见他那一阵子内心的苦痛到了何等的程度。现今看来他这样做完全没有必要。为了顾全个人面子，白白牺牲了自己不说（死时才三十四岁呀！），还给活着的亲人们留下痛苦、损失与灾难。母亲同样为了顾全他的面子，一个绅士家庭的面子，不失体面地先办了大哥的丧事，还请旧日在四川做过提学使、三代世交方旭（鹤斋）老先生亲临"点主"。方有挽联："含愤一朝亡，两地招魂居隔巷；吊丧三代共，八旬挥泪哭通家。"方家离我家不远。方旭时年八十，桐城人也。并倾家荡产尽我们所有了清他留下的债务。以至后来我家的生活主要靠在天津南开中学教书的三哥按月接济。三哥毅然决然承担下这副重担，就此把他累苦了。抗战刚胜利他就因病衰竭而孤寂地死在上海，巴金有怀念文讲得较详。

在《做大哥的人》文中还有这样的记述："在他的身上偶尔出现过神经错乱的现象。他称这现象作'痰病'。幸而他发病的时间不多。"在大哥的遗书里也说他发现一家人养命根源因银行倒闭而化成了水之后，清理往来账单，一时情急，把全部单据撕成粉碎，抛弃到废纸篓内，等到第二天，清醒过来，想起再去找回，废纸篓已被佣人打扫屋子清理掉了。完了，这一切全完了。大哥的自杀当然不是由于"痰病"的突发所致。但因刺激过大一时神经错乱撕毁了所有单据，因而使他更钻进牛角尖，难以转过弯来，我想也可算促使他自杀的死因之一吧。大哥有过"痰病"，这在我家里和至亲中都知道，我也听大人讲起过。但一直没亲眼见过，因为他不常发。记忆中仅有这样的三次印象：一是爷爷死后我们小孩们常聚在那间空着的上房里玩捉迷藏什么的，有一段时间里每天傍晚，大哥总是把长袍扎起，带领我们这些小弟弟妹妹们以双手着地弯着腰，在屋内爬行，往返多次，说这是健身运动；后两次都发生在我家吃午饭时，他突然针对母亲发起脾气来，一次还有客人（舅母或姨妈来我家做客）在，弄得场面十分尴尬，另一次是我们一房人在上房窗前阶沿上吃饭，不知为什么事，又同母亲争执起来，他突然立起身子就把饭桌推翻，大家还不及阻拦，菜饭业已倒地，碗盘尽碎，大家连忙避开，佣人们马上前来打扫收捡。当时真把我吓坏了。应该说这样的事发生在旧礼教的封建家庭里是反常的。我想也该是"痰病"的一种表现吧，他一时控制不住自己了。

大哥之死自然给我家带来悲痛与损失，有好长一段时间内，日子真不好过。这且不说，也非三言两语道得清。不少亲戚朋友一提起他的死也为之惋惜不已，好像他们也失去了什么似的，就连街坊近邻，包括那摆花生橘子卖的小摊贩，串街走巷、提篮叫卖香油卤兔玫瑰大头菜的小生意人也出声叹息："你家的大少爷真是个好人，多可惜！"因为他不单是个亲戚朋友认为的"能人"，更是个"好人"。对人宽厚、热情、大方、乐于助人，既无架子，又爱面子。别人有求于他，无不慨然应允，有时宁肯自己吃亏，也不使别人为难或过不去。事情到了他的手里总是给安排得巴巴适适，面面光生，皆大欢喜。亲戚中一应红白喜事没有不找他帮忙、安排或主持的。真可称为里里外外一把手的能干人。比如说：我有个表姐要订婚了，男方是在北平念过大学的，提出不喜欢旧的那套仪式，希望采取新式方式。舅父母感到遇上了难题，立即找去大哥商量，并委托他全权主办。男家跟我二叔是朋友，在成都也有点儿名气。我清楚记得订婚礼是在成都提督街海国春西餐馆举行的。订婚男女并排立在大餐桌前，上边站着的是证婚人（当地名人）、双方主婚人、介绍人（也就是媒人），还要当场讲话，订婚人要交换戒指，不摆圆桌面的酒席，宾主全对坐在长桌前用刀叉吃西餐。妙！在我们亲戚中真要算作引人议论纷纷的新鲜事儿。要知道那是在风气闭塞的内地的二十年代呵。

大哥自小就很聪慧，长大了又这么能干。听母亲说当时成都著名中医沈绍九老先生就喜欢他，愿意收他做关门弟子，可不知什么原因他没拜沈老为师，却交上了个懂西医的朋友，也许他认为西医新、比较科学。还私下里买了不少有关西医的书来自学，自备了一些西医常用药，还学会了打针。遇上周围熟人患了小毛小病，就主动送药医治，别人也十分乐从，因为往往颇为见效，特别是左邻右舍的贫苦的人更为感激。可这回他用药自杀，就使得别人难以发觉，到时连真正医生也束手无策了。好事竟变成坏事。

大哥应该说是我们这一辈接受新思潮的启蒙人，他买了不少新书报带回家给大家看，四哥在回忆录中早有记述。后来（那时三哥、四哥已去上海）不仅帮助堂兄弟和表弟妹们成立一个读书会，送给他们不少新书刊，有时还参加他们的活动。这个学会叫"驰驱学会"，设在高姓姨母家，高家在鼓楼南街有所大公馆，姨父还是个古书版本收藏家，早已去世。我陈家外婆舅父母们也住在那儿。学会中人还不少，都是亲戚中年岁相差不大的年轻人。学会办有一刊物叫《驰驱》。姨表兄高惠生写得一手颇为好看、别致的钢笔字，刊物多由他编排缮写。他们常有聚会讨论，偶尔也聚餐，有次我嫂嫂的侄儿张鹏就吃得酩酊大醉，人事不省，给人抬送回家，引起家人的抱怨与不满。我记得有一次随母亲去外婆家玩，近晚前他们在堂屋内上演了一幕新剧，大哥竟然在剧中扮演了一个时髦女郎，高表哥饰的一位贤妻，临时把我也拉入剧中去做"她"的娃儿。真有趣，至今记忆犹新。看客自然是舅母姨妈和亲友们。那天晚上十分热闹，可能是因为一个表姐即将出嫁，特为之做出的纪念性演出。

大哥是在爱的环境中长大的，自幼过着被宠爱的少爷生活，到了成人，结婚做事，一切都由上辈人安排、操办，不用自己操心。尽管不久父亲死去，我们这房的事务全由他承担，可那时祖父还在，经济条件又好，穿吃不愁，玩乐自在，加上自己还在商业场事务所做师爷，每月也有二十多元的收入，花销根本不成问题。家出名门，到处受人尊敬，且花钱素来大方，慢慢手也就用散了。每逢商场中的店家到了什么新货，或见到了时髦的新鲜玩意儿，总喜欢买回家，送人或留着自用。有的店家还不用付现款，立有折子、户头，逢年过节或一定时间再结账付款。不习武术（大哥幼年时跟三叔保镖学过耍刀、打拳）了，来个运动健身。我家是旧式公馆，一进大门有个全用大石板铺砌成的大空坝子，他也买了个皮球来踢踢，还备有网球拍，房间内更有样式新奇的木制体操用具。一九二九年他带同七哥（三叔的儿子）一道去上海看望四哥，回来时更带了不少东西，单是送给自家人和亲戚的各式各样的皮鞋就装了一口箱子，还有不少衣料和其他东西。带回了两架钢针、钻石针两用的新式方形盒式留声机，近百张唱片，诸如胜利、高亭、蓓开三大唱片公司灌制的京戏、大鼓各名家的唱段、流行歌曲等，加上大大小小的外国音乐唱片。这些东西最受欢迎，给家里平添了不少热闹。我因此从中学会了哼京戏，记得不少唱段，像余叔岩的《珠帘寨》、言菊朋的《汾河湾》、夏山楼主的《武家坡》，等等。他死后，唱机连同唱片全部折钱抵还部分欠债给一个亲戚了，使我不胜惋惜。

从上海回来后大哥也改穿起洋服来了，更表面地新式化了。西装是在成都北新街一家叫"恒谦"的西服店定做的。夏季里身着太阳呢上装，白色大翻领衬衫，下穿白法兰绒起蓝色小方格的长裤，白帆布皮鞋，头戴法式白色面盆帽，有时还特别手拿一根"司提克"。他个子不高，身材匀称，面貌清秀，鼻子棱棱的。出门之前先在堂屋内大穿衣镜前整容一番，真算得个一表人才的十足漂亮绅士。

我出世时，没见到父亲，他去世刚两个月。到懂事起，方知大哥才是我们一家之主，对内对外都听他的。有时连我母亲也要让之三分，尊重他的意见。在旧社会封建大家庭里，她毕竟是个"女流"，不晓外情，又是个后母。加上"长兄似父"的明训，我对大哥从小就怀有一种敬畏之感。应该说他对我们小弟弟们要求是比较严格的，仍照老规矩行事，必须先在我家书房读上几年古书。原来任教的是我们的汤姓大舅公，太老了。就多方托人聘得一位比较严厉负责的中年人来任教席。

我硬是由大哥领着走进书房，在照有红色蜡烛、系有红色桌围的大方桌上摆设着至圣先师孔子牌位前行过大礼，再向新教书先生叩头跪拜。因之我进新式学校也较迟，还是屡向母亲提出要求，拖延好久才取得大哥的同意，并做了从小学高一念起不许中途跳级、要循序而渐进的规定。头两年上学都有堂弟的老家人陪送，中午持饭折去一家指定的饭铺吃一餐，自己身上不许带有零钱。调皮的堂弟深感不自由。想起有一次我初中毕业的小哥哥，同朋友在外玩，深夜方归，事前没跟家里人讲过。大哥问他去哪儿了，他不直说，撒了个谎，说去看戏了，经大哥一问，问出了漏洞，他转不过弯来，死不承认。大哥因而生气，怕他在外交上不好的朋友，遂手执鸡毛帚，拖住他到堂屋父亲的神主牌前，叫他跪下说清楚，否则按家法从事，要替父亲教训他。后来经母亲从旁一再劝导，他才说出原来是同一个朋友到弹子房打台球去了。当时真把我吓得胆战心惊，深深感到大哥这位长兄严厉的一面。

大哥喜爱京戏，自从春熙路新建了个春熙大舞台（据说是凤祥银楼的老板投资兴办的），他就常去那儿看京戏，家里还备有一把京胡放着。有时我们也常跟着他去看戏，往往一家人都去，他在遗嘱上还说过生那天特别请全家人去看戏。我还记得，有回白天跟他一道去青年会新民电影院看电影，片名《马介甫》，是据聊斋故事改编的。坐的是楼上正厅包厢第一排，我刚拔过牙，把头枕在他大腿上横躺在椅上，从栏杆空隙看出去，慢慢睡着了，流出一摊口水湿了他的衣衫。他也没怪我。他从上海回来也给我买了一双黄色生胶底的皮鞋，后来还替我跟堂弟一样做了一套西装，去吃一家亲戚的喜酒。这使我感到他做长兄仁爱的另一面。

从上海回来后，他又曾跟亲友合伙开办过一家书店，取名启明书店，专卖当时上海一些新书店出版的新小说。最初设在昌福馆内，好像就在原陈郁庵办的华阳书报处原址，后改迁到祠堂街离少城公园不远的一处街面房。祠堂街那时有好几家书店。堂兄七哥担任经理，没开设两年就关闭了，我家因而分得不少书，而这些书在三十年代前期白色恐怖下不少都变成禁书，怕惹祸，我母亲不止一次地命我们烧毁了不少，那时大哥已经去世了。

四哥在回忆大哥的文章里曾分析说："他一方面信服新的理论，一方面依旧顺应旧的环境生活下去。顺应环境的结果，就使他逐渐变成一个两重人格的人。"还说，"我从法国回来的第二年他也到了上海……我们谈了别后的许多事情，谈到三姐的惨死，谈到二叔的死，谈到家庭间的种种怪现象。我们弟兄的友爱并没有减少，但思想的差异却更加显著了。他完全变成了旧社会中一位诚实的绅士了。"我幻想要是大哥不那么顺应旧的环境生活下去，不那么顾全绅士家庭的面子和架子，逐步改变一下生活方式，紧缩开支，特别是大分家以后，从老公馆搬出来，独自一房过活开始，量入为出，不再去敷衍别人，迁就别人，即使经济上遇到那灾难（指银行倒闭），也还是有法子可想，仍然可以活下去，穷一点苦一点又有什么关系，顶多跟有钱的亲戚少往来一些就是了。他死后我们不照样活了下来，根本用不着去维护那虚伪的旧礼教的那一套。他的死真是太不值得了。还是四哥文中说得好："他是被旧礼教、旧思想毒害了一生，始终不能自拔出来，……其实他是被旧礼教杀死的。一想到他悲惨的一生，一想到他对我所做的一切，……我就不能不痛切地感觉到我丧失了一个爱我最深的人了。"

我大嫂活到一九八〇年才去世，时年八十又二。一九七八年我因公回川，还见到她，后曾在一篇文章里提到过。他的孩子们而今全工作得很好，生活得很好，有的还离退休了。连孙儿女们也有了下一代，有的更远去国外攻读专业。他在旧社会未得实现的理想，新中国中他的孙儿女倒并不困难地就实现出了国。大哥如在九泉有知，也该会满意地笑了，会承认自己软弱，悔不该服下毒药为旧思想旧生活所迫害。岂不冤乎，悲乎？

一九八九年十月二日

纪申（1917—），原名李尧集，号济生。生于四川成都，祖籍浙江嘉兴。编审、作家。李尧枚、李尧林、巴金之胞弟。

大哥其人其事

◆ 李尧东

　　一九三一年的农历三月初一，成都市的早晨略有薄雾，我家突然来了人报丧，说是堂兄卜贤大哥服毒自尽了。父亲当即奔去，那时我九岁，因为是我们这一房男孩的老大，按礼节要去奔丧。我记得在车上父亲直摇头说："想不到，想不到！"我们到后一片寂静，只听得屋角有嘤嘤啜泣声。大哥的遗体平躺着，我很紧张恐慌又不忍看，只是匆匆瞥了一眼，这一眼，至今还留着清楚的印象：大哥的脸部白皙，平时大大闪亮的眼睛闭着，棱棱的鼻梁，这次两颊似乎突出了一些，显得清瘦，可能遗容已经过整容修饰。此时我急忙走入另一个房间，在那桌前呆立着，而后去翻阅桌上书立中一些书籍，我第一次见到四哥巴金的作品《灭亡》或什么的，有人告诉我我才知道巴金是谁。

　　听说，早上不见大哥起床，他的大女儿慧慧（我们叫她大侄侄）去叫他，不见动静，又大声叫他不醒，一下子他眼角流出一点泪水来，才发现他已经停止呼吸身亡了。听后，我幼小的心灵感到沉痛和悲恸，自然那时并不明白大哥的死因是什么。又听说，服的毒药像是大量的"高锰酸钾"，此前他还写有遗书。对大哥的自杀，我所接触到的家人亲戚长久以来都避讳谈论，或噤不作声，他们即使提到大哥的时候，也只是惋惜他才三十五岁就逝去了，自杀太不应该，也有批评他"一生聪明反而被聪明误了"。

大哥，我们同祖父的这一辈人对他共同的称呼。他的名号是李尧枚，字卜贤，乳名果麐。按照祖父的上代规定，祖父以下的班辈顺序排定，用"道""尧""国""治"四个字，而道字辈的第二个字，又必须有水偏旁，尧下的字有木旁，国有火旁……而且名和字的意义都是关联的。听老一辈人说起，大哥的名号是祖父亲自取的。出生之前，长房即将得长孙，大喜将临，大伯父特请祖父命名，无论生男生女都事先拟定名字，果然生的男儿。刚出生，他的名和字以及乳名，加上生庚年、月、日、时刻，恭书一个小红帖子，贴在他母亲的床头柱上昭示，立刻上下人等尽知，以后就形成习惯，在这个大家族中沿袭下来。关于大哥的名号是含有深意的，表达这个书香门第特别是祖父的学识和希望。它取自《书经·大禹谟》中的"枚卜功臣，惟吉之从"，古代以枚（即枝干）逐个占卜选官，果然现在得一个吉祥的麒麟儿，寄厚望于未来成大器，选官举贤，光宗耀祖。至于以后三哥尧林字茂生，四哥尧棠字芾甘，是否还是祖父命的名，就不得而知了。这个大家族逐渐繁衍，同祖父下来的五房，共有二十三个孙子、十六个孙女（当然由于那时环境科学医疗条件差，即使称富也无能为力，所以其中年幼或年轻早夭亡的超过三分之一），经过了一个世纪的变化，截至目前，尚存有八个兄弟和一个妹妹，均已进入耄耋之年了。

在我们的印象记忆中，大哥一生是受人尊重的，不仅是长孙地位，还有他为人处世有一定威信。例如，有个叔父很不争气，甚至胡作非为，那个婶子没有办法，就跪到大哥的内房去，跪在他的面前，央求他出面帮助解决纠纷。大家对大哥的评价综合起来，是精明能干，温文儒雅。在那清末民初改朝换代的旧社会里，他是一个新派人物，绅士型的作风严谨、行为规范。在生活上他爱整洁，衣着讲究，逢年过节他走亲串戚，彬彬有礼，穿着一身时尚的细面料或呢质长袍，外罩元青缎马褂，但平时也见他穿着洋式西装领带、礼帽皮鞋。谈吐不俗。在学识上，他读过诗书古文，民国反正后，他最早上了新学堂，中学毕业成绩优异。他有抱负，理想是到京沪上大学，去德国留学攻读他喜爱的化学，终因他是那个大家族中的"承重孙"（意即封建制度命定的担纲人物），这些都成为他不能实现的幻想。虽然如此，他还是接受西方教育方式，积极支持三哥、四哥出省出国去求学，而且在经济社会兴起，他进入了由周孝怀最早在成都倡办的"劝业场股份有限公司"，当了一名高级职员。他的思想接受新的挑战，吸收新知识，日常到售卖新书刊的"群益书报社"购买阅读。二十年代我还是个几岁幼童，虽然不经常接近大哥，但有一件事我永远记得，见面逗乐，我第一次从大哥口中学会问候的英语两句："How do you do" "How are you"。用现在的话说，他是很开放的，他对小孩也用新的事物去启发。那时，我还在就读私塾古文，他已经将他的女儿送入骆公祠街女子小学上学了。他喜爱新的音乐歌曲，在家里购置一架那时还很贵重的风琴，让上了新学堂的九姐唱歌，他按琴键伴奏，至今那一首"太阳，太阳他记得，照过金姐的脸，照过银姐的衣裳，也照过我可怜的秋香……"那哀婉的曲子，那琴声歌声还永远在我们耳际回荡。大哥接受新思想、新事物，尤其表现在他对待医药科学问题上，过去大家庭里遇有病痛请医服药，都专门信奉中医中药，成都驰名中医卢景亭、沈绍九、唐伯渊、王朴诚等是常客，来家就诊处方，可是一些传染疑难病症，中医药一时也颇难奏效的。在姐妹中，有个时期得了"白喉症"就死去几人。大哥并不排斥中医中药，但对西医西药的效果，自有他的独立见解，率先请医服药，还将一位有名的西医张伯馨引荐到亲戚中诊治病症，得到信任。

大哥去世十多年后，抗战时期，中华剧艺社在成都提督街一个剧院首演曹禺改编的话剧《家》，需要对剧中觉新结婚的场景道具找资料，记不清是白尘先生还是车辐兄介绍该剧导演贺孟斧同张艾丁、白杨等几位演员来到上西顺城街我家小院，观览一些老式家具，如有踏脚板和床头凳的精致大床、六边型桌子以及合成的签押桌种种以作参考，烘托觉新婚礼新房舞台场面。正在闲谈中，孟斧先生突然问了我一句："巴金的大哥为什么要自杀？"其他来人都感兴趣似的盯着我，我一下就愣住了，想了一下我说："是家庭经济崩溃，生活拖累所逼，走投无路才自尽的。"当时我说不出具体原因，孟斧先生也没有再问下去。他邀请我看《家》的彩排演出，还希望我观剧后能写出个剧评。那时我还是个中学生，常在成都各报纸副刊版写些诗文，看了《家》的演出后，我很激动，写出一篇题目是《两个"家"》的短文，发表在成都《新中国日报》副刊上，主要观感是曹禺《家》突出的中心是觉新，重头戏都表现在觉新身上（扮演觉新的是有名的话剧演员耿震，塑造力强，很动人）。但这篇短文我还是没有写出我对觉新这个典型人物的看法。

一个世纪过去了，让我们再回过头看一看那个新旧交替时代我们的大哥及大哥之死，是有一点感悟的。

大哥的一生是过去那个新旧交替时代的牺牲品，而他本身就是一个矛盾体。他的悲剧，不是殉情、殉道；但他又不是一个理想主义者，他的惰性、懦弱、安于现实，是长期在那旧家庭生活环境中培养出来的。那时的成都，完全是一个封建残余势力很浓的半封闭式的社会，而他却是一个渴望新知者，他的智商高，有理智，他虽不贪恋旧的一套生活方式，但对新的生活环境也并不理解适应，甚至迷惘，陷入其中不能自拔。

说他不是一个殉情者，因为他并未堕入情网，他受过一点伤害，在爱情婚姻方面，他接受了现实。由于那个时代的大家族中，男女结交只有亲戚往来关系，没有接触外部社交的机遇，和大哥青梅竹马相处有一定感情的一位表姐，由于家庭做主，认为姑表兄妹成亲不宜，各自婚嫁，这也符合近亲不婚的道理。结局是凭父母之命、媒妁之言，而且老人们用拈阄择婚决定的方式娶了大嫂，他俩婚后是和谐的，是有五个子女的幸福家庭，所以大哥之死不存在感情上的纠葛因素。

大哥的人生观是消极的，从小他经历了社会的大变革，封建王朝的覆灭，大家庭的土崩瓦解，人世沧桑，个人前途渺茫，他见到的是军阀混战，民不聊生。他受过旧式和新式两重性教育，培养他成为绅士型的知识分子，谦恭忍让，以和为贵，经不住风雨摧残，巴金评说大哥的人生态度是"作揖哲学，磕头主义"，

残留在大哥思想意识上的东西是宿命论，使他压抑，无法抗争，
不能解脱出来，而这种消极的人生观，逐渐产生一种厌世情绪，
这也是很自然的。

　　大哥轻生自杀，更有其直接爆发的原因。那个时代新老转变
期间，出现新的矛盾和新问题，他是无法知晓和应对的。圣人所
谓的"礼崩乐坏"的旧制度倒台，他接受这个事实，去新事物中
闯关。他要生存得好一些，就把大房分得祖宗留下的田地产业处
理了，将所得钱财投入了新的商业方面作为资本，放息贴现，还
认为有助于发展商业经济，他全不懂得资本主义经济存在的金融
风险，只以为稳扎稳打得利，从而养活全家老小十余口过中等生
活。殊不知时局的动乱，危机四伏的经济瞬息万变，投入的资财
一下子化为乌有，这是他始料不及的，当时的金融风险也坑死了
不少人家，这是时代的悲剧，也正是大哥之死的直接原因。书生
之见，终于受害匪浅。

二〇〇三年十月十一日于绵阳

　　李尧东（1922—），生于四川成都，祖
籍浙江嘉兴。诗人，教育和宣传工作者。李
尧枚、李尧林、巴金之堂弟。

终于理解父亲

◆ 李 致

我父亲在一九三一年春自杀身亡。那时我只有一岁零五个月，谈不上对他有什么了解，所以我说不清楚自己的父亲。我只能说自己对父亲的认识和感情的转变。

一

从我有记忆的时候起，母亲卧室里就挂着一张颇大的照片，我天天看见它。照片上的人眉清目秀，身着西服。不管我站在什么地方，他的眼睛都望着我，使我既感到陌生，又感到亲切。母亲说他就是我的父亲。

父亲名李尧枚，字卜贤。从母亲和长辈那儿，我听到许多人称赞父亲的话。众口同声，说他是好人。在学校功课好，中学毕业考试名列第一。在家学过武术，舞剑曾得众人喝彩。喜欢阅读五四以来的新书报。热心为亲友帮忙，会办事，我们家和亲友家的红白喜事都少不了他。帮亲友做生意，亏了他赔钱。还懂医，能为亲友看些小病。脾气特别好，亲友中发生什么矛盾，他去劝解，甚至给双方作揖，说是他的不是。他死后，连邻居、小贩都感到惋惜。……但所有的人都说他不该自杀。

二姐三姐四姐和我，因为年龄小，加上母亲身兼父职，似乎未感到缺少父亲的不幸。只有大姐对父亲感情特别深，一提到父亲她就流泪。半个世纪以后，她才告诉我，父亲很爱她。当年她和父亲同睡一张大床。父亲喜欢读新书报，每晚读到深夜，她至今还记得父亲读书时的背影。父亲给她订了《小朋友》和《儿童世界》，对她有很大影响。父亲爱带她出去玩，买糖果招待她的小朋友。一九二九年，父亲从上海回来正是中秋节，她在大门外玩，父亲一下轿就摸她的头。父亲去世后，大姐十分痛苦，长期用写日记的方式倾诉她对父亲的感情。

我没有这些经历和感受。听母亲说，父亲去世前，我只会为他提拖鞋。我看见过一张旧照片，父亲抱着大约仅半岁的我。我用嘴含着自己的指头。父亲用右手顶着我的脚，用左手抱着我的腰。当然看见过父亲的很多遗物，包括我用来玩的父亲的打针用具。除此之外，再无其他。

二

母亲经历千辛万苦，把四个姐姐和我带大。父亲自杀，家庭破产，亲友逼债。继祖母卖了自己的养赡田产还债。有些亲友甚至拿走家里的字画和别的实物。面对没有父亲的五个孩子怎么办？这无疑是母亲最困难的时候。我太小，根本不知母亲的痛苦。幸亏在天津当教员的三爸李尧林，担负起全家的生活费用。

一九三〇年夏，李尧枚与其子李致

　　日本侵略我国后，交通中断，三爸无法寄钱来。继祖母和母亲分别带孩子回娘家住。母亲靠变卖旧衣物、绘画刺绣、卖豆腐乳、"请会"拿"头会"等办法养活我们，供我们读书。有一次，母亲出去办事，不知遇到什么困难，她在人力车上，用手打自己的耳光，我吓得拉住她的手。还有一次，母亲因劳累过度，胃病大发，痛得从床上滚到床下。每当这些时候，我十分难受，心想为什么一切困难都让母亲一人承受？

　　四十年代初期，四爸两次回成都。他目睹家里的困难，主动担负起全家的生活费用。为节约开支，我们又和继祖母住在一起。这次住在一起，可能是因为生活困难，加上传统的婆媳关系，每当继祖母心情不好时，常在晚上训斥母亲，时间很长。我睡在隔壁房间，听得清清楚楚。我为母亲不平，长时间不能入眠，常高声喊叫母亲，但任我千呼万唤，母亲都不敢回自己的房间。这时，我内心深处常埋怨父亲，为什么扔下母亲而去？

　　抗日战争时，学校搬到乡下踏水桥，离城五六里。每遇下雨，满地泥泞，我和四姐在风雨中戴着斗笠，举步维艰。有几次风大，斗笠被吹走，人跌在地上。许多同学有父亲来接，令我们羡慕不已。

　　如果有父亲多好！

三

　　上中学的时候，读了四爸李尧棠（即作家巴金）的小说

《家》和散文《做大哥的人》，我才对父亲有所了解。《家》中的高觉新以我父亲做原型。父亲自小就很聪慧。他对化学很有兴趣，希望将来能去上海或北京上大学，以后再到德国留学，脑子里充满美丽的幻想。可是高中毕业后，祖父给他娶了妻子，结婚不久又为他找了工作。父亲顺从着，毫不反抗，但回到自己屋子却伤心地哭了一场。二十四元的月薪断送了他的前程。祖父逝世后，父亲又担负起我们这一房的生活重担。五四运动发生了，父亲和三爸四爸都受到新思潮的洗礼。我父亲的"被遗忘了的青春也给唤醒了"。父亲经常买回新书报，他们贪婪地阅读这些书报，接受新思想。父亲的见解比较温和，他赞成刘半农的"作揖主义"和托尔斯泰的"不抵抗主义"。正如四爸所说，我父亲"他一方面信服新的理论，一方面依旧顺应旧的环境生活下去。顺应环境的结果，就使他逐渐变成了一个有两重人格的人"。这是以后所发生的悲剧的根源。

父亲的父亲先逝世，到他的祖父死后，父亲做了承重孙，成了明枪暗箭的目标。他到处磕头作揖想讨好别人，也没用处。四爸说，他和三爸"带反抗性的言行"又给我父亲招来更多的麻烦。我的哥哥李国嘉在他四岁多时突患脑膜炎逝世，对父亲是一个更大的打击：他的希望完全破灭了，精神抑郁，偶尔还出现过神经错乱的现象。后来，父亲帮助三爸和四爸到南京读书，又支持四爸去法国留学，希望他们学成后回来兴家立业。由于大家庭分家，田产收入减少，父亲曾另想办法增加收入。开过书店，但因经办人选择不当关门。继而把田产抵押出去，希望用贴现的办法取得较高的利息。不料他生了一场大病，等他病好才知道好几个银行倒闭，全家的"养命根源已化成水"。他感到愧对全家，终于服大量的安眠药自杀！

知道这些情况，我对父亲有了一定的认识，他是好人，是旧社会的受害者。但在一段很长的时期内，我不满他采用自杀的办法。父亲离开人世，把母亲和五个子女留在人间，让母亲独自承担莫大的痛苦和灾难。

四

从五十年代起，在和四爸巴金的接触中，我发现他对我父亲有极为深厚的感情。他曾对我说，你父亲如果放下绅士的面子，过一般人的简单的生活，完全可以不自杀。他懂医，可以好好学医，成为一个好医生，中华人民共和国成立后说不定还可能当一个政协委员。

为我父亲，我和四爸有过辩论。

四爸曾答应我将来去上海时，他陪我玩。一九六四年九月我第一次去上海，我提出要去给三爸扫墓。我没见过三爸，但我非常尊重他。主要原因是父亲去世后，他牺牲了自己的爱情和婚姻，主动用教员的薪水供给我们全家生活费用，努力工作，省吃俭用，直至抗战开始后联系中断。当抗战胜利时，三爸贫病交加，逝于上海。四爸同意我的要求，在一个下午雇了一辆三轮车，我们冒着烈日，同去虹桥公墓。我在墓地向三爸鞠躬，感激和尊敬，使我流了眼泪。

在去墓地的三轮车上谈到父亲。我第一次向四爸表示了对父亲的看法，说他丢下母亲和子女去自杀，太不负责任。我当时年轻气盛，用语相当激烈。我们谁也说不服对方。只记得四爸感慨地说："连你都不理解，小林他们就更难说了。"

对父亲的"谴责"，在我心中保留了几十年。特别是我有了孩子以后，我非常喜爱我的两个孩子。我用玩、讲故事等办法启发他们的智力，促进他们的全面成长。女儿两次生病，怕她抽筋，我守通夜，困了用冷水浇头。为了引起儿子小时候读书的兴趣，我花了几个月时间，连续在晚上给儿子讲完《水浒传》，以后他在八九岁竟自己读完《三国演义》。儿子跟我去干校，整个冬天我们睡在一张小床上，互相用身体温暖对方。联系实际，我觉得自己没有得到父爱，实在遗憾。"文革"中不论遇到什么困难，当"牛鬼"，进"牛棚"，被批斗和殴打，我从没想到自杀。原因之一，是我不能让孩子没有父亲。

五

八十年代初期，我一次去上海。一天上午，四爸拿了一叠信纸给我，说这是我父亲给他的四封信。我知道三爸四爸离开四川以后，父亲经常给他们写信。四爸很珍惜这些信，把一百多封信装订成三册，保存了四十多年。"文革"前夕，为避免引起麻烦，四爸横下心烧掉这些信。以后，四爸回忆到这件事时曾说："毁掉它们，我感到心疼，仿佛毁掉我的过去，仿佛跟我的大哥永别。"

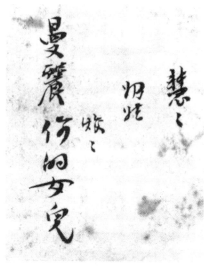

李尧枚手迹（右图背面）

李尧枚与他的四个女儿

　　这是我第一次看见父亲的字迹，也是第一次读到他们兄弟间的信。一九二九年七月，在分别六年以后，父亲到上海，与四爸相聚了一个多月。三爸当时在天津，未到上海相聚。这四封信是我父亲回成都后写的。前三封写于一九二九年，后一封写于一九三〇年。因为尚未装订，烧毁时漏掉，才被留下。以后被抄走，落实政策时退回。我一下就被信的内容所吸引，几乎是流着泪把它们看完的。看一次当然不够。征得四爸同意，我把父亲的信带回成都复印，再把原件寄给他。原件他要捐给现代文学馆。

这四封信增进了我对父亲的理解。

最引起我注意的，是父亲谈到"对人类的爱"。由于四爸在小说《灭亡》的《序》中谈到过他和我父亲的差异，父亲在信中表达了他对当时社会的看法，说："现代社会所需要的是虚伪的心情，无价的黄金，这两项都是我俩所不要的、不喜的。"在谈到他俩的差异时，父亲说四爸"对现代社会失之过冷"，而他对"现代社会失之过热"，所以他俩"不是合于现代社会的"。接着父亲又强调"我俩对人类的爱是很坚的"，"我两个没爹没娘的孩子，各秉着他父母给他的一点良心，向前乱碰罢了"。

我父亲以极大的热情支持四爸写小说《家》。他在信上说："《春梦》（即以后的小说《家》），我很赞成；并且以我们家的人为主人翁，尤其赞成。实在的，我家的历史很可以代表一切家族的历史。我自从得到《新青年》书报，读过以后，我就想写一部书来，但是我实在写不出来。现在你想写，我简直喜欢得了不得。……我现在恭恭敬敬向你鞠躬致敬，希望你有暇把它写成罢。"他还鼓励四爸不要怕，说，"《块肉余生》过于害怕就写不出来了。"

父亲与四爸的兄弟之情，充满字里行间。父亲在第一封信里说："你们走后我就睡在舱里哭，一直到三点半钟船开始起锚，我才走出来，望着星光闪闪的上海，嘴里不住地说：'别了，上海！别了，亲爱的弟弟们！'上海，我本不大喜欢，但是我弟弟住在那里，我就喜欢他了。"另一封信上又说，"弟弟，我此次回来，一直到现在，终是失魂落魄的。我的心的确的掉在上海了。……我无日无夜的在想念你。弟弟，我回来，我仍在我屋里设一间行军床，仍不挂帐子，每夜仍然是照上海时那个样子吃茶看书。然而在上海看书过迟，你一定要催促我。……"还说，"我是不再看电影了。因为没有他弟弟坐在他旁边替他解释剧情了。弟弟，他要他弟弟回来，他才得快乐呵！"

关心和尊重人也在信中体现。父亲在上海时，常和四爸去一家叫三和公的饭馆吃饭，回成都后还念念不忘。他说："你要吃西餐，请人照顾一下三和公罢，因为他对你和我两个很好的。茶房我走时一共给了三块钱，但是对那个笑嘻嘻的堂倌和那几个山东人，我是很抱歉的。你照顾一下也好，因为我俩是时常在那里一块吃饭呵！"

父亲在信上已有自杀的念头。他说："我也是陷于矛盾而不能自拔之一人，奈何！……此时暂不自辩，将来弟总知道兄非虚语。恐到那时，弟都忘却兄了。唉！"正如四爸以后所说："他始终未说出原因来，所以我不曾重视他的话。"

我通过这四封信，接触到父亲的心灵。他不是不热爱和留恋生活，更不是回避矛盾抛弃亲人。他阅读《新青年》杂志，喜欢狄更斯的小说《大卫·科波菲尔》，爱听格蕾西·菲尔滋的唱片Sonny Boy。家庭破产，父亲觉得对不起全家，企图自杀，正因他舍不得家人，写了三次遗书又三次毁掉。最后一封遗书中写道："算了吧，如果活下去，才是骗人呢。……我死之后不用什么埋葬，随随便便分尸也可，或者听野兽吃也可。因为我应得之罪累及家人受此痛苦，望从重对我的尸体加以处罚……"（这是我以后读到的）。自杀前二十多天，父亲借自己的生日，请了全家人（包括佣人）看戏，以示惜别。父亲自杀当夜，他几次来看望母亲和我们几姐弟。第二天早上，全家乱成一团。我和二姐三姐四姐人小不懂事，唯大姐痛苦不已。她拼命地喊爹爹，多次用手扳开父亲的眼睛，希望把父亲叫醒，但这时已"呼天天不应，叫地地不灵"了。

此后我不再谴责父亲对母亲和子女不负责任。尽管我仍不赞成他自杀。对四爸在小说《秋》里，没有让觉新自杀，我也有了新的理解。四爸本想通过《家》鼓励父亲，勇敢地面对生活。但小说的《序》刚在上海《时报》连载，父亲就在成都自杀了。四爸为此感到"终生遗憾"。写到《秋》的结尾，四爸既想给读者希望，更不忍心觉新在他笔下死去。

六

从此，对我父亲，我与巴老有了更多的话题。

八十年代我常去上海。有天早上和巴老在花园散步，巴老说他发现自己不如写《家》时那样勇敢，身上有时还有觉新的东西。可惜谈话被打断，未继续下去。

一九八六年春，我就父亲的四封信，与巴老有一次较长的谈话。巴老为我父亲一九二九年七月来上海，他们未能与三爸相聚，感到十分遗憾。当时，巴老曾以他和我父亲两人的名义约三爸来上海，但三爸以暑期要为学生补课为由，没有成行。巴老说，其实还有一个问题，去信中没有解决路费问题，失去了三兄弟分别六年再聚的机会。以往在成都，大家都向往杭州，这在小说《家》和《春》中多有描写。巴老一连几次对我说，真不知道那一次为什么没与你父亲一起去杭州玩，感到十分遗憾。当然，最令巴老痛苦的事，是两个哥哥都是因没有钱而死去。巴老痛哭失声地说，我现在有钱，但钱有什么用？我又不想过好生活。

九十年代中期，我第一次去杭州看望巴老。巴老对我说，一个人做点好事，总不会被人忘记。我时常想起你父亲，他对我有很多帮助。你三爸对我的帮助也很大。我要帮助他们，结果没有机会了。我知道，我可能不会被人忘记，但我希望他两人也被人记住。两年后，我第二次去杭州看望巴老。巴老再一次谈到我父亲和三爸，他说："我们三兄弟有一个共同点，就是愿意多为别人着想，作出自己的奉献。"这一点，我感到很重要，是理解他们三兄弟的关键。巴老希望他们三兄弟能在"慧园"见面，即在"慧园"设一个展览室。尽管我回来即向成都市的主要领导作过建议，但这个愿望难以实现。

也是在杭州。有一天，我和巴老的儿子小棠在屋里与巴老聊天。巴老说，你们以后写文章，涉及婆婆（指继祖母）一定要公正。我说，我在《大妈，我的母亲》一文中特别提到在我父亲逝世后，继祖母卖了她的养赡田来还账。这是大局。家里的一些小矛盾，难免，但大局是主要的。我和几个姐姐都理解这一点。巴老还谈到他小时，婆婆对他的关心。其中谈到有一次过年，巴老放火花儿，鞋烧燃了，脚被烧伤，躺在床上，婆婆给他找药治疗。小棠与巴老开玩笑，问巴老："你那么大了，还不知道自己把着火的鞋脱了？"

父亲诞生百年之际，我打电话给住在华东医院的巴老。巴老有语言障碍，没有多说，只说了："庆祝一下。"我和几个姐姐、儿子与女儿，想不出用什么办法庆祝。后来儿子在互联网上设了一个李尧枚的资料库，有照片、文章和资料，除巴老和济生叔的文章，还先后组织了采臣叔的文章，记录了大姐和张表嫂对父亲的回忆。到一定时候，资料库即可公开，欢迎访问。

老友刘多成会用计算机修复旧照片。他帮我把父亲抱着我照的那张照片修复一新。我在旁边加上"父与子（李尧枚与李致）一九三〇年夏"。望着照片，我享受到父爱，感到了他身体的温暖。几十年了，经历了一个漫长的过程，我终于理解了父亲。只是这理解来得过迟了。请你原谅，我的父亲！

二〇〇二年春

李致（1929—），生于四川成都，祖籍浙江嘉兴。出版家、散文作家、宣传和文艺组织工作者。李尧枚之子。

以爱待人　以诚待人

——我所知道的祖母和祖父

◆ 李　斧

祖母是云南昆明人，闺名张兰生（婚后改为李张和卿），小名玉，有一兄一姊，生于光绪年代，历经宣统、民国和新中国。她的祖父叫张涛，字海槎，同治庚午云南举人，光绪五年署四川珙县知县，六年权四川宁远府厘务，七年受四川总督丁宝桢命从盐茶道唐炯改革盐务，曾经说动云南大实业家王炽拿出白银十万两，帮助整合四川盐务（这段故事在电视剧《钱王》中有所反映），后来长期出任南川知县，在其任上对文化经济建设都颇有建树，并有《勉行纪略》等多种著述，尤其是他主持编修《南川公业图说》，开创中国地方志的一个新风格。她的父亲叫张景仓，字小槎，是光绪丁酉年云南举人，光绪末宣统初年任昭化、中江、清溪（汉源）知县，著有《鹃啼血稿》等多种诗文。她的母亲娘家姓黄，在仅存的一张照片上，显得很有风度。从祖母的个性来看，张景仓大老爷的家教是非常开明的，祖母幼年不仅学习诗词书画，而且还学过一些英文，甚至张大老爷坐轿外出巡视时，她还女扮男装骑马侍巡，不禁让人想起古装影片里的戏剧性场面。这显然不是旧时那"无才便是德"的女子教育。我曾经听祖母说过一个有趣的故事，张家曾经来过一个非常洋化的客人，进门就用英文说要Pipe，还是闺中少女的玉儿闻声就把当年云南流行的水烟袋递了过去，致使这位假洋客人大惊失色。祖母不仅性格豪爽，而且感情细腻，尤其是有一颗爱人之心。

李家曾经是一个显赫的大家族，旧时成都不仅有"南吴北李"之说形容其财富，还有"西徐东李"之说形容其宅院。著名的"五老七贤"之一——教育家林思进（山腴）曾有诗为证："西徐东李两名园，珠市长街即雍门。"作为北门首富，位于东珠市街和正通顺街之间的李氏公馆当然是深宅大院。旧时封建礼教，少男少女不能随便往来，能接触到的都只是堂兄弟表姐妹。所以祖父少年时代曾经与一位表妹有过青梅竹马式的感情，但是那位表妹的母亲，也就是祖父的姑妈，不赞成亲上加亲。在家庭包办婚姻的时代，曾祖父就奉高祖父之命对外招亲了。祖父少时英俊潇洒，不仅有才学，而且会办事，加上出身名门，前来提亲的人不少。那时候不仅要门当户对，而且还得八字相配。曾祖父曾任宣统年间的广元知县，与祖母的父亲"邻"相呼应（昭化今已并入广元）。加上八字也相配，祖母就与另一家毛氏姑娘一起，成了最后的两名候选闺秀了。大概是为了不得罪门当户对的朋友，曾祖父还是奉高祖父之命主持拈阄，选中了祖母。那时候曾祖母去世不久，按旧礼子女不便结婚。但是高祖父急于四世同堂，曾祖父也不能反对。祖父就只好奉命成婚，低调迎亲。在大家族里即使低调，也是"瘦死的骆驼比马大"，家中请来戏班，庆祝三天。可能是由于与家中某位隔房兄长重名，祖母的名字就被改为和卿了。

祖父本来是迫于家庭压力，感情失意。但是祖母既是知书达理的才女，又是充满爱心的妻子，不久就赢得了祖父深深的爱。家里的小叔子和小姑子们本来都因为喜欢那位表姐而对这门婚事愤愤不平，也逐渐喜欢起这位新来的长嫂来。四弟巴金后来回忆道："他（大哥）得了一个体贴他的温柔的姑娘。她年轻，她读过书，她会做诗，她会画画。他满意了，在短时期中他享受了以前所不曾梦想到的种种乐趣。……他陶醉在这个少女的温柔的抚爱里。"很快祖父母的长子出生，实现了高祖父四世同堂的美梦，祖母这位新媳妇在大家族的地位大大上升。可是她仍然是一个乐于助人、广结善缘的"少奶奶"，也是祖父志同道合的温馨妻子。这里也有一些有趣的往事，就是他们两人对祖父的弟弟妹妹们的帮助。

"五四"新思潮逐渐传到四川，引起了青年人的觉悟。祖父率先买回新书报，与弟弟妹妹们如饥似渴地学习。为了不错过任何新书报，祖父曾经放一两百块大洋在书局预订，并设法买齐了前五卷《新青年》。祖父开始是与比较大一点的弟妹们组成研究会，学习新思想，进而帮助三弟和四弟冲破旧家庭牢笼走出四川，后来又（在家境败落、非常困窘的情况下勉为其难地）资助四弟远赴法国学习。这之后祖父又帮助更幼小一点的弟妹们组织成立了一个"驰驱学会"。祖父给祖母订阅《妇女》杂志，也给他们的大女儿订阅《小朋友》和《儿童世界》等杂志。最后祖父还一度创办"启明书店"，向社会传播新思想。如果说祖父对弟妹们的作用是启蒙，祖母的作用就是保护。逢年过节按旧礼要给祖宗牌位依次行礼，受新思想影响的四弟拒绝磕头，常常躲在房间里不出来。这就形成了僵局，无法收场，规矩森严的大家族不可能就此善罢甘休。高祖父动怒了，大家都不敢吱声，怎么办呢？祖母就出面打圆场，找一点"四弟不舒服"等理由出来解释。刚刚为"四世同堂"做出了决定性贡献的少奶奶当然面子大，就连高祖父也只好借此下了台阶。这种事情还有不少，弟弟们"闯祸"，兄嫂出面收场。和卿不负其名，带来了和平。祖父母对弟妹们的爱，使他们兄弟姊妹之间情同手足、相濡以沫。后来祖父去世，祖母与继曾祖母拖着一大帮孩子，生活无着落。在天津南开中学执教的三弟每个月都把自己的主要收入寄回成都，而自己却长期过着清贫艰苦的独身生活，抗战后转移到上海"孤岛"更是孤苦艰辛，以至最后死于病困；这以后四弟又接着担起了大家庭的负担。四弟的第一部长篇小说——也是他的成名之作——《灭亡》就是献给大哥的。

祖母的一生是非常艰辛的：那个曾使大家族得到"四世同堂"辉煌的幼子不幸早夭，让她一度悲痛欲绝；因为高祖父去世其灵魂要避子虚乌有的"血光之灾"，祖母不得不到缺医少药的城外乡下去生第二个孩子；一生忍辱负重帮助他人的祖父，也终于不堪重负，以死向旧社会做出了最后的抗争。但是祖父的死却没有让祖母解脱。面对五个年幼子女而无助的祖母，呼天不应叫地不灵，也曾经想到死。但是是什么让祖母在绝境中坚持下来的呢？就是爱，是祖母对子女的爱、对家人的爱、对生活的爱，尽管生活对她曾经是那么的不公平。由于爱，她对人关心、对人宽容。祖母之所以在不幸的旧式包办婚姻里赢得了祖父至深的感情，也是因为他们两人有着共同的本性和共同的理念，也就是爱！

祖父与他的兄弟们都是受他们的母亲影响，从小以爱待人、以诚待人。祖父曾经对四弟尧棠说过，"现代社会所需要的是虚伪的心情、无价的黄金，这两项都是我俩所不要的、不喜的（预放大洋百余元订新书刊，堪称貂裘换酒）……但是我俩对人类的爱是很坚的"。祖父一向以他人为重，他的十四弟尧橡说过，"大哥心里没有自己，却总为他人着想。……大哥尽量帮助别人，自己陷多深也不顾"。最明显的例子也就是他的死因。出身地主家庭的祖父受新思想影响，先参加实业，又曾自办书店，最后卖掉地产从事金融投资。投资初期小有成功，远亲近邻们都托他代为投资。投资总会有盈有亏，盈利给他人，亏损摊在自己身上，托他投资的人也就多了起来。最后因病出现巨大亏损，又进一步因病而血本无归。投资就有风险，最终导致祖父之死。死后连街头小贩们都叹息好人短寿，可是其他委托投资人却都一下变成了债权人。祖父这种待人方式和生活态度，没有祖母的认同是不可能的。他们共同信奉着"宁可人负我，不可我负人"的博爱准则。即使在祖父死后，祖母拖儿带女生活无着落最困难的时候，祖母也坚持着这一信条。这期间的主要事情都在父亲的回忆文章中，我就不再重复了。值得一提的是祖父众多堂妹中有一位六妹，曾经也是祖父新思想研究会的成员，在祖父去世后，她竟说出了"人在人情在，人死人情两丢开"的绝情之言，作为"家人"率先逼"债"，因此带动了更多的"外"人前来逼"债"。但是她后来成为老姑娘，闭门生活，十分不幸，祖母却时常去探望她关心她，终使她把祖母作为自己唯一能倾诉痛苦的人。以德报怨，正是祖母人格的写照。

祖母一生坎坷曲折，阅历十分丰富。但是她很少主动提起，往往是在我的反复提问和强烈要求下，她才说过一些。譬如，当年在成都上演话剧《家》，白杨等一批著名演员都来采访过她，以期体会从前的生活背景。祖母虽不善言辞，但热情好客，所以招待客人超过了接受采访。演员们可能没听到什么高论，但一定能体会到"瑞珏"的善良。不少社会名流都称呼她为"大嫂"，虽然她自己从来没提起这样的雅事，但是她确实是一位以爱待人的好大嫂。

祖母不是一位大人物，也没有做过什么惊天动地的大事情。她自己也正是通过一件件不起眼的小事，传播着对人的爱。对于子女，她是身教多于言传；对于孙辈，她更是潜移默化地影响着我们每一个。我很少看见她不高兴，更从来没有见过她发脾气，也没听见她说他人是非长短。她对待困难的不屈，对生活的达观，对亲友的关爱，对他人的包容，都是我自己无法企及的。她信奉的"宁可人负我，不可我负人"的准则，如果世人皆能奉行，岂不早就天下大同？

二〇一〇年四月

李斧，生于四川成都，祖籍浙江嘉兴。1985年毕业于四川大学，并于1990年在美国罗德艾兰大学获电气工程博士学位，后在美国波特兰州立大学执教至今，现为电气与计算工程学终身教授。

三哥李尧林

李尧林（1903-1945），笔名李林、杜华。教育家，翻译家。巴金的三哥，二十世纪二十年代和巴金一起离开成都求学。三十年代毕业于燕京大学，后在天津南开中学教授英语，其学生不少后来成为各领域的大家。抗战时期从事翻译工作，译有《悬崖》《月球旅行》等作品。巴金说，三哥是最关心他的人。

李尧林致巴金的信

一

四弟：

　　来信收到，真令我感愧无极。我自信我不是一个坏人，然而我自觉我为人颇自私而寡情，这实在是我的缺点。离家后，在我们同住的两年中间，我实在没有尽我为兄的责任，对你有什么帮助。心中所想及的也无非是我一人的将来。就是去年你生了肺病，我也不曾替你有所打算，让你一人在那充满烟煤空气的上海居住。家中带来的钱，大部分都是我用了，也没有钱多与你寄些来买滋养品吃。这都是我对不起你的地方。现在你反要来感激我，真令我置身无地了。希望你以后不要提起罢，免我心上难过。

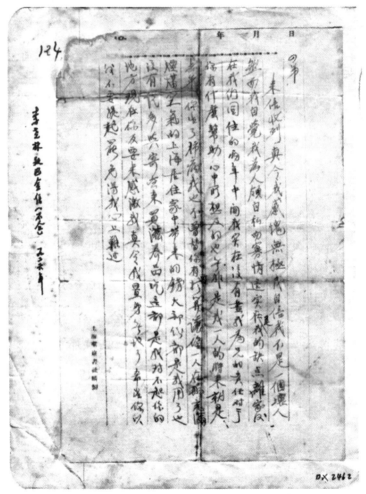

李尧林致巴金的信。巴金在此信上亲笔加注："李尧林致巴金
信（不全） 一九二六年"

二

四弟：

昨天一回到学堂里就接着大哥一封信，现转上。我后来寄的行书备（要），他已接得，不要买了。你只在中华买学校月历寄他就是。

昨天开的书目请不要忘记。我还要加一本就是《友人之书》。若是方便，就请代买；否则就算（了）。

你要的两本德文小说，另封寄上。

你这次动身，我也不能来送你了。望你一路上善自珍摄。以后你应当多写信来，特别是寄家中的信要写得越详越好。你自来的性子是很执拗的，但是你的朋友多了，应当好好的处。不要得罪人，使人难堪，因此弄得自己吃苦。惠林兄①年长，经验足，你遇事最好虚心请教。你到法国以后应当以读书为重，外事少管。因为做事的机会将来很多，而读书的机会却只有现在很短的时间也。对于你自己的身体也应当特别注意。有暇不妨多多运动，免得生病。想同你说的话很多，但不知说哪些好。现在只说这一点，其他也不必说了。总之望你善自保重。

美国来了一封信，现转上。信面的住址剪下贴在信头的便是。

林

星期一

---

① 即卫惠林。

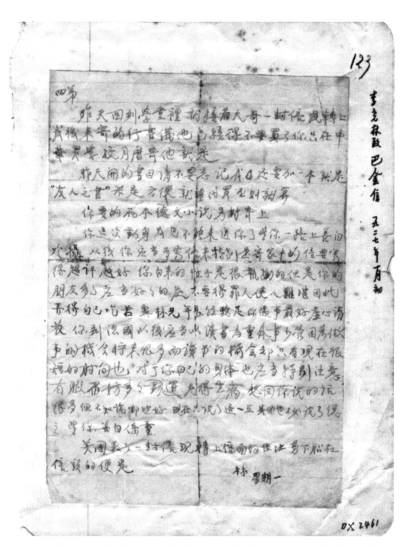

李尧林致巴金的信。巴金在此信上亲笔加注："李尧林致巴金信一九二七年一月初"。据此推算，此信当写于一九二七年一月三日星期一

纪念我的哥哥

◆ 巴　金

我第二次回到上海来，坐在你从前常常坐的沙发上，望着油漆剥落的墙壁和尘封的书架，我仿佛做了一场大梦。梦醒了，我疲倦，我闭上眼睛，我想休息。可是你来了，你站在我的面前。我睁开眼睛，我觉得你坐在写字台前，背向着我，埋着头在写什么东西。我站起来，我想唤你，我要像从前那样的和你谈话。我先咳一声嗽。你的影子没有了。写字台前空空的没有人。屋子里这时候除了我，也没有别的人。我唤你，听不见回应。我提高声音再唤，那空虚的声音使我自己也吃惊。我用不着再骗自己了。我看见你病，我看见你躺在死床上，我看见你的棺木入土。我还能够在什么地方找到你呢？

我痛苦地、无可如何地叹了一口气。我又在沙发上坐下。我真应该休息了，我倦得很。我又闭上眼睛。可是我的脑子不肯静下来。它动得厉害。二十三年前的情景在我的眼前出现了。

两个年轻的孩子（不，那时候我们自以为是"饱经忧患"的大人了）怀着一腔热情，从家里出来，没有计划，没有野心，甚至没有一个指导我们的师友，我们有的只是年轻人的勇

李尧林（左）与巴金

敢和真诚。一条小木船载走了我们，把我们从住惯了的故乡，
送入茫茫人海中去。两只失群的小羊跑进广大的牧野中了。现
在大概没有人记得我们当时那种可怜而可笑的样子，可是近几
年来在重庆和桂林，每当寒风震摇木造的楼房时，我总会想起
在南京北门桥一间空阔的屋子里，我们用小皮箱作坐凳，借着
一盏煤油灯的微光，埋头在破方桌上读书的情景。我们在那间
空阔的屋子里住了半年，后来又搬到前面另一间狭小阴暗的屋
子里住了一年。在那些日子，我们没有娱乐，没有交际，除了
同寓的三四个同乡外，我们没有朋友。早晨我们一块儿去上
学，下课后一块儿从学校走回家。下雨的时候，我们两个人撑
着一把伞，雨点常常打湿了我们的蓝布衣衫。夏天的夜晚，我
们睡在没有帐子的木板床上，无抵抗地接受蚊虫的围攻。我们

常常做梦，梦是我们的寂寞生活中唯一的装饰。此外就是家信。在故乡的家里还有我们的大哥。他爱我们，我们也爱他。他是我们和那个"家"中间的唯一的连锁。他常常把我们的心拉回去又送出来。每个星期里他至少有一封信来，我们至少也有一封信寄去。那些可祝福的信使我们的心不知奔跑了多少路程。我们并没有把那一年半的时光白白浪费，我们的确给自己的脑子里装进了一些东西。于是安静的日子完结了。在学校生活结束以后，我开始了漂泊的生活。那天你在浦口车站送我上火车，你温和地微笑着，嘱咐我"小心饮食，注意身体"。你的友爱温暖了我的心，在我跑了好些地方，碰了若干次壁，甚至在我靠着两个小面包和一壶白开水度日的时候，我想到你，我还觉得自己有着无比的勇气。我不肯让你知道我真实的生活情况，我不愿使你为我的苦恼分心。固然你一直过着安定的生活，但你的日子也并不是快乐的，况且你的心很细，你顾念别人常常多于顾念自己。以后不论在东吴（苏州）或者燕京（北平）①，你都是过着一种苦学生的生活，有时你还不得不做家庭教师，领一笔微小的薪金来缴纳学费。你从不羡慕别人的阔绰，也没有为自己的贫苦发过一句牢骚。我的生活方式连累了你，我这个叛逆使你也失去了家人的信任。"家"渐渐地跟你离远了，信函的往来也常常中断。你心中的寂寞是可以想到的。你最后一年的求学生活应该是怎样痛苦的挣扎啊。但是你终于带着孤寂的微笑熬过去了。

---

① 指当时苏州的东吴大学和北平的燕京大学。

　　毕业改变了你的环境，也给你带来一线的希望，你可以"自食其力"了。你找到了职业：天津南开中学的英文教员，——虽然待遇不好，但是这与你的兴趣相合。你借了债，做了两套可以穿上进课堂见学生的西服。你还为自己订下了一些未来的计划。可是打击来了。大哥突然服毒自杀，留下一个破碎的家。"家"需要我们。你毅然挑起这个担子，你按月寄款回去。你有限的收入变得更有限了。那些未实行的计划像空中楼阁似的一下子完全消失了。一块大石头压到你那刚刚昂起的头上，从此就没有看见你再抬起它来。像一只鸟折断了翅膀，你永远失去高飞的希望了。

　　你默默地忍受一切。或者更可以说，你放弃了一切。你在南开中学的宿舍里住了十年。你过得不算太苦，但也并不舒适。看电影是你唯一的娱乐。天真的年轻学生是你的朋友，他们给你的单调生活增加了色彩。他们敬爱你，你也喜欢他们。可是没有人知道你的内心。我到天津去看过你三次，最后一次却只住了一个夜晚。我看出你的疲倦、寂寞和衰老。我屡次想和你谈你自己的事，可是我始终无法打开你的心。你关心我倒多过关心你自己。有时我逼着问你，你总是拿"这又有什么办法呢？"一句话来封我的嘴。讲话时你常常带着笑容，但你的微笑是寂寞的、疲倦的。不知是什么东西消磨尽了你的勇气和热情，你不诉苦，但是你也不再挣扎。你默默地过着这平凡而和平的生活。可是你的脸颊却渐渐地消瘦，身体也渐渐地坏下去。离开你时，我总担心是否还能够和你再见。第二次我来到你的身边，你还是带笑地说你过得很好。但是你真的过得"很好"么？

学生时代的李尧林

十年毕竟过去了。为了换取这漫长的岁月，你不知花了多大的代价。抗战后第二年秋天我从香港写信约你到上海，起初你还说打算再做一年教员，后来你改变了主意，离开大水中的天津来上海了。我比你早一个月回到上海，却一直没有得到你动身的消息。有一天下午我在楼上听见了你的唤声，我从窗里伸出头去，你站在大门前也正仰起头来看我。是那样一张黑瘦的面孔！我差一点不认识你了。

我握着你的手，我对你说我要让你在上海过几年安静的生活，你默默地点点头。我们在一块儿住了十个月，你得到了休息，但是没法治好你心上的创伤。音乐和翻译工作做了你排遣寂寞的工具。对工部局交响乐队星期日的演奏会你从没有缺过席，西洋古典音乐的唱片更是你分不开的伴侣（你尤其爱好声乐，自己也喜欢唱歌）。冈察洛夫的名著《悬崖》在这十个月中译成了，你又开始作翻译《奥布诺莫夫》的准备。可是这一切并没有减轻你的寂寞，相反地它们还使它增多。你的生活圈子似乎变得更狭小了。

我在法国战败后一个月离开了上海。你把我送上直航海防的轮船。开船时，我立在甲板上对你挥手，在你旁边还站着后来被日本人捉去、至今生死不明的友人陆圣泉。你在岸上对我微笑，圣泉也对我微笑。我当时哪里想到这便是映入我眼里的你们两人最后的笑容了！

一眨眼就是五年，这五年中间整整有二三十个月我们不曾通过一封信。日本兵占了上海租界，普遍的迫害开始了。圣泉遭了毒手。你小心，我也不愿给你招来意外的麻烦。在桂林我还接过你的短函，在重庆我却无法知道你的生活状况。路完全隔断了。后来我才听说你也在暗中打听我的消息。你也许担心我在湘桂大战中做了一件不值得的牺牲品。事实上我却很健壮地活在重庆。

"胜利"意外地来了。我最大的快乐就是我可以和留在上海的你们见面。我打了电报去上海。回电说你大病初愈，圣泉下落不明。你要我即刻去沪。可是交通工具全被官字号的人占去了，我们这类于抗战"无功"的人是没有资格"复员"的。我等待着。等了两个多月，我赶到上海，你已经躺在病床上了。据说你是在两天以前才病倒的。病势不重，就是体力太差；上次的病是肋膜炎，还经过危险期，在床上躺了两个多月，靠着朋友一家人的照料，终于好了起来。

那个晚上我们睡在一间屋子里，你很兴奋，拉着我谈了许多话。我要你休息，劝你少讲话。你说你不累，你一定要跟我谈个痛快。你还说，每天谈几段，谈两个星期便可以把你想说的话谈光。我一定不让你多谈，我说有话等你病好了慢慢讲。

我在上海住下来，我过的仍旧是忙乱的生活。我还避免和你单独谈话的机会，我害怕多说话使你伤神。你说你的病不要紧，我也以为你的病不要紧，你需要的只是休息和营养。我相信你不久便可以好起来。并且看见你在朋友家里得着很周到的看护，我十分放心。每天大清早，我刚睁开眼睛就听见你在病床上自语："好多了，好多了。"那是你量过温度后用高兴的声调说的话。我也高兴，又蒙着头睡去了。我万想不到你这样骗了你自己，也骗了我。但我的疏忽是应该受指摘的。我起初并没有注意到你病势的加重，后来还是一个朋友提醒了我，要我送你进医院去。我的劝告你不肯接受，我又无法强迫你做你不愿意做的事。我向你谈过几次，都没有用。最后你回答我："过两天再说。"这样又拖了两天。终于你认输似的说了出来："那么还是早进医院吧，今天我觉得体力不成了，起床大便都感到吃力了。"

靠着另一位朋友的帮忙，第二天你便住进了医院。你喜欢静。病房外面便是一个幽静的小花园，透过玻璃窗你可以望见一片绿色。关上房门，屋子里没有一点声音。"三哥，你满意吗？"有人问你。"满意。"你点头回答。我们预备让你在这地方至少住两个月。谁也没有料到，你就只有七天的寿命了。

在这七天中你似乎并没有痛苦。对于询问你病状的人，你总是回答："蛮好。"就在你临死前两天，你还是觉得自己"蛮好"。没有呻吟，没有叫号，你安静地躺在床上，并不像一个垂危的病人。那个晚上，我在病房里陪了你一个整夜，你时眠时醒，好像要对我说什么话，却始终讲不出来，我听见的只是一些断续的字。你似乎有些激动。可是第二天你又得到了安静的睡眠，而且清醒地对我们讲话。看得出来你的精神更差了。我们虽然担心你的体力支持不下去，却没有想到你那么快就离开我们。你自己不相信你会死。我们也不相信你会死，可是死突然来把你抓走了。

你死的时候我不在你身边。早晨我刚起床就得到医院里来的电话。"三哥完了。"一个朋友这样告诉我。我没有流泪，站在电话机前我不知道应该做什么好。我把这个消息转告朋友的太太，她立刻哭起来。这个好心的女人，这些年来，她一家人在最黑暗的时期中给了你友情的温暖。为了挽救你的生命，他们已经尽过力了。

我赶到医院。病房的门大开着，你静静地睡在床上，白色被单盖着你的身子，我揭开面纱，看你的脸。一夜的工夫，你变得这么瘦，这么黄，这么衰老！两眼紧闭，脸颊深陷，嘴微微张开。我站在床前，咬着嘴唇，我在心里讲了一句话，我等着你的回答。

你没有声音。朋友把面纱给你盖上。另一个友人带来两束鲜花放在你的身边。看护小姐要我们退出病房。我们站在窗前阶上等候殡仪馆的柩车，这等待的时间是很痛苦的。我们谁都不愿讲一句话。我不平地问着自己：这就是死么？你一生就这样地完结了么？我不忍回答。死毁坏了一切。你原说过你等着我回来有许多话要对我讲，有一些梦要我帮助你实现。现在这一切都成了一阵烟，一阵雾。你没有能讲出什么来，也不曾从我这里得着什么安慰。你默默地走了。据那个朋友说，你临死时只发出一声轻微的叹息。

下午两点钟，你的遗体在上海殡仪馆中入殓。九天后，我们把你葬在虹桥公墓。活着你是孤零零一个人，死了你也是孤零零一个人。你留下两部未完成的译稿（冈察洛夫的名著《奥布诺莫夫》和威尔斯的长篇小说《莫洛博士岛》），一部已译完待整理的中篇小说《女巫》（亚·库普林著），一本已付印的三幕剧《战争》，一本法国通俗小说《无名岛》和十多篇零碎的短篇译文。此外便是朋友和学生对你的敬爱的纪念了。

从墓地回来，我非常疲倦。我已决定两天以后回重庆去。我坐在你住了五年的楼房里，回想着我这一个月来的上海生活。我来，我去，你病，你死，一切都是这么匆匆。我再想到在这短短的聚合中你对我说过的那些话，那些事，我才明白你是这世界上最关心我的一个人。可是在我多么需要你的时候，你却永远离开我去了。

"活了四十多年，没有做出什么事情，这是多可悲的事。"你对我说过这样的话。可是你死得并没有遗憾。你活着时没有害过谁，反而常常把你有限的收入分给别人。你做过十年的中学教员，不少的学生得过你的益处，他们常常带着敬爱谈起你，但是你自己却喜欢谦逊的平凡生活，始终不让人把你看作青年的导师。你像一根火柴，给一些人带来光与热，自己却卑微地毁去。你虽然默默无闻地过了一生，可是你并没有白活。你悄悄地来到这个世界，又悄悄地走了。你不愿意惊动别人，但是你却播下了爱的种子。再过四十年你的纪念也不会死的……

我睁开眼睛，屋子里还是静静的。有人在二楼讲话，还有人在笑。在半点多钟的时间里，我又经历了过去二十三年的悲欢。现在是你死后的第六个月了。我真疲倦，我想休息。我应该暂时把你的事忘掉了。我站起来。

可是在离我们家乡不远的地方有一个称你作"亲爱的爹爹"的女孩，我不能忘记她。那是我们大哥的女儿，在她很小的时候就"过房"给你的。这个多情的孩子没有见过你，却十分爱你。她把许多梦寄托在你的身上。在八九岁的年纪，她就常常说："我要到下面去找我的爹爹。"现在她已经做了两年小学教师，却始终得不到跟你见面的机会，而且永远不会有这样的机会了。我不愿伤害她的心，把你的死讯瞒着她。但是她那敏感的心已经猜到了一切。有人告诉我，有好几个星期天，她回到家里不笑，也不讲话，最后她生母问她为什么不给她的"爹爹"写信，她哭着

李尧枚过继给李尧林的女儿李国炯

回答："用不着了。"她知道她一切的梦全破了。为什么不让她和你见一面，住一个时候？为什么不给她一个机会，让她对你倾吐她的胸怀，叙说她的梦景？她喜欢音乐，像你一样；她热诚待人，像你一样，她正直，她无私心，也像你一样。你们在一块儿，应该是一对最理想的父女。为什么她这个小小的要求也不能够得到满足？让她在这样的年纪就尝到永不磨灭的悲哀？

没有人来回答我这些不平的疑问。你已经和平地安息了。可是那个善良的孩子前面还有长远的岁月。她最近还来信诉说她的悲痛。我无法安慰她。我希望你的纪念能够给她勇气，使她好好地活下去，让她能够得到一般年轻人应当享受的人间幸福。可怜的孩子！

一九四六年五月在上海

119

李林译《月球旅行》后记

◆ 巴　金

　　七年前友人在学、振寰两兄在上海创办《科学趣味》月刊，那时林兄①刚从天津来上海养病，住在在学兄的家里。《科学趣味》是同人杂志，撰稿人不多，有时缺稿，在学便拉林兄帮忙。林兄不是研究科学的人，不过他的兴趣较广，也喜欢读一点通俗化的科学文章。振寰兄那里有的是英美的通俗科学杂志，他便借了一两种来，选择了几篇短文，陆续在第一、二卷的《科学趣味》上发表。后来他忙着翻译冈察洛夫的长篇小说，而《科学趣味》也增加了好几位固定的投稿者，刊物不缺稿，也不再有人来逼他。他把他的时间完全放在文学和音乐上面。那以后他还译过半部科学小说。但是他的健康已经完全毁坏了。"养"对他没有多大的用处。"胜利"前最后两年中他在物质和精神两方面都受着大的压迫。上海的市民会记得起那样的日子，那些日子！

---

① 林兄即巴金三哥李尧林，笔名李林。

李尧林在南开中学

　　现在我编印这本小书，一是为了纪念林兄，二是因为我喜欢他的译文。单为纪念，我用不着花费读者的时间，必须文章有意义，对读者有益处，才值得被印出来。而这些短文确实是值得一读的。

　　这里一共收了七篇译文，其中三篇发表时未注明原作者姓氏，现在我也无法查考，就让它缺着。《环球独航记》一篇则是在《万象》杂志上发表的。

一九四七年七月

李林译《伊达》后记

◆ 巴　金

　　这本小书也是我替译者编辑的。李林并不是什么"名翻译家"或"翻译名家"，他生前不过是一个中学的英文教员。据我所知，他对教书这职业很感兴趣，他喜欢他的学生，他的学生也喜欢他。他颇有做一个普通中学教员了此一生的意思。我觉得他真正是一个亚米契斯的小说（即《爱的教育》）中的教育家，真诚，朴素，善良，认真而又那么富于人情味。

　　清苦的教书生活摧毁了他那本来就不很健康的身体，他去世的时候只有四十二岁。他不想死，至少有三件事牵系住他的心：一、读书；二、听音乐；三、这应该是最重要的一件，教育年轻孩子。（在英国语文的教学中，他还教他们怎样做人。前几天他的三个学生来信说："我们永远不会忘记他那瘦削的但充满精力的身子在黑板前给我们讲书的情景，我们更不会忘记他由课堂中把我们带到操场上围坐唱歌时的快乐……"今天我又接到他另一个在湘雅医学院念书的学生的信说："他造就了我，他给了我一个生活的榜样……"）

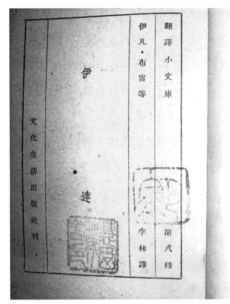

《伊达》书影

翻译的工作不在这三件事里面。

不过他也给我们留下了一些译稿，说多，或许不算多，说少，却也不能。译稿中有长短篇小说、剧本、科学文章等等。可是他亲眼看见印成单行本的就只有一册《悬崖》。《战争》（三幕剧）和《无名岛》（通俗小说）付印时他正在病中，他还来不及看见校样就"长辞此世"了。《月球旅行》（科学鳞爪）是我代他编辑的。这本小书自然也是。此外还有一本中篇小说和两个半部长篇译稿（其中威尔斯的长篇小说的后半部已由他的学生黄裳先生续译），也将由我整理出版。

他从事翻译只算是"客串"，可是他工作时构思、下笔都非常认真，他只翻译他喜欢的作品，他的兴趣是多方面的，所以他的译文中也有科学文章和通俗小说。他翻译《悬崖》和《月球旅行》时，正和我住在一处，我们分住在两间屋子里，他常常为了书中的一字一句，走到我房里来自己反复念着，并且问起我的意见。译稿有时还要修改抄录几次，才拿出去。他翻译时就像自己在创作，虽然他不是一个小说家。

卷首破例用了译者的遗照。和那四篇文章的原作者比起来，他虽然只是一个"默默无闻"的清贫的读书人，可是在我们这个国家里，还有好些年轻人爱他敬他，他们得过他的益处，他们不会忘记他的。为着他们，我把他的遗照印了出来，让他们保留着这个纪念吧。

一九四七年十一月

我的哥哥李尧林

——随想录一〇二

◆ 巴 金

一

前些时候我接到《大公园》编者的信，说香港有一位读者希望我谈谈我哥哥李尧林的事情。在上海或者北京也有人向我表示过类似的愿望，他们都是我哥哥的学生。我哥哥去世三十七年了，可是今天他们谈论他，还仿佛他活在他们的中间，那些简单、朴素的语言给我唤起许多忘却了的往事。我的"记忆之箱"打开了，那么一大堆东西给倾倒了出来，我纵然疲乏不堪，也得耐心把它们放进箱内，才好关上箱子，然后加上"遗忘之锁"。

一连两夜我都梦见我的哥哥，还是在我们年轻的时候，醒过来我才想起我们已经分别三十七年。我这个家里不曾有过他的脚迹。可是他那张清瘦的脸在我的跟前还是这么亲切，这么善良，这么鲜明。我不知道自己还可以工作多少时候，但是我的漫长的生活道路总会有一个尽头，我也该回过头去看看背后自己的脚印了。

李尧林

　　我终于扭转我的开始僵化的颈项向后望去。并不奇怪，我看到两个人的脚印，在后面很远、很远的地方。在我的童年，在我的少年，甚至青年时期的一部分，我和哥哥尧林总是在一起，我们冒着风雪在泥泞的路上并肩前进的情景还不曾在我眼前消失。一直到一九二五年暑假，不论在家乡，还是在上海、南京，我们都是同住在一间屋子里。他比我年长一岁有余，性情开朗，乐观。有些事还是他带头先走，我跟上去。例如去上海念书这个主意就是他想出来，也是他向大哥提出来的，我当时还没有这个打算。离家后，一路上都是他照顾我，先在上海，后去南京，我同他在一起过了两年多的时间，一直到他在浦口送我登上去北京的火车。这以后我就开始了独往独来的生活，遇事不再征求别人的意见，一切由我自己决定。朋友不多，他们对我了解不深，他们到我住的公寓来，大家谈得热烈，朋友去后我又感到寂寞。我去北京只是为了报考北京大学。检查体格时医生摇摇头，似乎说我的肺部不好。这对我是一个意外的打击，我并未接到不让参加考试的通知，但是我不想进考场了。尧林不在身边，我就轻率地作了决定，除了情绪低落外，还有一个原因，我担心不会被录取。

　　从北京我又回到南京，尧林还在那里，他报考苏州东吴大学，已经录取了。他见到我很高兴，并不责备，倒安慰我，还陪我去找一个同乡的医生。医生说我"有肺病"，不厉害。他知道我要去上海，就介绍我去找那个在"法租界"开业的医生（也是四川人，可能还是他的老师）。我在南京住了两天，还同尧林去游了鸡鸣寺、清凉山，就到上海去了。尧林不久也去了苏州。

　　他在苏州念书。我在上海养病、办刊物、写文章。他有时也来信劝我好好养病，少活动、读点书。我并没有重视他的劝告。我想到他的时候不多，我结交了一些新朋友。但偶尔遇到不如意的事情，情绪不好时，我也会想到哥哥。这年寒假，我到苏州去看他，在他们的宿舍里住了一夜。学生们都回家去了，我没有遇见他的同学；当时的苏州十分安静，我们像在南京那样过了一天，谈了不少的话，总是谈大哥和成都家中的事。我忽然问他："你不觉得寂寞吗？"他摇摇头带着微笑答道："我习惯了。"我看得出他的笑容里有一种苦味。他改变了。他是头一次过着这样冷冷清清的生活。大哥汇来的钱不多，他还要分一点给我，因此他过得更俭省。别人都走了，他留下来，勤奋地学习。我了解他的心情，我觉察出他有一种坚忍的力量，我想他一定比我有成就，他可以满足大哥的期望吧。在闲谈中我向他提起一个朋友劝我去法国的事，他不反对，但他也不鼓励我，他只说了一句"家里也有困难"。他讲的是真话，我们那一房正走着下坡路，入不敷出，家里人又不能改变生活方式，大哥正在进行绝望的挣扎，他把希望寄托在我们两个兄弟的"学成归来"上。在我这方面，大哥的希望破灭了。担子落在三哥一个人的肩头，多么沉重！我同情他，也敬佩他，但又可怜他，总摆脱不掉他那孤寂瘦弱的身形。我们友爱地分别了。他送给我一只旧怀表，我放在衣袋里带回上海，过两三天就发觉表不见了，不知道它是在什么时候给扒手拿走的。

去法国的念头不断地折磨我，我考虑了一两个月，终于写信回家，向大哥提出要求，要他给我一笔钱做路费和在法国短期的生活费。大哥的答复是可以想象到的：家中并不宽裕，筹款困难；借债利息太高，等等、等等。他的话我听不进去，我继续写信要求。大哥心软，不愿一口拒绝，要三哥劝我推迟赴法行期两三年。我当时很固执，不肯让步。三哥写过两封信劝我多加考虑，要我体谅大哥的处境和苦衷。我坚持要走。大哥后来表示愿意筹款，只要求我和三哥回家谈谈，让我们了解家中经济情况。这倒叫三哥为难了。我们两个都不愿回家。我担心大家庭人多议论多，会改变大哥的决定。三哥想，出外三年，成绩不大，还不如把旅行的时间花在念书上面，因此他支持我的意见。最后大哥汇了钱给我，我委托上海环球学生会办好出国手续，领到护照，买到船票，一九二七年一月十五日坐海轮离开了上海。

出发前夕，我收到三哥的信（这封信我一直保存到今天），他写道：

你这次动身，我不能来送你了，望你一路上善自珍摄。以后你应当多写信来，特别是寄家中的信要写得越详越好。你自来性子很执拗，但是你的朋友多了，应当好好的处，不要得罪人使人难堪，因此弄得自己吃苦。惠林兄年长、经验足，你遇事最好虚心请教。你到法国后应当以读书为重，外事少管，因为做事的机会将来很多，而读书的机会却只有现在很短的时间。对你自己的身体也应当特别注意，有暇不妨多运动，免得生病……

这些话并不是我当时容易听进去的。

二

以上的话全写在我住院以前。腿伤以后，我就不可能再写下去了，但是在我的脑子里哥哥的形象仍然时常出现。我也想到有关他的种种往事，有些想过就不再记起，有些不断地往来我的眼前。我有一种感觉，他一直在我的身边。

于是我找出八个月前中断的旧稿继续写下去。

……我去法国，我跟三哥越离越远，来往信件也就越少。我来到巴黎接触各种新的事物。他在国内也变换了新的环境。他到了北平转学燕京大学。我也移居沙多-吉里小城过隐居似的学习和写作的生活。家中发生困难，不能汇款接济，我便靠译书换取稿费度日，在沙多-吉里拉·封丹中学寄食寄宿，收费很少。有一个住在旧金山的华侨工人钟时偶尔也寄钱帮助，我一九二八年回国的路费就是他汇给我的。

我回国后才知道三哥的生活情况比我想象的差得多。他不单是一个"苦学生"，除了念书他还做别的工作，或者住在同学家中当同学弟弟的家庭教师，领一点薪金来缴纳学费和维持生活。他从来没有向人诉苦，也不悲观，他的学习成绩很好，他把希望放在未来上面。

　　一九二九年大哥同几个亲戚来上海小住，我曾用大哥和我的名义约三哥到上海一晤。他没有来，因为他在暑假期间要给同学的弟弟补习功课。其实还有一个问题，我在去信中并不曾替他解决，本来我应当向大哥提出给他汇寄路费的事。总之，他错过了同大哥见面的机会。一九三〇年他终于在燕京大学毕了业，考进了南开中学做英语教师。他在燕京大学学习了两个科目：英语和英语教学，因此教英语他很有兴趣。他借了债，做了两套西装，准备"走马上任"。

　　作为教师，他做出了成绩，他努力工作，跟同学们交了朋友。他的前途似乎十分平坦，我也为他高兴。但是不到一年，意外的灾祸来了，大哥因破产自杀，留下一个破碎的家。我和三哥都收到从成都发来的电报。他主动地表示既然大哥留下的担子需要人来挑，就让他来挑吧。他答应接月寄款回家，从来不曾失过信，一直到抗战爆发的时候。去年我的侄儿还回忆起成都家中人每月收到汇款的情况。

　　一九三三年春天，三哥从天津来看我，我拉他同去游了西湖，然后又送他到南京，像他在六年前送我北上那样，我也在浦口站看他登上北去的列车，我们在一起没有心思痛快地玩，但是我们有充分的时间交换意见。我的小说《激流》早已在上海《时报》上刊完，他也知道我对"家"的看法。我说，我不愿意为家庭放弃自己的主张，他却默默地挑起家庭的担子，我当时也想象得到他承担了多大的牺牲。后来我去天津看他，在他的学校里小住三次。一九三四年我住在北平文学季刊社，他也来看过我。同他接触较多，了解也较深，我才知道我过去所想象的实在很浅。

大嫂张和卿与子女们

张和卿手书（前图背面）

他不单是承担了大的牺牲，应当说，他放弃了自己的一切。他背着一个沉重的（对他说来是相当沉重的）包袱，往前走多么困难，他毫不后悔地打破自己建立小家庭的美梦。

他甘心做一个穷教员，安分守己，认真工作。看电影是他唯一的娱乐，青年学生是他的忠实朋友，他为他们花费了不少的精力。

他年轻时候的勇气和锐气完全消失了。他是那么善良，那么纯真。他不愿意伤害任何人，我知道有一些女性向他暗示过爱情，他总是认为自己穷，没有条件组织美满的小家庭，不能使对方幸福。三十年代我们在北平见面，他从天津来参加一位同学妹妹的婚礼。这位女士我也见过，是一个健美的女性，三哥同她一家熟，特别是同她和她的哥哥。她的父母给她找了对象，订了婚，却不如意，她很痛苦，经过兄妹努力奋斗（三哥也在旁边鼓励他们），婚约终于解除。三哥很有机会表示自己的感情，但是他知道姑娘父母不同意婚约，看不上他这样一个穷女婿。总之，他什么也没有表示；姑娘后来另外找到一个门当户对的男人订了婚。至于三哥，他可能带着苦笑地想，我早已放弃一切了，我可没有伤害任何一个人啊！

他去"贺喜"之前，那天在文学季刊社同我闲聊了两三个小时，他谈得不多，送他出门，我心里难过。我望着他的背影，虽然西服整洁，但他显得多么孤寂，多么衰老。

三

一九三九年我从桂林回上海，准备住一个时期，写完长篇小说《秋》。我约三哥来上海同住，他起初还在考虑，后来忽然离开泡在大水中的天津到上海来了。事前他不曾来过一封信。我还记得中秋节那天下午听见他在窗下唤我，我伸出头去，看见一张黑瘦的面孔，我几乎不相信会是他。

他就这样在上海住下来。我们同住在霞飞坊（淮海坊）朋友的家里，我住三楼，他住在三楼亭子间。我已经开始写《秋》，他是第一个读者，我每写成一章就让他先看并给我提意见。不久他动手翻译俄国冈察洛夫的小说《悬崖》，也常常问我对译文的看法。他翻译《悬崖》所根据的英、法文译本都

一九三九年九月，李尧林在从天津至上海的码头上

是我拿给他的。他不知道英译本也是节译本，而且删节很多。这说明我读书不多，又常是一知半解，我一向反对任意删改别人的著作，却推荐了一本不完全的小说，浪费他的时间。虽然节译本《悬崖》还是值得一读，他的译文也并不错，但想起这件事，我总感到内疚。

第二年（一九四○年）七月《秋》出版后，我动身去昆明，让他留在上海，为文化生活出版社翻译几本西方文学名著。我同他一块儿在上海过了十个月，仿佛回到了几十年前在南京的日子，我还没有结婚，萧珊在昆明念书，他仍是孤零零一个人。一个星期里我们总要一起去三四次电影院，也从不放过工部局乐队星期日的演奏会。我们也喜欢同逛旧书店。我同他谈得很多，可是很少接触到他的内心深处。他似乎把一切都看得很淡，很少大声言笑，但是对孩子们、对年轻的学生还是十分友好，对翻译工作还是非常认真。

当时我并没有想到，现在回想往事，我不能不责备自己关心他实在不够。他究竟有什么心事，连他有些什么朋友，我完全不知道。离开上海时，我把他托给主持文化生活出版社的朋友散文作家陆蠡，这是一个难得的好人。他们两位在浦江岸上望着直航海防的轮船不住地挥手。他们的微笑把我一直送到海防，还送到昆明。

这以后我见到更多的人，接触到更多的事，但寄自上海的信始终未断。这些信一封也没有能留下来，我无法在这里讲一讲三哥在上海的情况。不到一年半，我第二次到桂林，刚在那里定居下来，太平洋战争爆发，上海的消息一下子完全断绝了。

日本军人占领了上海的"租界"，到处捉人。文化人处境十分危险。我四处打听，得不到一点真实的消息。谣言很多，令人不安。听说陆蠡给捉进了日本宪兵队，也不知是真是假。过了一个较长的时期，我意外地收到三哥一封信，信很短，只是报告平安，但从字里行间也看得出日军铁蹄下文化人的生活。这封信在路上走了相当久，终于到了我眼前。我等待着第二封信，但不久我便离开了桂林，以后也没有能回去。

一九四四年夏，智仁勇女中毕业师生合影（前排左六为李尧林）

智仁勇女中第十八届毕业师生合影（前排左一为李尧林）

我和萧珊在贵阳旅行结婚，同住在重庆。在重庆我们迎接
到胜利。我打电报到上海，三哥回电说他大病初愈，陆蠡下落不
明，要我马上去沪。我各处奔走，找不到交通工具，过了两个多
月才赶回上海，可是他在两天之前又病倒了。我搭一张帆布床睡
在他旁边。据说他病不重，只是体力差，需要休养。

我相信这些话。何况我们在朋友家，朋友是一位业余医
生，可以解决一些问题。这一次我又太大意了。他起初不肯进
医院，我也就没有坚持送他去，后来还是听他说"我觉得体力
不行了"，"还是早点进医院吧"，我才找一位朋友帮忙让他
住进了医院，没有想到留给他的就只有七天的时间！事后我常
常想：要是我回到上海第二天就送他进医院，他的病是不是还
有转机，他是不是还可以多活若干年？我后悔，我责备自己，
已经来不及了。

七天中间他似乎没有痛苦，对探病的朋友们他总是说"蛮
好"。但谁也看得出他的体力在逐渐衰竭。我和朋友们安排轮
流守夜陪伴病人，我陪过他一个晚上，那是在他逝世前两夜，
我在他的床前校改小说《火》的校样。他忽然张开眼睛叹口气
说："没有时间了，讲不完了。"我问他讲什么。他说："我
有很多话。"又说，"你听我说，我只对你说。"我知道他在
讲胡话，有点害怕，便安慰他，劝他好好睡觉，有话明天说。
他又叹口气说了一句："来不及了。"好像不认识我似的，他
看了我两眼，于是闭上了眼睛。

第二天早晨我离开病床时，他要说什么话，却没有说出
来，只说了一个"好"字。这就是我们弟兄最后一次的见面。

下一天我刚起床就得到从医院来的电话，值夜班的朋友说："三哥完了。"

我赶到住院，揭开面纱，看死者的面容。他是那么黄瘦，两颊深陷，眼睛紧闭，嘴微微张开，好像有什么话，来不及说出来。我轻轻地唤一声"三哥"，我没有流一滴眼泪，却觉得有许多根针在刺我的心。我为什么不让他把心里话全讲出来呢？

下午两点他的遗体在上海殡仪馆中入殓。晚上我一个人睡在霞飞坊五十九号的三层楼上，仿佛他仍然睡在旁边，拉着我要说尽心里的话。他说谈两个星期就可以谈完，我却劝他好好休息不要讲话。是我封了他的嘴，让他把一切带进了永恒。我抱怨自己怎么想不到他像一支残烛，烛油流尽烛光灭，我没有安排一个机会同他讲话，而他确实等待着这样的机会。因此他没有留下一个字的遗嘱。只是对朋友太太讲过要把"金钥匙"送给我。我知道"金钥匙"是他在燕京大学毕业时因为成绩优良而颁发给他的。他一生清贫，用他有限的收入养过"老家"，帮助过别人，这刻着他的名字的小小的"金钥匙"是他唯一珍贵的纪念品；再没有比它更可贵的了！它使我永远忘不了他那些年勤苦、清贫的生活，它使我今天还接触到那颗发热、发光的善良的心。

九天以后我们把他安葬在虹桥公墓，让他的遗体在一个比较安静的环境里得到安息。他生前曾在智仁勇女子中学兼课，五个女生在他墓前种了两株柏树。

他翻译的《悬崖》和别的书出版了，我们用稿费为他两次修了墓，请钱君匋同志写了碑文。墓上用大理石刻了一本摊开的书，书中有字："别了，永远别了。我的心在这里找到了真正的家。"它们是我从他的译文中选出来的。我相信，他这个只想别人、不想自己的四十二岁的穷教师在这里总可以得到永久的安息了。第二次修墓时，我们在墓前添置了一个石头花瓶，每年清明和他的忌日，我们一家人都要带来鲜花插在瓶内。有时我们发现瓶中已经插满鲜花，别人在我们之前来扫过墓，一连几年都是这样。有一次，有人远远地看见一位年纪不大的妇女的背影，也不曾看清楚。后来花瓶给人偷走了。我打算第三次为他修墓，仍然用他自己的稿费，我总想把他的"真正的家"装饰得更美好些。但是已经没有时间了，不久发生了"文化大革命"，我靠了边，成了斗争的对象。严寒的冬天在"牛棚"里我听人说虹桥公墓给砸毁了，石头搬光，尸骨遍地；我一身冷汗，尽希望这是谣言，当时我连打听消息的时间和权利都没有。

后来我终于离开了"牛棚"。我要去给三哥扫墓，才发现连虹桥公墓也不存在了。那么我到哪里去找他的"真正的家"？我到哪里去找这个从未伤害过任何人的好教师的遗骨呢？得不到回答，我将不停地追问自己。

一九八三年八月十日写完

挽三哥

◆ **李健吾**

世界上少了一位君子人。"三哥"去了，静悄悄地，没有留下一句话，带着生的希望，就在小鸟迎着太阳唱起欢喜的歌曲的时候，辞别了我们这个永远在纷呶之中旋转的地球。去了也好，对于这样清贞自守的君子人，尘世真是太重了些，太浊了些，太窒息了些。

他并非不是斗士，我们一直把他看作《家》里面的觉民，随着三弟觉慧打出腐朽的世纪，独自，孤单单一个人，在燕京大学读书，在南开中学教书，以李林的笔名翻译外国的杰著，然后，神圣的抗战未了，流落在上海这个闹市，除去六七个朋友之外没有朋友，为良心，为民族，守着贫，读着书，做了一名隐士。他没有"琴"，永远没有那么一位鼓舞他向前的表妹。我们时常和他开玩笑："你的琴表妹呢？"他笑笑。那是他四弟的制造。巴金在故事里面安排了一点点理想，一点点美满的幻觉，然而我们的"三哥"一直在寂寞之中过活。

他是巴金的三哥，我们这些热情的喽啰，便也喊他"三哥"。

他兄弟的几个朋友变成他的朋友。四五年来，不想多交朋友，有了钱便只是在旧书铺为自己买书，为兄弟买书，更因为心性喜爱音乐，买旧乐片（古典的，著名的大曲），听工部局乐队演奏。没有人看见他在任何社交场合抛头露面。生活越来越高，他没有力量维持下去了，然而不开口，他只是剥削他可怜的最低的享受。书不买了，音乐

李尧林

会不听了，门也索性不出了，他开唱机，坐在他的（实际是他四弟的）破旧的沙发里面，四处堆满各式各样的西洋书，陶醉于灵魂的独来独往的天地。人是一天一天瘦了。朋友也一个一个全瘦了。聚在一起，大家握着一份报纸，从兴奋或者颓丧的消息推论战争的胜败。期限恐怕更要长了，压迫恐怕全要更走投无路了，最后一关最难过。做生意不会，煎熬的本领倒是有的。物质的享受减到零，一个原本瘦弱的身体越发瘦弱了，最后有一天，倒下来，躺在床上，发了好几个月的烧，他拒绝寻来的同情，以为肺痨不至于把他带往死亡。然而，精神敌不过物质，书生斗不过市侩，我们的"三哥"，由于营养不良终于

去了。胜利让他兴奋，他唯一的遗憾是他没有能够利用长期的隐居好好儿工作，分分四弟的担负，减减四弟的心思。

百无一用是书生。

这个书生是我们几年以来看到的仅有的一位君子人，他不高傲，但是孤洁两个字送给他当之无愧，恐怕也就是只有他最最相宜。这真不易，太不易了。

听不到人籁，
自有你的天籁，
天那样蓝，
天那样高，
你干净的灵魂。

（一九四五年十一月二十九日《文汇报·世纪风》）

李健吾（1906—1982），常用笔名刘西渭。山西运城人。作家，翻译家，教育家，文艺评论家。李尧林之好友。

十四行与其他诗选①

◆ 杨 苡

杜鹃 （给L）

杜鹃花开了——
还有那洒了血的颜色，
铺在地上，
招展在青草间。
（也生长在人底心里啊！）
杜鹃又在叫了，
"孤咕、孤咕……"
悠长而且辽远，
在那边树林里吧？！
却牵扯着人的灵魂。

---

① 杨苡先生这些诗都是为李尧林写的。其中L、"人"和"大李先生"均指李尧林。

在心里悲苦的鸣唤，

唤起了往日的梦，

与灵魂合奏了一个忧郁的曲子；

是怀念曲罢？

应该是的。

眼球旁挂了晶莹的珠子。

转过身来，

又在记忆里漫游了。

是苦涩的，这杯酒！

但是，我已经饮下了！

还说什么呢？

记忆里，不止一个人

掬过一捧温柔，了解；

如今都拂袖而去，

在身后划下一道冰河。

打开了灵魂的一角，

如今却被人奚落。

友谊的火灭了不再燃，

"自尊"，这脆薄的鼻子——

已屡次被人刺穿。

还说什么呢？

杜鹃花开了，

这里一丛，那里一片；
杜鹃也在叫了，
悠长且辽远！
这颗烦恼的心啊，
却在抖颤，
如在寒风中抖颤，
陪伴着杜鹃。

一九三九年四月二十一日晚
昆明联大图书馆

无题

且伸出你柔长的手，
向那丛花儿摸索；
摘下一朵吧，
插在我还不曾白的鬓边。
若一缕深情还延长着，
那吻一下我，轻轻的。
笑我愚蠢么？
也许——但且看一年复一年，
毫不顾惜的流去，
仅留下一丝惆怅牵绊。

那么，莫等白了鬓发，

消逝了年华；

且插一朵在鬓边，

笑一笑，再留一个吻。

明天，花将凋谢，

不久人也将枯萎，

那时我虽衰老，

被时光压上皱褶，

我也会记住，曾得过

一个笑，一下吻和一朵花。

一九三九年四月二十四日

昆明联大地质堂

忆　仿莎翁十四行体　（Sonnet II）给L

又是夏日了，晚风招来几丝雨、一缕乡愁；

几片浮动的云掠过一轮孤月，几颗寂寥的星。

去年此时我还在整理行箧，准备漫游，

制造一条梦中道路铺满鲜花与黄金。

整日张开笑颜，不顾这双泪眼怕道声"再见"，

我匆匆告别，怀着一些梦和一串怅惘的记忆；

是的，尚滋长一股眷恋，至今犹是（或怀念那个春天！）

那个春天包着放肆的欢笑，我永不能忘记；
不能忘那细碎抖颤的树影卧在垩白的道路，
几支轻快的曲子，空中常浮动热情的歌声。
如今我却寂寥的枯坐在异乡土，默对一支短烛，
看云影疾走，时光移动（万顷怀念在心中翻腾！）
将近一年了，我走到窗前，抬眼望云之朦胧，
柔光里划出往日，啊，往日，别了，或已走入另一个梦中。

一九三九年六月二十九日晚

写于烛光摇摇下

农校中楼教室

寄L （Sonnet III）

如今最怕听那一声"再见"，
"再见"筑起了辛酸的心情；
消失去的影子不会重现，
我自己送走露水的清晨。
爬满灵魂的是那一身灰，
我看见那沉默忧郁的笑；
雪岭上种下了一株寒梅，
却结成一串苦果往下掉！
苦果制成了蓝色的记忆，

风沙夜的月，霓虹前的雨；
低低一声"再见"，坠下了地，
我说，巴望一张有字的纸，
　　人走了，一个背影不回头，
　　空留下一掬怅惘与哀愁。

　　　　　　　　一九四〇年三月二十日晨
　　　　　　　　昆明联大文学史堂

Memoir to L　（Sonnet XIV）

如同一串黄金的链子，
记忆紧紧锁住我的心，
那年轻的心跳的时日，
蕴藉着我无边的爱情；
多少紫色的朦胧的梦，
将我裹在希望等待里，
却逝去了像一阵轻风，
撒下的是惆怅与哀泣。
不再歌颂天空的蔚蓝，
我埋葬了往日的狂热，
对着人间我只有茫然，
抱着冷漠叹息和寂寞！

不管什么季节的到来，

这里流着永恒的悲哀。

一九四一年七月八日

写于（昆明）金鸡巷

友人（陈蕴珍）家

给一个人的絮语　to L

In secret we met,

In silence I grieve

That thy heart could forget

Thy spirit deceive.

If I should meet thee

After long years,

How should I greet thee?

With silence and tears.

——Byron

多少时候我为自己

用奇异的幻想

织一张五彩的梦景，

我秘密的珍藏着，

因为那里绣着我的爱情；

多少时候你的冷漠，

摧毁了我希望的火光，

我要撕裂我的梦

然而我没有

我等着等着，心里说：

"你为什么不来？不来！"

直到叶子绿了，这绿色的May time啊……

可是没有一个灰色的影子。

（我听说你在那边很快乐，

还抱着一个

在冰上跳舞。）

玩世不恭的人，

你是对的！

你不曾答应过什么

甚到（至）吝啬一个爱怜的笑。

在你的梦中，我相信

也不会摸到一颗碎了的心！

于是……

时光爬过去

老了，谁都老了。

（我已经出现皱纹）

我看轻自己

决心听从这古怪的命运。

可是你却说：

"你应该爱，你正年青！"

没有人知道我的眼泪

洒在哪里

如今不再想说什么

只记得有个时候

我看见一角蔚蓝天

便觉得欢快

现在，找遍了天堂

没有一块鲜明的

（这灰色的天，老是下雨，下雨！）

记忆也不是一条锁链

能将我们锁在一起

因为你不是迷恋过去的

你也不觉得有个人

在春天的早晨为你心跳！

（当她从白色的窗栏里凝望着你）

什么都死去了，我不能再说一些梦话

唉，这秘密的爱情！

可是，可是，你还记得

在那个并不皎洁的月夜里

你倚在树上那微笑么？——
我战栗了……

一九四一年八月五日
岗头村山居

倦　（sonnet XX）

别企望一朵淡蓝的小花，
会为你追回往日的伤情；
谁愿意翻起记忆的苦渣？——
当你寻不见你年少的心！
没有幻想支持无眠的夜，
没有人陪伴你黝黑的路，
你枉然凝望天上的星月，
寂寞是你王国中的君主！
这时你就发觉你底疲倦，
你才渡过一个风涛的海，
笑让你累，哭泣使你烦厌，
你轻轻说：一切不会重来。
　　当你奇异的梦已经逝去，
　　即或叹息一生也是多余！

（一九四二年）三月二十九日夜深

也许　给L

也许会再有一个金色的早晨，
我和你又将骤然地遇在对面，
那时我或不敢急急地走向前，
恐怕时光早已烧尽你底友情；
也许你迟疑地说出我的姓名，
于是我们就开始勉强的寒暄，
你会看见一个衰老了的容颜，
虽然不能看见一颗碎了的心。
然后我们走着，像几年前一样，
穿过一条马路，又过一条马路，
我底心里有着乱丝般的惆怅，
却没有勇气向你恳切的吐诉，
于是你就走了，你说你正很忙，
于是我也走了，我想天在下雾。

回到我住的地方，我开始哭了，
我激情的哭着，好像我还年轻，
虽然我已经渐渐地挨近了坟，
那时候我却忘记了我的衰老，
我只记得有个时候很早很早，
我底心里燃烧着难熬的热情，
可是当我看到你那一双眼睛，

它在说你懂得什么呢？你太小！
然而我明白，我的确是懂得的。
我懂得喜悦和憎恨更懂得爱，
我交给你一种不自私的友谊，
我妄想它在你心里能够存在；
当我们遇到那不能免的分离，
我仍信快乐的日子仍会到来。

于是扑到床上，我在流着眼泪，
想起你怎样的毁尽了我的梦，
我底光，我底热，我那水晶的宫……
是你使我不能够在那里沉醉，
或不能安宁，黑夜里我不能睡，
心船在动荡着，四周吹着暴风，
后来我倒下来，翻跌在污水中，
我不挣扎不想起来，我只是累！
时光跑来在我脸上刻了皱纹，
忧愁爬过来染白了我底头发，
我听见它们那串得意的笑声，
可是我没有话说，我底心发麻！
我不动了，我喜欢往下沉，沉！沉！
我何必走呢，从前的我真是傻！

我安静下来，忘记过去，忘记你，
冷眼看着世界，嘲笑着一切人，
我底友情死去了，我变得很冷，
可是不能推开的是那堆记忆，
我不能忍受，我竟想谋害自己，
最安静的地方或许是一座坟，
然而我竟不能打开那死之门，
于是我又找出些感情在心里。
我那颗碎了的心还有些温暖，
虽然没有人能洞悉我底灵魂，
我还想过下去，也许并不太晚，
像一个黑暗中的人等待黎明，
我只想再见见你，虽然不太敢！
那么也许我在想着你的友情！

一个暴雷在窗外轰隆的一响，
它又跑过去，带着大笑的声音，
我忽然明白友谊已化成灰尘，
为什么我还如此执拗的希望？！
我底心里有着乱丝般的惆怅，
当我想起被命运揉碎的友情，
你不会变的，你还是那么冰冷，
假使我们遇见你会说你很忙！
也许我们根本避免着打招呼，

虽然我已经走近了你底身边，
我自然不会再恳切的吐诉着，
我们不熟识甚至不能够寒暄！
于是我走开了，眼前在下着雾，
什么都完了，假如过了许多年……

一九四二年五月八日

重庆津南村

路 L

夕阳下，我向着晚霞，看它在变幻，
一条白色的溪流，澄清且静止，
忽然有一朵朵蔷薇流过来，铺成条小路，
我听见一个行路人对自己说，
"这条花路多灿烂，它引诱着我……
那么让我踏在上面走吧，嗅着香味，
我要去找我追求的国土！"
啊，那些刺，那些恶毒的刺，
他手脚流着血，跌下来，落在溪流里，
水花四溅，泥土翻起，花朵冲开了，
他抓不到一个，蔷薇把他丢弃！
（我笑着，笑着！笑这个人的痴愚！

这轻盈的花朵如何禁得起他的身体！）

他站起来，周身发着抖，面上现出痛悔，
望着蔷薇一朵朵走远，香味渐渐的淡失，
垂着头，他孤独的涉着水走，
我听他轻轻的说："去吧，去吧，我该承受
这份寂寞，这份忧愁，这注定的命运！
去吧，去吧，我没有希望，没有幸福，
没有人在我漆黑的路上举一盏灯！"
他走了，踽踽的向前行，弯曲了背，
（我仍然笑着，笑出了眼泪！）
忽然间，怜悯爬到了我心里，我住了笑，
（后残）

寄——to L

你可还会有闲逸的情绪，
带我去眺望金色的海河，
当我的心里燃烧着忧郁，
看那些船只疾疾的驶过？

你还会不会又劝我走开，
你把埋怨都付与那阵风，

你奇怪为什么我们要来，
当风沙塞住了人底喉咙！

而我可还会默默的叹息，
我底眼睛里包两滴泪水；
我说：我真恨，真恨这块地，
你看那些船都一去不回！

于是像从一个梦里走出，
我压下了那奇异的幻想；
只要同你走，不管什么路，
我不会还有更美的希望！

但命运伸出来它一只手，
在你我中间划一道冰川，
当我要一点微笑和温柔，
我却感到了冬日底严寒！

而如今我也迈进了衰老，
再没有勇气织一片梦景，
纵使我再得到我底年少，
也失去了带我入梦的人！

带我入梦的人，你在哪里？
你可还会有闲逸的情绪？
为什么我不能再看到你，
当我底心底燃烧着忧郁？

再也不会有当年的豪兴……
我看见一条银白的冰川，
在我底心上不会有春景，
永远是，永远是灰色的天！

一九四三年四月十五日

寄——给一个人的絮语（二），to L

月圆的时候，我这颗忧伤的心
就要走一段很长的路程
到一个迢远的地方，在那里……
O我多渴望在月光下散步
在树影里！我要挼摸那棵树，
让我也靠在那里，静静的，
凝视着那个大门，看一个女孩子
踮起脚来按门铃。我也要笑么？——
不，我笑不出来，原谅我！

而且，没有那个女孩子，倚着树身的
不是我，该是你，在那个月圆的晚上
你倚着那个高大的树向我笑，
还说："没有人来开门，真是，为什么
性子这么急？"月光照着你，
你真像一个神望着他底世人，
O，天！你为什么要这样笑？
我想起一个微笑是一把金钥匙
谢谢你！我将用它来开开天堂
那扇水晶的门，你交给我幸福！
（激情，你说：是激情！
"激情是一只虎！"……）
可是，我总想，如果宇宙之间
还有一个主宰他是公正的，
为什么不在那个时候，他……
那个时候，你望着我微笑。
静的，神秘的，狡猾的，冷酷的笑！
就在当我也猛然回头，望着你
（O，给我找一个医治心灵的医生
透视一下我年轻的心！）
那个时候，为什么地球不崩溃？
熔岩把世界毁了！完了我，也完了你？
那么我会不会哭着，笑着，喊着：
"让我们一同死去！我懂得爱情！"

（维苏威火山在哪里？

不，那地方不是庞贝城……）

然而，地球还是在移动，五年过去了，

我望望镜子：是的，老了些，但是

终还是我，我活着！你也活着，

那个地方却远了，你，你也远了，

我还能说："不要忘记我的名字，

我却要忘了你，你这个冷酷的人！

可是，你为什么要望着我笑，

你不知道你底笑是一把金钥匙！

但我失去了它！我底天堂呢？

它真倒塌了，我在人群里挤，

只为寻觅一个真的微笑，

不，不会有！也许我底性子太急！

可是，太晚了！没有公正的主宰

伸一下手指，使地球崩溃，

为什么不完了你的笑，也完了我？

为什么我底热情不把我立刻烧死？

却慢慢的烧着，痛啊！这许多年，

我寻觅一个真的微笑，却不会有！

O，那个时候，为什么你不……？

月圆的时候，我这颗心就跑了

天！多少月圆过去了，而我却失去

那把金钥匙，我的天堂早塌了！……

我看见你又对我笑，O多幸福！
可是，在梦里！我不该醒来……
天，为什么我不能永远做梦？

一九四三年四月十六日
中大

等待　to L

想在一个不安的等待里，
算不清是几十天或几十年，
只听说你来了，终于来了；
我流着眼泪去寻找你，
却望不见你！望不见你！
隔着那张阳光跳动的窗子，
我听见你在外边呼唤我
我说：来了！我要站起来……
突然一种绝望的悲哀，压倒了我！
我坐下来，这真是该苦的时候了。

他们说又有一束玫瑰送给我，
我含着眼泪喜悦的抱紧它，
可是——可是它把我的手刺伤了！
来吧，望望我受伤的手，

看看这些血，多红！多红！
后来，花枯了，我不敢碰它，
我怕把花瓣碰碎了，但是它，
它们还都掉了，完了！
只剩下一个丑陋的花托
嘲笑的向我摇头。

说是你又来了，我等着，
安静的坐着，天啊，我多疲倦！
我睡着了，睡着了！车辆的声音
把我惊醒，我才知道你来过了！
你留下一个条子说"不来了！
再也不来了！"不来，再也不……
多不安，多长久的一个等待啊……
就这么粉碎了！好残酷！
领着我走的希望全隐去了！
我要哭！但是我底眼泪呢！……

这是一个梦！我终于醒来。
揉着眼睛，几点了？我问。
"好孩子，你才睡了一个小时。"
一个小时！从希望到绝望的一个小时！
"朋友，我做了一个可怕的梦！"
"别胡思乱想吧！何必伤脑筋！"

是的，再也不——再也不想了！
梦也只会给人苦涩的果子！
"叹，这日子过得真慢！多没意思！
你看，外面下雨了，又下雨！"

（一九四三年）八月卅一日午后
柏溪

幻——L

这儿是太冷了！真是冬天，
让我放盆火在我们中间，
坐下，我要看看你，你好么？
不，不要这样叹气，摆长脸！

你看着火烧得多红，多美！
过去的，我们谁也别怨谁；
我们居然还会碰在一起，
我倒是也老了，我真后悔。

后悔我要的太多了，而你
吝啬的把你底感情锁起，
事情过去了，你总该明白
我多珍惜我们那段友谊！

你摇头，为什么？你底理由？
我没有什么古怪的想头！
也许我追友谊却追错了，
你底冷漠种下了我底忧愁。

而你还是这么冷漠，现在！
那么你干吗又悄悄的来？
走吧，我恨你！快快离开我！
我不该对你有这种关怀！

离开我吧！可是你在哪里？
这儿没有人，除了我自己！
你并不曾来，也永不会来，
我们决不能再坐在一起！

我底心死了，我不想怨谁。
我做事情从来也不后悔。
不，我没有哭，真的没有哭！
这儿也并没有火烧得很美！

（一九四四年）二月二十一日夜深

当你站起来送客 （给L）

当你站起来送客，
将双手插在衣袋里，
点一下头，你微笑，
从来不说一声"再见"；
然而为什么你底眼睛，
总对着我笑？我真怕！
我想说：别看着我！
我和别人一样，一张脸
两只眼睛，一个鼻子，
下面一张嘴！
我又想说，看我也好，
看得懂我底心么？
我底心不同别人一样，
然而我也沉默，我微笑，
当我站在门口望着你，
也许我们中间是有点怪，
也许什么都没有，有的
只是我自己底奇想。
我们中间是一块空白
我想越过去，倒踏脏了，
有一块黑斑，不是吗？
这一下都完了，而如今

你……我……
可是我为什么又想起来
这些古老的故事？
当你站起来送客……
不，没有什么！没有什么！
是一块空白！……

（一九四四年）二月二十四日晚
中渡口茶馆

残诗

他梦见他乘一叶扁舟
漂到一个绿树环绕的地方
在那里他拥抱了他底所爱
在月光下谛听着夜莺的歌唱……

    阳光，花朵，绿树，跳跃的海……
    而什么地方能找回我底爱？
    我底世界崩溃在我的脚前，
    前年的黑暗盖住了我底双眼！

急骤的风雨摇撼着树枝，
她望不见他自己的道路，

这是一个不祥的季节，

他失去千里外永恒的祝福。

　给我点一盏小小的灯，

　让我摸索着我失去的生命，

　啊，你在我底心上种下苦涩的记忆，

　为什么将我底爱情点燃又吹熄？

一九四六年五月二十一日
沙坪坝

十一月

这是十一月，到处都散着阳光，窗子外边一些鸟躲在树里叫唤，仿佛想再唱出一个温暖的春日，忽然它们又全飞走了，只剩下树枝子在摇动。一个人走过去，说："好天气！好天气！"是的，天气很好，然而这该是冬天了！

我看见一个烧得红红的火盆（啊！我多希望天气再冷一点，再冷一点），旁边安置了一个矮矮的大椅子，舒服，暖和，你就坐在那椅子上面，得意的靠着，望着火。火光把你苍白的面孔都染红了。我说："抽烟吗？"

"不，不，我已经戒了，因为……，因为……"

我笑起来，你也笑了。

（笑了，笑了，奇怪我怎么还会听见你笑，奇怪我怎么又想起了你？）

让我打开着古旧的唱机，它上面的尘土已经很厚了。让我放上一张我们所喜爱的唱片。听，这支曲子不是很好么？

一个男高音。他说：当太阳落在山后的时候，当晚风吹着树叶子的时候，我等着你，我都在梦的门口等着你。这是一个奇异美丽的梦，什么都丢开吧，和我在梦的门口见面。

我等着你，我等着你，多荒谬的故事，又多么可爱；但哪儿是我不等呢？

一个小女孩子在开着八音盒子！她高兴的随着那简单的曲子跳舞。一会她把手举起来，一会她转着圈，她的头扭来扭去，很得意的样子。忽然那曲子停了，她也停住，手还没有放下来。

旁边的人大笑起来，拍着手，一个人说："再来一次！"

可是她把盒子一摔，哭了。

春天、夏天、秋天、冬天，日子在流、流。多少人走了又回来了，多少人病过又好了。一个女孩有一天在镜子里发现额上有条皱纹，一个老人在太阳下专心的一根根数着他的头发。公园里对着湖水的石椅上一些人坐过又走开，又一群人来了。人们分开，合拢；走近，走远。

冷！冷！一盆红火，一张大椅子，一张被火光染红的面孔，一双望着火的眼睛。啊，如果健康能随着火来接近你。

在梦里我走去敲你的门，一个人走出来，忧伤的摆摆头，又关上了。我站在路边，不知走向哪里，忽然我看见一个石砌的坟墓。它已经失去了它的崭新的面目，上面没覆盖一点鲜花，但是石碑上刻着你的名字。

我听见叹息、哭泣，一个声音大声的说："完了！"

完了！这才是真实，无比的真实！多奇怪！这么久在一段迷离中我寻找你，而我忽然发现你已沉默地走了，真的走到那不可知的地方！不会回来，永远永远不会。

一个Requiem在奏着，有人哭出声来：啊！奇怪！奇怪！这是一个什么日子？阳光、风、鸟叫！但是你——你已经死去了。

一九四六年十一月××周年祭

初春

这是阳光，绿叶子和笑声，
小孩子从窗内伸出红红的脸，
椅子搬出来，读书的人打个哈欠，
（啊，春天来了，这是春天！春天！）
猴子揉了揉它的红眼睛，
在笼子里伸懒腰，跳着，
醒了！全世界在苏醒，
叶子扭动着，将它怀中的冰雪乱扔，

而地上的悄悄的钻到土里，
去唤醒娇嫩的芽儿苗生。

我们不再蜷伏在一起，
我们站起来搂抱着好天气，
整个大地卷入了绿色的雾围，
冰块滚动，雪花陷塌，人站起，
看阳光先苏醒，花朵苏醒，树木苏醒，
如锦的草地温柔的铺开，
它甜美的梦和苦涩的记忆——
（那些逝去的朦胧的日子啊，
你躺在地下的寂寞的人，
你为什么不再站起？）

于是我在这片暄眼的红光下，
重新望见我失去的梦，
（那一对对的蝴蝶，那温暖的风！）
在这潮水的欢笑中间，
我仍然听见它在哭泣，
它那绿的日子，红的爱恋，
正像那灰色的屋檐也在哭泣着
数说离别的灾难，银色的冰雪的日子

过去了，过去了，再见！冰柱与雪花，

这是化雪的日子，这是春天！

（一九四七年）二月三日

编译馆

生日

当我吹熄这二十八个岁月，
多少个影子向我走来，
述说那一串串曾为我
点燃起幻想而又离去的日子；
如云的梦在我的脚下滑过，
而后又在泛滥的泪水中长埋……

　　你这躺在地下的躯体
　　站起来，听我背诵
　　这一篇如传奇的故事；
　　你用海洋的沉默阖上了你底生命
　　去掷下一片湖色的叹息
　　永远，永远插在我痛楚的心里。

那些绿色的日子是逝去了——
当希望的花朵在我身边爆开

一个洒满四月阳光的花园，
当过多的欢笑，过多的梦
点亮了我的眼睛和嘴唇
当我的心里蕴藏着深沉的爱恋……

我是谁？我在什么地方？
这是一个善开玩笑的上帝
将我丢弃在一片荒原上。
无尽的孤独，无边的黑暗……
是谁悄悄的窃取了我的灯？
是谁扼死了我金色的黄香？

而在远处有一群年轻人
举着火把寻找美丽的未来；
他们照亮了自己与别人的脚步，
他们的声音一如黎明的号角
在唤醒酣睡的人站起来
抖落他们的枷锁，想暴虐斗争！

这确是一个奇怪的世界
当人们用手或声音，甚至他们的生命
来争取幸福合理的生存，这时候
我却默默的站在黑暗中
在二十八个春天里耗尽

我所有的热情，却不曾流过一滴血。

一九四七年九月三日深夜失眠写

祭

我已吞下如秋叶般的叹息，
但岁月也冲不尽淡淡的忧郁；
如若我默默地走到你的墓前，
一束花又岂能将我的惆怅带去？

死神骤然把我的梦幻击碎，
留下了一串串苦果的记忆；
即使我能在你的墓前哭泣，
也不能缩短这永不能缩短的距离！

一九五三年十一月二十二日
大李先生逝世八周年

杨苡（1919—），原名杨静如。安徽泗县人。翻译家、散文作家、儿童文学家。李尧林之挚友。

梦李林

◆ 杨 苡

> 永别了，我的心在这里找到了真正的家！
>
> ——［俄罗斯］冈察洛夫《悬崖》

这半个世纪尊称他"三伯父"或"三爸""三外公""三爷爷"的晚辈们有好几个，甚至有一个早已过了六十岁的"过继"给他的女儿，曾在给我的信上还亲切地称他为"爹爹"，虽然这些晚辈大概并未见过他本人，只是依靠他的帮助而长大成人。习惯叫他"李先生"或"大李先生"的也只有寥寥可数的几位尚存者了。而称他"三哥"的，在这世上也恐怕只有三四位老人，两位老人说起他们的三哥，不一定记得多少童年往事，但那位能记得许许多多的老人，已近百岁，写不出，也说不出，只能任几本厚书的记忆永沉心底！

我习惯叫他"李先生"，在六十年前，在信中，在心里，也一直在梦里。今生今世，他只能是"李先生"。六十五年前那几个嘻嘻哈哈地叫着"李先生"的少女全都早已逝去，我却仿佛还听见她们背后谈论着这位毫不俗气、没有一点架子的英语老师。他从来不是那么严峻得让人不敢接近，但又那样沉默寡言！活着的人忘不了他。如果他活着，该已经是一百岁了！

李尧林剪影

然而他走得太早，在一个人生命中最好的阶段，正是事业如日中天的年龄，没有留下一句话，只留下一声叹息，就这样走了！……

一九三八年，我永远记得那年年初阴历年三十的晚上，我收到他第一封信，很客气的，像一个长辈对晚辈随便说几句，淡淡的鼓励的话。而我原本也是"奉命"写信求教的。我从未见过的敬爱的"先生"在给我的信中鼓励我去见他哥哥，只是为了叫我安心在家多读书，不要总幻想学着"觉慧"那样离家出走，"先生"来过两次信都是催促我不要怕见生人。年三十的那天，收到李先生来信，鼓起了我的勇气，但人家也只是回我的信而已。过了正月十五，我们几位原是同学的女友又在我们附近的绘画学校上课了，冯突然悄悄地对我说："你哪天到我们家玩呀？李先生就在我们家。"

就这样认识了，第一次见到李先生时我非常紧张，在我的生活里，我第一次和一位既不是我哥或堂哥，也不是我学校老师的大男人谈话。虽然他一点也不凶，可我见了生人总是讷讷的，那时我才十八岁半！

就这样通起信来了，也偶尔约好偷偷"遛弯"聊天，因为我那个封建的家是不会允许我在外面认识什么人的，何况是男的。我们通信也是靠一位同学转寄，她的家是"中转站"。在不到五个月内我收到了他四十封信，按照他的嘱咐，我们每个信封背面下角都写上数字（No.1或No.2……），当然我想我的信早超过了四十封。因为我喜欢写信，而且还不断地写信给在上海写作的"先生"诉说我所有的白天的感触和黑夜的梦！

头一年（一九三七），日本鬼子的炸弹击中了李先生所在的不在租界内的南开中学单身教师的宿舍，他捡出几本书和几件衣服跑出来了。一个姓冯的男生（大概与黄裳、黄宗江同级）邀请李先生暂住在冯家，等于做了冯家的家庭教师。同时他也在附近的耀华中学得到了一个高中英语教师的好职位。当时天津租界生活表面平静如常，我反正已在一九三七年在天津中西女中毕业，无法上大学，就在家乱看书，又学画，还和两位同学异想天开地去一个白俄舞蹈学校学了一阵踢踏舞。此外无非是看电影、遛弯，互相串门，大家心里都明白这种安逸的生活长不了，日本鬼子早晚进租界，我们总是要走的。但在这个初夏或是暮春天气的一九三八年，我的确度过了一生中最难忘的几个月！有一天，大光明电影院日场电影放映时，天色尚早，我和同学们远远在开场前就看见李先生一人悠闲地远坐在左边后排座位，目不斜视。那时电影院是不对号入座的，人们随便挑个合适自己的位子坐下。这场电影是美国好莱坞歌舞片，平时我们都不大看的，是不是我在信中告诉了李先生：同学约我一起去看这场Alice Faye的电影，我不记得了，只记得散场后，我很自然地走向他站起来的地方。

李先生默默地随着散场后涌出的人群走出，漠无表情走在我前面。他没有喊叫我的名字，我也不敢叫他，但从电影院出来，他站在大台阶下面望着我，我也很自然地走近。我回头对同学们说："你们先走吧！"她们嬉笑着走开了，李先生等我走近时咕噜一句："看来歌舞片也可以偶尔看看的。"他笑起来，然后对我说，"我带你去一个地方。"

他带我走到一个我没去过的地方——海河边，就是海河码头附近的岸上。平时我真的不可能走到那一带地方的。我看见远处有一艘白色的大轮船缓缓驶去，一点点变小直至消失在我的视线中，我在这时不必用我拙笨的笔来形容我当时的新鲜感受，只永远记得李先生轻轻地在我身边说："你看，你就会坐这样的轮船离开你的家乡的！"我傻乎乎地问："李先生，那你呢？"他叹了一口气，笑笑说："我迟早也要走开的。"

这是唯一的一次我们站在海河边。不，后来还有两次、三次、四次……都不是发生在这个世界，只是在我的梦里不断萦绕，而且不断丰富。我一次次跟着李先生走到海河码头，那只大轮船不断鸣着汽笛催促着人们上船准备开走，李先生牵着我的手敏捷地跳上甲板，我大笑着领着他跑进我所居住的特等舱那个富丽堂皇的"大菜间"（餐厅，晚上是舞厅），然后到高层甲板上去看落日，耳边还响着我们熟悉的音乐……然后梦醒了，并没有李先生，这是二十世纪四十年代的梦！我记起在我离开天津后不久，他的确买了和我乘坐的同一艘轮船的票，也许是想体验一下在我的信上所述说的情景吧，好像是有意买了这一班船。但快到开船日期他又把船票退了，他写信告诉了我，但没说任何理由。我觉得我的幻想在戏弄着我，而我却坚持维持这个幻想，引它入梦，直到一九四五年。而且在这之前还写过好几首关于海河的诗赠他，却永远不曾寄出，正如我这一生也从来没有第二次乘轮船驶出天津大沽口！

杨苡

离开天津之前，李先生在我那本珍贵的纪念册上写了这样几句话：

虽然离别就在眼前，但是相信不久我们就会见面的，希望我们见面时都比现在健壮。

这本纪念册早在一九七○年便化为灰烬。然而这几句话却深深地刻在我心上，等到了中年我才意识到我从来没关心过他的健康，虽然我不许他吸烟，他也因我而戒了。我更没想过他的成都老家的经济负担有多重，我走后，他的节衣缩食又碰上天津的水灾受寒，赴上海一路受惊吓，到上海后不久，同住朋友被日本人抓去不知下落。……过了好多年我才想到他迟早必会被这一切压垮，而我只能愧疚，痛心地自责了半个世纪！

在昆明住下还不到两个月，西南联大原有的临时大学师生才从长沙迁来不久，新生也陆续到校，而我仍然还住在青云街临街的门楼下面的小屋，到了九月二十八日昆明市遭受了第一次的日寇野蛮轰炸！不过是三架轰炸机，但我们的高射炮不够多，而那几架驱逐机也还没来得及飞上去迎空拦截，这样就只能眼看着三架鬼子的轰炸机在大西门翠湖附近乱投炸弹。那剧烈的轰炸声伴随着炸弹落下时那刺耳的哨声吓坏了过惯了和平日子的当地百姓，而我们这些平津流亡中学生却还处在不懂事、不懂恐惧的年龄，我们只会愤慨地大骂，叫喊着："高射炮，驱逐机，快！快！快！"后来有一天真是亲眼看见一架鬼子机被我们的高射炮射中了。看到敌机尾巴冒烟，像一道黑箭似的向下坠落，我们就使劲欢呼，过几天还特别到展览敌机残骸的地点———一座庙宇的大殿，去参观个够，回来便写了一首很幼稚的诗，发表出去，摇身一变，成了一个会写抗战诗的少女诗人。

我仍然每天写信，向李先生描述我们如何每天出城跑警报，甚至幻想他也能加入我们这些少男少女，一起诅咒那万恶的日本强盗！终于有一天我收到一封在轰炸后第一次的远方来信，信上开头几句话使我一辈子也能牢记。他写道：

这封信可把我等够了，现在知道你平安，我这才放心。我只希望有一天我们又能安安静静在一起听我们共同喜爱的唱片，我这一生也就心满意足了……

　　这似乎不仅仅是一个老朋友对他的小友亲切的关怀，也不完全是一位老师对他的学生的安全表示担忧，却更像是一位大哥对远方小妹的惦念，我当时真是想大哭一场。我想起李先生曾给我看过他的四弟（我只通过信却没见过的"先生"）给他的信里的两句话，他说："不知静如去看你没有？我们在外面没有妹妹，我想我们不妨把她当作我们的一个小妹妹看待。"李先生给我看信时，还笑起来，他说："四弟还以为你很小哩！"那时我自己的哥哥远隔重洋，在英国牛津攻读。自从一九三四年他中学毕业离开天津去"留洋"之后，我失去了对我从小偏爱、呵护着我的最亲爱的哥哥。那几年我总是时时感到说不出的孤独。在遇见李先生之后这才又开心起来。然而还不到一年，我的幼稚无知却使我用自己莽撞的手不经意地摔掉了那样珍贵的情谊！

　　漫长的等待在一封封长信中消磨殆尽。然后一连串的由于传言而造成的误解，加上我这个被娇惯坏了的小妹妹的胡思乱想，特别是由于时局的突变，通信越来越迟缓，多少想说的话最后也只能吞咽下去，结成了一连串的遗憾的苦果，这一切都不是如今生活在和平年代的年轻人所能体会的……

　　在一次猛烈的轰炸后，我忽然觉得我迟早要被炸死的，我正在准备担当我第一次做可怜的小母亲的角色，那时我才算是二十一岁，也许我会在痛苦的分娩中死去呢？也许明天就会有一颗炸弹落在我头上！……似乎死神就在我身边，等待着到那天将我的生命夺去。于是我给李先生写了很长很长的信，吐尽了我心中所有的委屈、抑郁和恐惧。仿佛一个临终前的虔诚信徒对他的神父的忏悔。从此杳无音信，甚至连一张敷衍的贺年片也没寄过，而他情愿滞留在上海，再不提到内地的事了。我想我是惹怒了他使他对我感到失望，感到头痛。过了两年我又开始写长信继续等待，但即使是他的四弟也没办法说服他的冷漠，后来没法向上海沦陷区转信了，怕给他带去麻烦，只有在给我的信中不断为他的哥哥做各种解释，有一次甚至说他有点像《父与子》里面的帕威尔。

我在重庆住了五年，养育了第一个孩子，三年后又生了第二个，我还要读书，以求得一个大学毕业文凭好找工作。百忙之中却始终没有丢掉写诗和写长信的习惯。在读书时常坐在重庆中渡口茶馆里写诗写信，当我独自一人靠在茶馆的竹躺椅上做白日梦时，我会幻想李先生突然微笑着一步跨进茶馆的门槛，温和地说："我来了！你在写什么？"在重庆沙坪坝读书时我也常去音乐会，当我听得如痴如醉时，我会觉得李先生沉默地坐在我身旁。他是懂礼貌的人，台上演奏时绝不吭声，然而散场后，我惊奇地发现他已走了。而我还没来得及和他讨论刚才那个男高音唱得像他喜欢的Gigli还是我喜欢的Caruso。

漫长的等待糅杂着数不清的幻想，然后有一天，是一九四五年小寒过后，那时李先生的四弟已经飞往上海快一个月了，我在重庆柏溪中大分校的教师宿舍里正抱着我的小婴儿，突然收到了萧珊从重庆城里寄来的信，她说："李先生已于十一月二十二日离开了我们。我很难过，希望你别！"

这是我有生以来第一次遭到命运对我心灵的猛击，我没有力量承受这样残酷的碰撞。一连串滚滚向前的美丽的梦幻突然来

李尧林之墓

个急刹车，虽然这种心被撕裂的感觉，在我后来又遇到过不止一次，然而这第一次却是最猛烈的。因为我才二十六岁！多少眼泪也温不热埋在我心底的突然一下子冰封。……好像曾有个人走进我的心里点亮一盏灯，但没多久，又把它吹熄掉头走开了！我想起他译的《悬崖》中的一句话："一把刀就是一把刀！"

五十年代初我去了虹桥公墓，那时才修好他的墓没多久，墓碑是一本大开的大理石制成的大书。上面刻着："永别了，我的心在这里找到了真正的家。"这部书安放在一片碎石上，后来我也曾同他四弟和萧珊，还有我的生活伴侣赵，一同去过，那时已没碎石，好像是铺上了黑色的大理石。我们在新添置的石瓶中插了一束鲜花。

过了十来年，一场浩劫毁了这一切，再也不会有那宁静的墓园，那里已铲平变成一片菜地与荒野，埋在地下的孤独者终于失去了他那"真正的家"。

他的四弟在回忆中提到有一个年轻的女性每年去墓地还献上花，当然这是在浩劫到来之前。他见过她的背影。我告诉他，这是冯，也就是李先生在天津她家住过的冯小姐。冯早就被家里做主和一位出身名门的英国留学生定了亲，那位年轻的地质学者（后来成为一位著名的资深的地震专家）学成归国后和冯结了婚，他们去玉门工作过，也写过书。冯在上海时总要代表我们那个年代崇拜李先生的学生们去扫墓。

往事如烟！而我却时时感到往事常常如烟聚拢不散，十分十分沉重！却又往往碎成梦景。有一次我梦见我竟去了我从未去过的成都。和他真正的小妹瑞珏在一起，我们走进早已不存在的李家大宅院，跨过一进又一进，忽然看见李先生静静地掀开门帘走进来，他看见了我们，瑞珏高兴地叫着"三哥"！我惊叫："李先生，你没有死！"他微笑着说："我本来没有死，我回到了老家。是四弟说我死了！"醒来，我知道那个远在上海的四弟向来是说真话的，他不会作假。这是一个令人泪下如雨的梦！

一位已故诗人在二十世纪七十年代给我的一封信上说："有一种友谊，不必添煤和空气，就像晚上封住的炉火一样。永恒的友情。"我想永恒的友情是永远存在的，在记忆里，在梦里。

我看见他，不止一次在我的梦里，他抱着双臂站在一个高高的山顶上，微笑地远望着我向山上走去。我不想详细叙述他身边的和我身边的人，只想说，这是一个令我牢记的梦。还是四年前的梦，那时我整整八十岁。

现在我已到了碎梦难拾的年龄，如一径落英散落在地上，无法俯身拾起。当我再想到我和李先生共同喜爱的唱片《与我相逢在梦之门》时，我想起在天津留下的四十封信早在一九三九年日寇进入租界前化为灰烬。在昆明的几十封，却又在重庆柏溪一个破旧的屋顶上荡然无存。即或好不容易留下的几张小照片，他穿着一身白色西装的那种帅气，他的笑容，他的墓地……也都不见踪影。我只保存他听《梦之门》时为我亲笔记下的英文歌词。一语成谶！六十五年来也只能在"梦之门"相遇了！

因此也只能像展开一幅绚丽的画页，然后再无奈地缓缓卷起，封存，任凭岁月落下厚厚的灰尘，但它在我心中永远闪着奇异的光彩！

深夜里我反复地说："等着我吧，我的老师，我的父亲，我的兄长，我的大朋友，我的太阳！"

这不过是一个老人的月光呓语，请原谅我令人厌烦的絮谈！

二〇〇三年秋分完稿于北京

从梦中走出

◆ 杨 苡

　　曾经，有这样一个孤洁的灵魂，来过这世界……

　　去年秋天我作了一个自我交代，有几分痛快，如释重负，却又像是给自己久久不愈的伤口上用酒精棉花球不停地擦拭，那些回忆使我的心感到一阵阵痛楚，却怎么也洗不掉埋在心上的那份歉疚。人生就是这样的，一把尖刀掷过来，又一支暗箭穿过去，多少人就是在刀与箭的夹缝中间小心翼翼地走过来了，到了最后，很难说清他得到过什么、失去了什么。我常想起三十多年前那个黑脸的红卫兵，如果他看到我那篇回忆[①]，他会不会用他所习惯的粗鄙语言詈骂几句，懊恼当初怎么没有从我这个受难者的嘴里掏出如此值得革命者口诛笔伐的、充满小资情调的"交代"？！

　　一九七七年四月二十五日，巴金先生楼上的书房和书橱打开了，封条一条条撕下来，"四人帮"加在巴金头上的荒谬结

---

① 指《梦李林》。

论也终于推翻。不久我又一次来到上海武康路，巴金先生和九姐、瑞珏三人热情地接待着我，聊了一阵之后，巴金先生上了楼，然后吩咐瑞珏招呼我到楼上书房去坐坐。我上了楼，有十几年没踏上这个楼梯了，一切对我并不陌生，只是萧珊那个热情的女主人不见踪影，整个楼上显得那样空旷、冷清！

我坐在巴金先生对面，坐得很近，可以算是难得的一次促膝谈心。我说："我常想幸亏大李先生①早去世了，不然他才受不了'文革'时那种羞辱，他会自杀的。"巴金想了一下，用他浓重的四川话慢吞吞地说："三哥不会的，他不会自杀。"他停了一下，忽然肯定地说："我也不会。"我突然想起我哥②，他坐了四年多牢狱，到一九七二年春天才放出来。我说："我哥也不会。"说过了，我又想流泪，我的心上掠过我们那些人所走过的苦难历程。我又说："我当然也不会，那些年自杀就叫'畏罪自杀'，真的受不了。寻死，谁知道哪年才给平反，儿女要受罪的！"

晚上，我在黄裳家。在朋友的小书房里同老朋友谈心是最好的享受。我对他说起白天我在巴先生书房（我和黄裳习惯背后称巴金为"巴先生"）说起他的已故老师。他问我："巴先生真说李尧林不会自杀？"我说："他说不会，我想是有道理

---

① 即李尧林先生。
② 即杨宪益先生。杨宪益先生有诗云："忆昔当年八角楼，牢房枯坐四春秋。"

的，我们这种性格的人都不会轻易自杀。"黄裳微笑说："我也不会。"我们仿佛在谈一个有趣的话题，谈得很轻松。

然后我们又捡起另一个沉重的话题：那个上海有名的墓园——虹桥公墓——已不复存在。用大理石制成的那本打开的大书，上面刻着："我的心在这里找到了真正的家。"这是俄国作家冈察洛夫的名著《悬崖》中的话，最终也被敲碎铲平，漂泊一生的李先生到末了还是失去了他"真正的家"。我说："黄裳，你还存着五十年代在李先生墓碑前你拍下来的照片么？我那两张早已经化成灰了！"他沉默。

又有一次谈话，到现在大概有十几年了。巴金先生端坐在他的大藤椅上，在他的封闭阳台。上午的阳光透过玻璃窗洒遍这个也算是小书房的小屋，非常温暖，舒服，令人放松，想谈一些天南海北的事。我坐在他对面的椅子上，聊这聊那，话题自然又转到了他的三哥。我说："真奇怪，难道大李先生就没恋爱过？"巴金想了想说："他读大学时，认识一个同学的妹妹，那个女孩子喜欢他，可是家里订过婚。那个女孩子后来自己解除婚约，我哥哥还是拒绝了。他就是这样的人。后来女孩子跟别人结婚时，我哥哥送了礼。他心里到底怎么想，也没跟我说。"过了一会，巴金先生又说，"你可以写他。我前几年应该多写写他的，只写了一篇①。现在写字困难了。"他脸上浮现出怅惘的神情，又叨念着："你可以写他嘛！"我说："我

---

① 即《我的哥哥李尧林》。

是一直想写，可是觉得不好写。"我们都沉默下来，接着他又说："你可以写。"

现在我终于写出了《梦李林》，不管我的文字多么拙劣，多么杂乱无章，但总算完成了多年来埋在心底的一个心愿。可惜巴先生这几年躺在病床上，已经无力听小林为他念"杨阿姨"的文稿了，而过去我所写的悼念沈从文先生的《昏黄微明的灯》和写老友黄裳的《沉默的墙》都要经过他认可才在《收获》上发表的。巴金先生已经不可能再看到我在纸上一次又一次地向他倾诉那些荒诞的思念了！

李先生同我在天津通信时不止一次在信上感叹着："什么都是irony of life！"等我到了中年，我才逐渐理解他是被四川老家的经济负担压得太重了，他并不甘心命运的嘲弄，一次散步时他又说："我赞成All or nothing。"他苦笑了一下，"对于我，就是一无所有！Nothing！"

在信上他又几次抖落心上的忧郁，开心地写道："我主张happy－go－lucky！"我想他的确也努力做到了人生随遇而安。他所住的南开中学单身男教师宿舍被日本鬼子炸弹炸中了，他带着仅存的很少的衣物，暂时栖身在法租界他的一个姓冯的男生家里。不久接到邻近法租界的英租界耀华中学的聘书，总算安定下来，晚上还必须到别人家做家教、给学生补习英文，这样才能补贴生活所需，因为他还要月月寄钱给四川，他对继母、弟弟、妹妹以及大哥丢下的一家都负有责任。他不愿他最爱的四弟在日夜艰苦的写作中还分担这份责任。

李尧林先生非常热爱生活，而且毕竟那时候他还年轻，他受过教会大学[①]的教育，除了勤奋读书外（为此他得了这个大学最高奖赏——一把金钥匙！）他喜欢音乐、拉小提琴（自学）、唱歌、溜冰、打网球、看电影、听音乐会……当然由于经济原因，他也不可能十分尽兴。后来他又开始迷上唱片了，这还是由于冯家本来有些唱片，我正好也是第一次自己去买了三张红心唱片，一张是Beniamino Gigli唱的拿坡里歌曲，一张是John McCormack唱的抒情歌曲《梦之门》，还有一张是女高音Galli Cuci的《夜莺曲》。这勾起了他对唱片的兴趣，我们散步时聊天往往是谈论唱片。他说，有月光的时候，一个人点一支烟，打开唱机，听一支曲子，那多美！他还为我将J.M.的那首《梦之门》的歌词记下来。这张纸在我手边留到今天已经六十六年，可以想象它已经发黄变脆了！

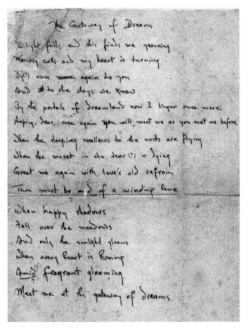

杨苡女士保存下来的李尧林英文手迹

① 即燕京大学。

在我离开天津之后，他更沉浸在唱片中了，说是买了不少唱片。过了几十年，我在武康路巴金先生的家里还看见过那些唱片本，可惜早已失去了它们的主人。听音乐是他在工作时和病中唯一可以安慰他的伴侣，但是等到他再没有能力花钱去听上海工部局的星期音乐会时，到了后来他又病重到已经没有力气再站起来打开唱机，听他心爱的唱片时，这些唱片只能尘封半个世纪以上！

李先生虽然酷爱音乐，也不是每一种乐器他都喜欢，我记得他对我说他不喜欢吹口琴，他说："像啃馒头！"说罢大笑。于是我也不再"研究"口琴，虽然我买过两册精装的《口琴吹奏法》。

李先生也不喜欢川剧，他说不好听。可能是离开家太久了，他早已不想家，只认为他应该代替自杀的大哥担负起养家的责任。他喜欢新鲜事物，是属于外面的世界的。谈到过去，他笑起来，他说："我也没有'琴'，那是四弟编造的。他自己也没有'鸣凤'。"我马上接过话题，坦率地告诉他："我小时候家里有三个丫头有一个叫来凤，是归我母亲管的，她也喜欢一个四少爷，是我八叔家的堂哥。来凤也有故事，不是我编造的。"

一九三八年一个晚上，我和同学约李先生去溜冰场，那时还在正月，溜冰场还在开放，我们都知道李先生溜冰特棒，都想跟着他一块溜冰。李先生带我们滑了一圈后，自己忍不住要"过瘾"了，便独自在溜冰的俊男靓女中间，随着强烈的"冰上圆舞曲"，在音乐声中大显身手。我们傻傻地盯着他，羡慕

溜冰场上的李尧林

地说："李先生多帅！"过了一会，他娴熟地滑过来，带着我们滑最简单的步子，然后在一个角落停下聊天，几分钟后他又一个人去滑他的"花样"——倒滑，侧滑，外滑转圈……悠然自得。当他突然又来到我们面前时，倒使我吃了一惊。李先生笑着说："站着不动要受凉的。"说着就把我带跑，我知道我和同学那种像散步似的慢慢绕着溜冰场溜冰，在他是太不"过瘾"了。

……

我想起那张古老的照片，这张照片里的人物都穿着古老的服装——四个兄弟都穿着长衫和马褂，只有小弟济生的长袍外套着当时算是时兴的小马甲。我在不同的集子中见过，好像李尧林先生也曾给我看过照相簿，不无骄傲地展示他们兄弟五人。这是一九二三年巴金先生和他三哥离家之前同继母及兄弟们在照相馆照的。姐妹们就没有参加。前排是继母端坐在大椅子上，她的亲生小儿子李尧集（即李济生，笔名纪申）站在她身旁，小小的左手摆在椅子的扶手上。后面站了一排：从左到右是五弟尧椽（即李采臣，大排行十四弟），大哥李尧枚，三哥李尧林以及四弟巴金。

　　李尧林先生在偏过身子望着他的四弟。我可以想象照相师兴致勃勃地指挥着五兄弟一个个站好之后，叫大家别动，刚要用右手使劲按一下他抓住的"小皮球"时（我们小时对古老的西洋照相机挂着的那只神奇的两头尖、椭圆的橡皮球，虽知是按一下便是照了相，还是称它为"小皮球"），照相师没想到那位个子最高的"少爷"忽然向左转身，满不在乎地望着他那正正经经对着照相机镜头的四弟。而比他稍矮的大哥在这关键

李尧林（右二）和巴金（右一）离开四川前与继母和兄弟们的合影，后排右三为李尧枚

时刻也不得不用他那双忧郁的大眼睛偷瞟一下他这两个最亲爱的弟弟，他也不明白三弟为什么这样"捣乱"。

这的确是一张很有纪念价值、有意义的珍贵照片，我每次看到李先生对他四弟的沉思神情，就会想起六十多年前他在溜冰场上说起他最喜欢四弟。

李先生说，他的四弟勤奋用功，从小有抱负，他才有前途。他说四弟有他的信仰，他愿为信仰献身，然后他用英文说：

"I'm proud of him！"

但是他又说了一句英文，让我终生难忘。

他说："I don't want to be famous by my brother, and if I would, I want to be by myself！"（我不愿靠我弟弟有名气，如果我想要，我要靠我自己！）

我知道人家背后总是说：李尧林是巴金的哥哥，甚至于加在他头上的头衔就是"巴金的哥哥"，以致但凡大家提起李先生，总要说，他是巴金的哥哥，这多少伤害了他的自尊。

他笑起来，又用中文说："四弟比我用功，他总是不停地写，我也不愿意他操心别的事。"他说，"每个人都有他自己的路。"……

如今巴金先生躺在病床上好几年了，在他还能写信时，他曾写信对我说，他后悔没有多写写他的三哥。的确他有那么多的往事要写，他真想用笔告诉他的读者：他有一个多么好的三哥，但是帕金森症夺去了他的笔！其实当年李尧林先生也有不少话要说，他并不想死，只是没有钱看病，一点点受凉感冒拖下去成了肋膜炎，再拖下去由于营养不良成了结核！在病重之际，他也只能对他四弟叹息着："有多少话要说，来不及了！"

现在我们这些好做梦的人已经一个个老去，喜欢说梦的人也一个个沉默地走了。都到了碎梦难拾的年龄，支离破碎的回忆也挡不住那些枯黄的败叶纷纷落下化入泥土！我也应该从梦中走出，等待有一天关上我的门。然而，如果人死后有灵魂，如果我这个不用功的学生又在"梦之门"和老师相逢，他会不会笑着对我说：

"现在你该懂得irony of life了，我们这些人注定要受命运的嘲弄，这也就是irony of fate！"

李健吾先生在一九四五年李尧林先生去世后立即写了《挽三哥》，他说："去了也好，对于这样清贞自守的君子，尘世真是太重了些，太浊了些，太窒息了些。"他最后又说，"这个书生是我们几年来看到的仅有的一位君子人。他不高傲，但是孤洁两个字送给他当之无愧，恐怕也就是只有他最最相宜。这真不易、太不易了。"

这是对李尧林先生最正确的评价，写得好！

二〇〇四年三月三十一日完稿

淡泊李林

——《李林译文集》后记

◆ 杨 苡

六十年前，十一月二十二日，在上海虹桥疗养院，李先生再也无力挣脱死亡的罗网，终于罗网落下，一片无尽的黑暗，淡泊一生的李先生永远闭上了他闪着睿智的眼睛！……

没有留下半句遗言，只丢下一声轻微的叹息便离开了这冰冷冰冷的人世间！谁也不知道他最后想些什么，是想着他还没有译完的《莫洛博士岛》？是想着他那早已弃世的大哥所留下的一家老小？是想起他一生最看重的学生情谊和无奈舍去的短暂爱情？还是思念着他最心爱的四弟好不容易从千里迢迢的重庆赶来照顾他，却只相聚不到一个月？他曾在病床上对四弟感叹着：有多少话要说，却来不及了！

那天清晨，他的四弟巴金接到通知病危的电话，匆匆赶到医院却只看到白床单已完全盖上了他的全身，四弟不愿接受这残酷的事实，掀开了盖在脸上的白布，却没想到仅仅分别一夜，他最敬爱的三哥的脸却变得毫无血色，三哥的眼睛再也不会充满爱怜地望着他那久别重逢的亲人了！巴金这一生，每想起他的三哥，总要责备自己，怎么就没有想到这些年的战乱和

197

不安定的困顿生活早已经把三哥的健康完全拖垮了！

这是一件十分残酷的事，也是六十年来埋在他所有的亲友们的心里一个永远的痛！他不是死于绝症，而是死于原本可以医治的结核病，但由于长期缺医少药，营养不足，漫长的岁月在"孤岛"上的紧张不安中度过，再加上四弟和朋友苦心经营、全心投入的文化生活出版社被封门，留守的四弟好友、散文家陆蠡突然被日本鬼子抓去，下落不明，对待这场搜捕，他只能沉默，忍受着，盼望着，等待着，总算等到抗日战争胜利的日子到来时，弟弟打来电报问他"安否"，他回电说："大病初愈，速回！"那时他以为他会活下来的，而且和四弟在一起，一定会活得很长！……

六十年后，李致、李斧和汪致正策划为李林先生出了一部译文全集，也收集了所有纪念他的文章，只是想纪念他逝世六十周年，也是纪念他一百零二岁诞辰。我们大家想说明的是：李林先生淡泊一生，绝不想成名成家，用他自己的话说："一向不喜欢舞文弄墨"，但当他在上海不能教书时，他也就心甘情愿地埋头译书了，因为他不想浪费时光，他不习惯终日无所事事，他们兄弟三人总想着如何奉献自己。他也从来没忘记过他手中那把金钥匙，那是他在就读燕京大学时校方由于他学习上的优良成绩而奖励他的最好的奖品！

因此即使他弃教从译，他也是勤勤恳恳、认认真真地一字一句推敲，一定要做到文字流畅，不拗口，但要忠实于原著。我们认为在翻译工作上应该达到"信、达、雅"，这一点李林先生是做到了的。

李林先生当年的墓地是他四弟巴金先生亲自设计的：一本大理石制的大书，上面镌刻着他的译著《悬崖》中莱司基的话："我的心在这里找到了真正的家。"大书前的墓碑写着他的名字，书下面起初铺着碎石，两旁栽上小树，后来又铺上白水泥，更显得洁白肃穆，但这一切都在十年浩劫前期被毁，所谓"破四旧"。一个很大的十分清静的墓园沦为一片瓦砾场，而后据说又变成一片菜地！

那场灾难已过去三四十年，李先生最后的一点心血结晶也将问世，我作为他往昔的学生和小友，却不能不幻想着，如果人死后会有灵魂，六十年后李先生若看到这部书的出版，他会不会用他细长的手指抚摸着这书，微笑着说：我不喜欢舞文弄墨，但是我在这里找到了真正的家。

二〇〇五年八月五日

风尘

——记一个可爱的人

◆ 黄　裳

　　少年时的哀乐往往是比现在要真切得多的。当六七年前，那时我是一个十几岁的小孩子，寄宿在一个中学校里边。这几年寄宿生活，在我狭小的记忆中，装点着极美丽的动人的一面。更使人不能忘记的是星期六的晚上（星期日虽然有整天的休息，可是看了第二天的日历，就不免要浮出一种惆怅的心情来）。还记得在星期天的傍晚，从叔父家里回学校去时的情形。在一条小河的岸旁，等候一个伛偻的老人摆渡。一抹斜阳，在浑浊的水面上映起一片金黄。聚集着小渔船上一缕缕的浮起了晚炊的烟火。跳上了摇动不停的渡船，拿一个铜板扔到古老的紫色瓦罐里，发出一声极其清脆的声音。老人一声不响，慢慢的摇起橹。这咿呀的橹声令人感到说不出的惆怅。

　　星期六的下午却一点也没有这样的情绪。几乎每个人都要尽量享受这样的一个下午。坐了人力车到远远的市城去，在商场里边的书摊上消磨一些时间。华灯初上的傍晚，常常是随便到附近的“馆子”里吃一顿晚饭。初冬的北国，已经吹着峻厉的北风，一阵阵卷起黄沙。红油漆的饭馆门窗里，挂着肥肥的填鸭和大大小小各式各样的火锅。高高的站在砧板上的人，用那磨得明亮耀眼的刀切出"飞薄"的羊肉片来，那连了冻结了的白色脂肪的羊肉，在一百支烛的电灯光亮下面，越显出了红白相映的艳丽。这就是出名的羊肉涮锅——北国冬天的名物。

吃过晚饭后走出不大热闹的巷子。那里的灯光是暗淡的，只有几支暗黄色罩满了蛛网的电灯在铁门上边照着。黑暗的角落里钻出一个穿黑色的短衣的人来。

"先生，去看看！新到的女学生！"听了这个就急急的走到巷子外边去。那人还是紧紧的追着，一直到巷口，这里是霓虹灯的世界了。广告字的霓虹灯管里，像是充满了冻结的鲜血，在吹着要刺进皮肤里去似的虎虎的北风中。

跳上人力车，放下前面的棉布帘子，凭他拖到市声远去的黑暗里去。学校是在都市的西南角上，隔开了租界的是一个有着"三不管"的奇怪的地名的地方。当人力车从酒绿灯红的世界中出来投进死静的黑暗中时，听着车夫在迎着北风行进的喘息，格外的发生一种严肃感觉。道路是崎岖不平的；这地方是都市排泄物堆积的地方，在黄土里，时常倾斜的露出棺材的一角。薄薄的几片木板，经过野狗的努力，很容易就被弄开了。这就是一些劳动者的归宿。

从棉布车篷两旁的小窗中远望着渐渐远了的租界（那是笼罩在一阵火样的红光里），××公司高高的尖顶上挂了电灯组成的大字。车子的经过，引起了野狗的噪声，凄厉的，像游丝一样的，飘荡在北风里。坐在摇动的车上，只是想象着宿舍里的温暖空气，紧紧的包在大衣里蜷成一团。

长长的宿舍的走廊，有几个不小的火炉子。一打开装了弹簧的风门，就迎面吹过来一阵暖雾。进了房间以后弄亮电灯，四方的桌子上罩着一层黄沙，这是刮过一下午风沙的成绩，虽然窗子是紧紧的关着，沙子还会从仅够吹进一丝冷风的细缝里飞进来，细细的敷在桌子上面。

桌上有一张柬帖。这是从一个先生那里送来的，说是要我到他家里去谈一下。那时我还保存着一份年轻的心。手里举起了这从先生处送来的请柬时，立刻感到了非常的兴奋。知道这是已经送来一些时候，就赶快带着惊喜的心情跑去。学校里有一排为先生们建筑的小平房，大约有九间的样子，所以叫作"九间房"；这是在隔开一条街的另外一座楼房的下面的。在暗淡的路灯下面跑着的我，心里怦怦的跳动着，这似乎是我记忆中第一次受人的邀请。

我站在一间小小的房子门口。窗子上贴着的纸，已经被日光晒得黄黄的了，屋里的电灯光映出上面一些雨水渍湿的痕迹。我轻轻的敲了门。得到了回答，推门进去看见他穿了黄色的毛线衣在火炉旁边站着。火炉上有一个小小的铝锅子；水正在沸腾，在寂静中很清晰的可以听出火烧得旺了时的噬噬声和锅子里的水的轻微的滚沸声。

"天冷得很呀！礼拜六的晚上，请你们住校的同学来玩一下，吃点梨。"他的口音带着很浓的四川味，说话常常带了轻亮的尾音。他从锅里取出一片片煮好了的梨片，盛在碟子里边，旁边放着几根牙签。

"吃，吃。不要客气。"他用力擦了擦手，两肩稍微有一些上耸，瘦削的脸上笑的时候要凹下去了。他走到旁边去拿火柴点上一支烟。屋子里有两支书架，全满满的装了书，上边贴着纸条"橱内书籍，概不出借"。看了那些从图书馆里借不到的文学书出神的我，这张条子，使我失望，就一直的看着。他似乎也看出来了。

"你看在书架上贴着的这种条子，太不客气了罢，教员借书给学生真是讨厌的事情，往往收不回来。就是收回来也旧得不像样子了，你要借可以拿去，不要紧的。"从圆形眼镜后边露出微笑。我终于拣了两本小书回去了。记得里边有一本是《我们的六月》，里边有一张纸印的山水画的，很可爱，后来印的就没有这一张图了。

他和别的一些先生们是很有些不同的。有时候他和我们在一起包饭。我们都还是小孩子，一桌六个人里五个人都是矮矮的，只坐了他一个穿西装戴眼镜的高高的人。十二点钟开饭以前，饭厅里敲碟子声音一片响，教务主任听见跑来制止时，看见他也拿了筷子在轻轻碰着碟子边，就不好意思的走出去了。菜来了，我们吃得真快，真对不起他，在他没有吃完一碗时，我们早就吃了两三碗了。三盘荤菜也吃得差不多，还剩下一碗豆腐或是白菜。这时我们就拥了他出去散步，说一些笑话算是饭后开胃的东西。

他爱和小孩子一起玩。可是和他的弟弟（那是一个作家）一样，都是抱着独身主义的。回想在那学校里热闹的校刊里有一部分是专门登载"校闻"的。有一个统计，在教员里的独身

203

的人只有他一个。于是我们
就努力替他设想着种种可能
的故事。有一个从美国回来
的华侨女先生，想向他学
习祖国的语言，常一起在外
边散步。那时流行着对他的
故事太多了。可是在一个先
生们合作的英文剧中他是扮
作一个前清的县令的，在审
问着一件婚姻的案子，那女
先生是问题里的人物。县令
出场前，先有几个穿了黑衣
服戴红帽子手执木板的人出

李尧林在《一女三配》中饰演知县的剧照

《一女三配》剧组人员合影，中坐者为李尧林

《一女三配》演员名单

现。我就扮了一个那样的角色，我们出现后一会，台上拉着胡琴里的"小开门"，一个非常好听的调子。他就走出来了，瘦瘦脸，戴了"秋帽"，更显出尖尖的下巴来。戴着一副黑色的墨镜，放下了马蹄袖打着靴子上的灰尘。这一切做得那么像，在十多岁的我们看来是要大笑的，在与他相仿年纪的人看来就会发出会心的微笑来。

他弟弟有时过学校看他。那时学校旁边一些书店里的同一署名的小说就卖光了。拿了去请他介绍经他弟弟签名。这对一些年轻的人，是很可喜的时髦的事情。许多人在那些书里接受了些爱自己爱人类的理想，就常常拿他当作很亲近的人看，觉得他也是和他弟弟一样的人。

学校有一些老式的人做舍监一类的事情，常常会无聊得寻一些事情来做。如果有人常常有新的杂志从外面寄来，或者宿舍里的书架上，多了些新书的时候，那他们就会注意了。虽然不过是二年级的学生。这时被注意得有些愤怒了的人就去找他诉告，他也总是很同情的向教务主任去问问。教务主任自然是随便的答应了一下算数，也拿他来看作天真的小孩一样。

一九三七年的七月初，我才从军训营里回到学校里来，准备着南下。把行李弄好交给旅行社，车票也已经弄到手以后，就在学校里徘徊着消磨剩下的一个下午。好像有一点心灵的预感，对这几年来的游玩之地，突然发生了依恋心情。吃过晚饭以后就独自走到大操场里去。是一个做田径赛场地用的大大的广场，一个人也没有。地上因为好久没有人来，下过几次雨以后，长出青草来了。广场对过的楼上，稀疏的只剩下一两支灯火，墙边有一排木板制的看台，最高的一层正好可以看到墙外边去，外面是一片荒凉地方，冬天是一片风沙，夏天虽然给寥落的几株远林渗上了些青绿颜色，可是也还寂寞荒凉得很。远远是一道"墙子河"堤。我跑上木看台高处去看落日——这是我常看的。一条河堤远远看去只是一堆黄土，大地是那么缺乏变化，满天都是黄黄的一片沙色。赛马会的人在外边遛着马，一阵嘶声随着晚风吹来，就像是空虚的心里给吹走了些什么。

"看日落。多美的日落。"我一回头，又看见了那高高的身子。远远的日头像一个大红球在河堤上浮着。

"今年暑假没有到别的地方去罢？"

"附近都玩过了。回家又太远，所以还是留在学校里。每天打打网球，看看落日，也不坏！"他笑着，可是并没有平常高兴时笑的那种高扬的尾声。

"你就要回了罢！别是叫局势吓怕了。你看我多镇静。非等打起来绝不离开学校。你知道我住在那房子七八年了，不愿意离开呢。"

这时太阳已经全部沉下河堤去了。只还剩下一片紫红色的光彩。我们慢慢走下去在"跑道"上踱着，很少说话，一直到街上满布了灯火。

从朋友的来信里知道，学校被炸的第一颗炸弹是落在他的那间房子上的，就是我在那个冬天的晚上吃过煮梨的房子。那些书大概也都变成灰烬，他倒是预先避开了。海上已经起了秋风，只是没有夹着北国那些风沙；看了布满了灯火的街上的景色，我心里深深的怀念着那一个看日落的傍晚。

一九三九年

黄裳（1919—2012），原名容鼎昌。生于河北井陉煤矿，原籍山东省益都县。作家、翻译家、记者。李尧林在南开中学的学生。

李林先生纪念

◆ 黄　裳

　　李林先生逝世，迄今已是一年。在这一年中，我几次企图执笔写一篇追忆先生的文字，（大约有四五次）都不曾完工，而一经追忆，也往往使我陷入心酸的旧梦中，不克自已。因为他虽然是我的先生，但相待亲切有如家人，而且有许多话是家人中间也不曾谈说的。更能从他那儿得到诲示，往往跑到他的那间排满了书架的屋子里去谈天，一坐就是好半日，在那些日子中，正是上海成为孤岛以后，天日阴晦，心情也同其黯淡，于是这些谈话，就成为不可或缺的生活之一部了。欲有记述，却深苦头绪纷繁，正是"往事如烟"，现在只想从这重重的烟雨中摘取一些闪烁，分别记述。

　　他是一个最好的老师，这在他的学生中大都是这样的感觉着的。最重要的原因是他有着一颗孩子的心，生活在我们一群顽皮者的中间，很缺乏那一种岸然的气色。他和我们一起吃饭，一起玩球，一起唱歌，游戏——上课时也常唱歌或走出去游戏一番的——一起去看电影和溜冰。这使我们觉得很特别，可以亲近。还有个原因，是他没有结婚，也似乎永远不预备结

李尧林在南开中学

婚，而这在当时我们的先生之中，是颇特殊的。

　　他看待学生像自己的小弟弟，而自己却从来不以先生或长辈自居。这情形在学校固然如此，就是离开学校在上海重逢时也还是如此。当他告诉我怎样从日本人的炮火之下逃出学校，穿过东马路走进租界去时，他笑着形容当时的慌张，将草帽放在头边，用以"防御"从旭街那边飞来的机关枪，弯了腰跑过街去。那时他正像一个孩子，忘记了坐在前面的是他的学生。

又谈到了在学校时他被任命为训导员，奉命去注意一个同学的事。那位同学喜欢买些当时风行的杂志和文学书来看，因此就被认为有问题了。他接受了这一个"使命"之后，在训导会议上发了一顿牢骚，以后学校也就不再请他做这种事了。

他喜欢买书，他的小房间里有着满满的几书架的藏书，鲁迅与郭沫若、郁达夫的都有全集，可是他最讨厌出借，在架上贴了小字条，说明概不出借的话。然而我却在那里借过两本书。当时是预备开个玩笑，碰小钉子的，然而却借得了。当那本小的同人杂志《水星》在北京出版时，他在学校贴了两张小广告，他是代订人。学校附近的一家"会友书局"，是他常去的地方。我常常遇见他在虎虎的北风里耸了肩，挟着两本新书报从书店里走回房里去。后来天津陷落，他的书却在天津市场的旧书摊上出现了。朋友买了几本又送给他。他说这时候藏书的兴趣已经减低了。

天津大水，他困在那儿，教两个中学，整日奔忙，缺乏运动，后来来到上海，不做事，索居在一角小楼上面。平时的生活也还是看看电影，买买英文旧书，买买旧唱片。寂寞之至。随了日本人进入租界，他更缺乏了笑容。生活，更忧郁了。他的弟弟朋友有很多都已离开了上海，他于是更寂寞。

在我去看他时，常常谈到过去的事。我却从来不曾问他为什么还不结婚。他也常常笑着摸摸下巴上生出来的短髭说："老了，老了。"我也没有问他的年岁。我怕这些都会刺激他平静的感情。

李尧林赠送黄裳的译著《悬崖》

后来，北方有不少同学到上海来。渐渐地来看他的人多起来了。有两位女同学时常在座上遇到。然而好像也寂寞得很，没有什么话可说，她们继续着这样的访问，他也只是用着平常的方式接待。喝喝茶，谈一些过去的事。这些旧事虽然并无趣味，可是依然有一种引诱的力量使我们接连地重复地谈着。他倒茶给我们时总是用另外的杯子，他自己用一个固定的杯子，他没有说明，我们也默默地接受这事实，并不特别露出什么注意的痕迹来。

一次我陪他到街上去买东西，在那时物价是每日飞跳着的。经过书局，他买了一百多块钱的稿纸，一大包，大约可以写一百多万字的，我帮他拿回家来，他说这是预备用来闭门译书的，预备译冈察洛夫的《阿布莫洛夫》，那时他译的《悬崖》已经出版了。

我也在跑跑旧书摊，遇到俄国小说时总通知他。后来发现，那本《悬崖》的英文原来却并非全译本。他又喜欢库普林、布宁的小说，常说要译两篇出来。

这时Y从天津来沪演戏，请他补习英文，于是我们之间称呼人的时候就有了两位李先生，不过说起来口气是不同的。他也常去看戏，对于台上的笑也微笑着欣赏着。不知如何，他似乎看到了一点什么，跟我说：Y并不算十分美。当时也就笑笑过去了。后来Y在上海大红，被称为"舞台上最美丽的女演员"。我想起当时也是红极一时的被改编为电影的一本美国女作家的小说，开头的两句，形容女主角并不美，但是有使人不易忘记的一种个性的话。

我同他另外一个学生要到内地去，他极赞成。临走时我送他几册小说，其中有布宁的一册，后来他也译出了一篇。他在洪长兴请我们吃涮羊肉饯行。座中全是他的学生，要我代为通知，也约了Y。

那一天天气很好，下午五时，我们乘车子去赴宴。自然也是淡淡的，他劝大家吃点酒，随便吃菜。不知怎样有些拘束，还没有平时我们这些人在一起时的热闹。吃完饭，Y赶着去上戏，我与W到咖啡馆里去吃冰，我们说李先生是个好人，希望回上海以后他已经结婚了。

胜利后久久不得归来。弟弟来信说他大病初愈，精神甚好，极希望能早日回来，再到他家里去谈天，该更有说不完的话，有许多话是只能向他说的，也只能请他告诉我应该怎样做的，然而后来这些成为空想。他故世了。

七月底，离渝飞沪，第二天就到他的故居去看L先生，特别惆怅。"人事已非"，使我更深深地感到了。延到现在，才能拉杂地写这篇小文来做，纪念，心里几乎已经空虚得没有一点说话的兴趣了。

一九四六年

《莫洛博士岛》译后记

◆ 黄　裳

　　在六七年以前，李林先生从天津来到上海。他是我在南开中学时的先生，"七七"变起，我们在天津作别，四年不见，相晤欢然。我就常常找他去谈天。他身体本不甚好，就借此机会闲居养病，平常除了看看电影听听音乐以外，也还常去遛遛书摊，买买英文旧书。后来也翻译一点书作为一种轻闲的工作。他译出了冈察洛夫的《悬崖》，又译出了阿志跋绥夫的《战争》。我记得有一次我陪他到霞飞路上去散步，那时的物价的飞跃，的确与现在并无不同，大家都预备在东西还不会涨价之前多少买一点下来，我们谈着天散着步，想想买点什么好呢？最后他决定去买一批稿纸，大约买了一百多块钱能写百多万字的稿纸，他的干瘦的脸上浮出了笑容，告诉我预备埋头译《阿布洛莫夫》了。我听了也很高兴，觉得他实在是应该做些什么事的。

　　后来我走入内地，又跟他作别。三年之间不通音问，"胜利"光降，却"复员"不成，又在重庆住了半年多。我只在朋友地方听到他的消息，总想不久就可见面，用不到通信致候

213

李尧林

了。不料，我还没有能走掉，他却已经死去了。

这很使我感伤，觉得人世的无常。他还没有做了多少事，还不曾使爱他的人解去心头的憾惜——大家都以为他过去的生活太朴素了，好像只是在"予"而没有"取"的。——就已经死去了。

然而他在他的学生中间留下来的温暖，是永远不会使人忘记的。

他留给读者的，就是这已完和未完的几部译稿。

《莫洛博士岛》也是他的未完的遗译之一，原题《无名岛》，在《科学趣味》上连载，署名杜华，连载到第八章，杂志停刊，他也不曾再译下去。我接受下了续译的工作是去年四月中的事，一直拖到今年一月，才译完，后来又重新校改，到现在才算粗毕。这一年来忙于生活，在种种不如意之中打转，译笔时作时辍，然而我始终不会忘记这一件工作，偷闲执笔，总是抱着严肃的心情。偶尔发现自己的荒疏的错误，就又记起他在考卷上画了红笔的改错，笑着递给我的时候的神情。他并不板面孔，可是在学生却总觉得难为情之至了。我在这里又想起了一件小事。有一次在他的班上上课，我和坐在我前面的同学用小纸条商量着什么事，给他看见了。他不动声色地向我们一望，打起四川味的国语说道："不要传书递简！"就又慢慢地讲他的书去了。我们则大窘。这事一直到现在，还使我极清楚地记得。

现在我还用递上一份考卷的心情，交出了这一本译稿。极惭愧于自己的荒废，预备接受他给打上的红杠子，假使他还能够这样做的话。

翻译的根据是纽约ALFRED.A.KNOPF书店版的《H.G.威尔斯的七本著名的小说》的初版本。在《莫洛博士岛》的一部分的后面，还有威尔斯自己的附注，现在也译在下面：

在一篇发表在一八九五年一月份的《星期六评论报》上题为《莫洛博士解说》的中篇里的要领，包含着这一本小说的重

要的概念。这是这本小说唯一先期发表的部分。而它是经过用
叙述方式整个改写过了的。不用否认，非科学的读者读来也许
会感到奇异。无论整个故事有几分可信之处，怪物——即或是
半人性的怪物的制造在活体解剖的手术中还是有其可能性的。

　　在全书前面，作者还有一篇序。他称自己的这七本小说为
"幻想小说"。他声述他的小说与那位法国的Jules Verne（儒
勒·凡尔纳）的作品并不一样（因为他曾经被称作英国Jules
Verne），他说他自己的小说并不描述"可能的事物"。他又称
这本《莫洛博士岛》为"一种幼稚的不敬的试作"。

　　我不想在这里多说什么外行话。不过作为一个读者，读完
以后，看看那些给改造成为"半人类"的野兽怪物，难免不联
想到别的什么很熟习的事物。拣比较"古旧"一点的来说，希
特拉治下的卐字党里的"英雄"恐怕就很有点相像。而莫洛与
孟高梅立的惴惴的处境也很像希墨二公。威尔斯虽然是在写幻
想小说，然而使人读了居然有亲切的感觉。我想这大概就是他
的作品之异于《七剑十三侠》之流的处所罢？

　　一年以来，我借了翻译的工作来躲过了很多情感上的痛
苦，执笔的时候，心意专注，遂得忘却忧闷于一时，我的一
部分年轻的生命也就这样地消磨了。今全书完成，仅以之纪念
先师李林先生，附带地也使我永远记起自己的这一段时期的生
活。

　　　　　　　　　　　　　一九四八年春四月九日黄裳谨记

先师李林和他弟弟巴金

◆ 黄　裳

一、先师李林及南开温馨记忆

一九四二年前后，先师李林先生从天津移居上海。

我不用"恩师"，因为它不准确也太封建气；也不用"严师"，因为完全不合实际，因为他实在是不同于别的老师，是以亲切和谐对待同学，以"小友"或云"忘年交"的姿态彼此相处的。他出身于"燕京"，自然带来了一些"洋气"，他打网球、听音乐；与同学一样，在食堂吃饭，与同学同桌用餐；他的英语课不循常例，教唱洋歌，带同学走出课堂去"实习"；他有时也批评，如在课堂上发现同学互递字条、不注意听课时，他就缓缓地用带四川味的普通话说道："不要传书递简。"他在校务会议上对"舍监"查房时发现同学读书太杂，企图加以"整顿"时，就站起来反对，保护同学……这许多不合时宜的言行，引起了同事的惊诧，但他我行我素，不以为意。

他喜爱文学，爱藏书，我在他宿舍的书橱里发现了那许多新文学书，但看见玻璃橱门上贴着"概不出借"的字条而露出

失望的神情时，他却要我随便挑，使
我借到了《我们的六月》这样的书。
周末，他把家在外地无处可去的我，
找到他的小小宿舍里玩，用洋油灯煮
梨片吃。当《水星》发刊时，他在学
校里贴了一些字条，征求订户，他自
己则是代理人。他的弟弟巴金的长篇
小说《家》正风行一时，是文坛上新
出现的一位名家，听说到天津来看

一九三五年，南开中学
时的黄裳

他。深想一见，却迟疑地不敢动问。这些是在南开中学度过的
五年读书生活中总是忘不掉的温馨记忆。

李林先生的行踪很快被我打听到了，原来他就住在离我家
不远的霞飞坊里。巴金住在三楼，他去内地后就由李林代为留
守。在上海与老师重逢，知道他怎样从日寇的炮火中逃出"南
开"，不用说，他的宿舍，和那些辛勤收集的新文学出版物也
同样在敌人的炮火中化为灰烬。他逃到租界里在一家熟人家借
居，同时为房东的女孩子补习英文。又遇到多年未有的水灾，
这才到上海来。

李先生一直未婚，过着单身孤寂的生活。我在闲谈中感受
到他在天津冯家寄居时，与听课的女孩子有隐约的情感联系。
我还见过从天津赶来的女孩子的弟弟，一位脸上有着红记的中
学生，一位神情诚挚、不善言辞的青年，在霞飞坊座上，无言
相对。他远道从天津赶来探望，会带来怎样的问候、信息呢？
我这局外人是无从领会的。李先生是一位负责任的正直的人，

从他勉强地殷勤接待远客，在我这个外人在座的情况下没有任何实质性的谈话，只是枯坐相对，我已经从气氛中感到凄恻、寡欢的滋味了。

李先生平时驱遣寂寞的方法是翻译，译冈察洛夫的《悬崖》。给他以支持和鼓励的是文化生活出版社的朋友和他的旧学生们。译笔的精美使话剧演员在录取考试中朗诵一段译文作为"试卷"。李林译的《悬崖》根据的是一个英译简本，出版于孤岛的上海，是文化生活出版社的"译文丛刊"之一。

李先生的活动范围只在居处附近，国泰电影院和兰心剧院，他在前者看电影，后者听音乐。我常常作为陪客同去。兰心是"工部局乐队"的演奏场所，水准不低。他喜欢坐在中排右边座，看电影也是如此。此外，就是逛书摊，买英文旧书。记得我买过一册俄国布宁短篇的英译本送给他，他高兴地说，也许就是他翻译的底本之一。

二、巴金藏书及"尧林图书馆"

在霞飞坊五十九号，在开明书店工作的索非住底层，二楼是客厅，三楼是巴金藏书兼工作室，李先生则住亭子间。有一次他带我参观三楼藏书室，只见整个房间都被排满的书橱占据，书架成排，中间只留下仅能侧身而过的空隙，书橱里全是外文书。据杨人楩说，巴金所藏有关法国大革命的书籍，在远东是数一数二的。巴金这一习惯一直到晚年不改。年纪大了，不能跑书店，索性委托新华书店，每逢新书到货，就为他选出文艺方面的新书送货上门。我就多次看见书店送书光景，书成摞地放在客厅地板上，老人高兴地看着，并不一一翻阅，只是高兴地笑。他说过，这是为"尧林图书馆"买的书，是为纪念李林先生而设计的。

有人说，巴金的藏书中没有线装书。这话说得不十分准确，其实他也有名贵的线装书，如鲁迅、西谛①签名的初版《北平笺谱》，郑振铎编印的《中国版画史图录》，还有西谛主编的《古本戏曲丛刊》，那是几百册一集的大丛书，他预订了全套，虽然至今没有出完。这许多不是线装书是什么？

不过，他对古旧线装书没有好感，也是真的。我从收藏新文学善本书转而收藏线装旧书，是从二十世纪四十年代末开始的。但他从来没有对我表示过反对的意见。那时我去霞飞坊常是提了一大包旧书的，从不敢提进客厅，只放在进门处地板上。陪我逛旧书店的是汪曾祺，却十分看不上旧线装书，常以"明残本"相讥。直至曾祺晚年，为《书香集》撰文，还写了一篇称赏一折八扣书的文章，也含有讥讽版本书的"微意"。有人说曾祺是"最后一位士大夫型文人"，用意不明。要说"琴棋书画"，"琴"或可以"笛"代之，曾祺都是拿手的，只有"书"一门独缺（书当然指书法，这里也可借指书籍），未免"遗憾"。这于他的散文成就，因之而少了些亮色。姑妄言之，以待匡正。

---

① 即郑振铎。

平明出版社初创时，我曾推荐过我的朋友周汝昌的处女作《红楼梦新证》，不被接受。后来文怀沙转给棠棣出版社印行，成为畅销书。

我还有《西厢记与白蛇传》一书，一九五三年由平明出版社印行。一年后再版前，老板李采臣找我商量，拟将附录"祁彪佳《曲品》残稿"部分抽去。我立即同意了。采臣精明强干，是经理部的好手，过去从不过问编辑部事务。这次提出抽换，可能他觉得《曲品》徒然浪费纸张，但事前必然取得巴老同意。"平明"出版方向，以译介西方（包括旧俄）文学作品为主，这些决策，自在意中。但我以为后一书的真价，百分之八十在于《曲品》，它是新发现的关于古典戏曲文献的重要著作，为王国维等所未见。但这和出版社出书方向不同，也是显然的。所以我毫无异议地立即同意了。

巴金还托我向旧书店找过一部线装全套的《绣像小说》，这是最早以杂志形式出版的小说创作丛刊，一套若干册，收集不易，索价不菲。这怕是他向旧书店买的唯一书籍。

此外，我也光荣地为"巴金藏书"中添了两种真正的"古籍"。

一九五六年我曾有滇蜀之游，在重庆，偶过米亭子旧书市，在书摊上捡得两册刻本诗集，翻到册尾校勘人列名处，见有李尧棠名，不禁大喜，知道这是巴金的家集，返沪后以之持赠，巴金也大喜。此《李氏诗词四种》可能刊版已近民国，但只能得之于巴蜀，在江浙则绝不可见者也。

　　二十世纪八十年代，一天在武康路宅谈天，巴老忽然想
到了什么，立起身来走上楼去，脚步轻便，可见身体不错。
移时，捧了一部旧书下来，递给我，问："是不是过去向你借
的？"我接过一看，立即记起，过去谈天时常听他背诵唐诗，
如白傅的《长恨歌》《琵琶行》，随口背出，一字不错。就想
找一部纸白版新字大的唐诗旧本给他随意翻阅，岂不甚好。我
翻看见书上有我的藏印不少，也有一方白文"巴金"小印，就
说："这是送给你闲看的。"这样，他把书收回去了。

　　巴老晚年将藏书分别捐赠各地图书馆，悬想此书必久已捐
出，不意巴老女儿小林整理故居遗物，此书仍在。一日，携以
见过，遂使我得有重展机缘。

　　这是一部明刻本。书名是《批点唐诗正声》十二卷，卷
首大题下双行云"临川桂天祥批点，后学万世德校正"。十
行，二十字。白口单边。前有嘉靖三年春三月十日天水胡缵宗
序。虽有嘉靖序而看刻工风格，已在万历中。《唐诗正声》在
明代是流行甚广的唐诗读本，其普及程度与清代出现的《唐诗
三百首》差不多。其嘉靖原刻楷字本我后来也收得残卷，刊刻
精甚。则此本为翻刻无疑。原书后有我墨书小字一行，知是
一九四九年买得。原书有旧人题跋："唐诗正声四册，内家瞿
留守公之物，余临陈氏批藏之。琴川孙石芝记。"下钤"孙石
芝"（白文方印）等二印。书前有"瞿氏藏书"白文方印。刻
法精旧，不知是南明遗臣瞿式耜旧藏否？瞿氏在常熟为大族，
不敢定也。当时此种明版书，在书肆中无人过问，索价甚廉，
所谓"大明版"者是也。在赠巴老前我又请书肆重装，以咖啡

色绸面为书衣，楚楚可观了。巴老似乎也颇爱重，于卷前加钤"巴金"白文小方印可知。于是此书成为巴金书库中唯一的线装古籍善本，是别有一番意义的。

三、巴金晚年及对我的批评

大约是二十世纪八十年代初，一次在武康路做客，落座未久，巴老手执一册《读书》走来："怎么净写些我也看不懂的东西！"这是少有的对我的严肃批评，给我颇大震撼。

回忆二十世纪七八十年代之交，重新获得发表作品权利以来，我的确写了不少东西。我当时的写作，大体有三个方面：一是写杂文和游记零篇，多发表于《大公园》，荣幸地追随《随想录》之后以"特约稿"的方式出现；二是写较长篇的记人、记游文字，多发表在《收获》上；三是在《读书》上的连载"书林一枝"。

当时拨乱反正，被抄没的藏书，陆续部分地发还，这意想不到的旧物重归，在我是一种大欢喜，也触动了旧有的读书灵感，在写了一些论辩文字之外，也说到有关访书的种种琐事。说的是旧人旧事，但也不老实地隐约地说到零碎感触，表面上看是在抄古书，但自有自己抄的方式、方法。我在"故人书简"中录入钱默存信中语："忽奉惠颁尊集新选，展卷则既有新相知之乐，复有重遇故人之喜。深得苦茶庵法脉，而无其骨董葛藤酸馅诸病，可谓智过其师矣。"默存写信，正如他随意谈天，不可当真。我想这种联想必不只是一人，看见也在抄书，便归之于周作人系统，不知像钱默存，于同中能见其异，不致陷于隔膜。我想巴老的意思也是如此，他鼓励我多写作品，但又不愿我陷入"骸骨迷恋"，这也正是我时时警惕、提醒自己的。

巴老晚年曾写忆郑西谛文，未能完篇。其中透露他对古典文献的看法，值得注意，这是老人思想更成熟、更圆满时达到的境界，不是或人所尊崇的什么"思想者"，是必须刻意分辨，郑重对待的。

二〇一〇年十月七日

"人生不过是场梦"

——追忆三哥李尧林

◆ 纪　申

　　二十年前在读了《随想录之一〇二·我的哥哥李尧林》一文后，曾引起我无限感触，记下过缕缕思怀，不知怎么的未作整理就压存在旧笥中了。那年正是四哥巴金的八十初度，武康路贺客盈门，热闹了一阵子。说来也真快，今又临近他的百岁初度的生日，不也又是三哥的期颐整寿的周年？往事难回首！偶从笥中捡出那未完成的旧稿，重读之下，不免又落入阵阵幽思中。

　　三哥比四哥大一岁多。他俩自幼常在一起，同床共睡，一道走进书房学读，再一同入洋学堂念书，更相偕远离家门赴上海求学。形影相伴，异常亲切。提到四哥必然会联想起三哥。至今四哥还难忘旧时友爱之情，对三哥心存无限的缅怀。那年成都市百花潭公园在建成"慧园"后，曾一再派人来上海向他索求纪念物品，以充实园内专设的纪念馆。他除捐赠了不少他身边的一些实物外，还把保存下来的三哥的遗物几乎全部都送给了他们。他有这样的意愿：让他俩的一些实物回到老家大哥身旁，这样"三兄弟"仍似往昔样相聚在一起。

前些日杨苡在她的怀旧短文里说："怀旧是一种奢侈。"还说，"记忆往往是苦涩的，甚至仍然啮食他们的心。"这话说得真切而深情，不过略嫌伤感了些。这也难怪啊！其实往事里未尝不存在有某些欢乐情趣，记忆中也会出现丝丝甜甜的幸福感。

回想三哥远离家门那年我才六周岁，还是个不谙世事、不大懂得人世间悲欢离别之情的孩子，幼稚的心灵容纳的东西不会太多。何况那时大家庭尚未走到分崩离析的境地，老公馆内依然故我，热闹犹存。好男儿志在四方，远行求学也是好事呀。家人特别花钱从大街上的相馆请来摄影师拍照留念。深印在我记忆里的不单单是现今坊间出售的有关巴金书与画册中那张老照片，那张我们弟兄五人分立在母亲周边，拍于老家外大厅上的背景一抹黑的照片；而是另外的一张：只我们弟兄五人在内院天井里、大哥书房窗前阶沿上照的那张，大哥坐在一架敞开的风琴前，手抚琴键，三哥口吹横笛立于其身侧，我则怀抱一小洋鼓站在琴前，四哥和幺哥（采臣）则分立琴的两端，背景明亮，生动多了，因之至今未忘。

三哥本开朗活泼，吹箫弄笛爱唱歌，会跳绳、踢毽子、拍皮球、做体操，常跟大家一道玩。每当清晨他拿着书本从内厅旁他们的住屋走出，进入隔壁的一道侧门转去花园，在园中漫步朗诵英文。入燕京大学念书后的两年里，寄回家的照片：有头戴红顶子后插花翎的官帽，身着补服（官衣），手捻着悬挂胸前朝珠的剧照；有穿长袍，围脖巾，脚踏冰鞋，飘然起舞的滑冰照。显然在学校里他个性未改，依然是个文艺娱乐的活跃分子。在两大册的蓝色精装大学年刊内也有种种记载。毕业时更以优异成绩，获得了刻有自己名字的"金钥匙"奖。这一切在我的记忆里都留下了美好印象，更引起我对外界的向往与种种遐思。

我刚念高中那年，三哥还从天津分批寄给我《文学季刊》《水星》和《中学生》三种期刊的全套。拆开邮包时真叫我欢喜若狂，多好的三哥！幸福之感油然而生，幻想着弟兄再聚的种种情景。抗战爆发后的第二年天津大水，他不得不逃奔上海，更增加家人的思念，都把希望寄托在民族战争胜利的到来。胜利终于等来了，可是等到的却是他病逝上海的噩息。梦境破碎，希望幻灭，怎不叫人心碎！

一九五〇年的秋末来上海定居后，每逢清明和他的生辰、忌日，我们一家人必然前往虹桥公墓他的墓穴祭扫一番。有时还约了朋友在墓前会餐。见到墓碑下那摊开的大理石书上刻着的："别了，永远别了，我的心在这里找到了真正的家。"心里总不免泛起浓浓的苦涩味。我们各自都有了自己的幸福小家。可他呢，他哪儿有过真正的家啊！为了支撑着那破了产的老家，毅然决然地放弃了自己的欢乐与幸福，默默无所求地独自过着清苦生活，终于耗尽了全部生命之力，寂寞地悄然死去。"找到真正的家"的那句话，也是从他翻译的俄罗斯小说里摘取出来的，刻在墓穴上，只不过是活着的亲人用来安慰自己的哀思罢了。谁又料得到十多年后发起的"文化大革命"不多久，在"破四旧"的号召下，整个虹桥公墓给砸破、铲平了，他安睡的那小小的一穴之地也就此荡然无存。这下子留存

227

学生时代的李尧林

在脑里的穴地没有了，他的"真正的家"也不知去了何方。剩下的只有永远也难以抹掉的浓浓的苦涩记忆，啮食人心的苦涩！

三哥去世后李健吾在《挽三哥》的短文里曾这样写道："他并非不是斗士，我们一直把他看作《家》里面的觉民，随着三弟觉慧打出腐朽的世纪，独自，孤单单一个人，在燕京大学念书，在南开中学教书，以李林的笔名翻译外国杰著，然后，神圣的抗战来了，流落在上海这个闹市，除了六七个朋友外没有朋友，为良心，为民族，守着贫，读着书，做了一个隐士，他没有'琴'，永远也没有那一位鼓舞他向前的表妹，……那是他四弟的制造。巴金在故事里面安排了一点点理想，一点点美丽的幻觉。然而我们的'三哥'一直在寂寞中过活。……物质的享受减到了零，一个原本瘦弱的身体越发的瘦弱了。……我们的'三哥'由于营养不良终于去了……。这个书生是我几年来看到的仅有的一位君子人，他不高傲，但是孤洁两字送给他当之无愧，恐怕也只有他最相宜。这真不易，太不易了。"李致在他的回忆文里表达说："三爸不是什么英雄人物，也没有干什么惊天动地的事情，然而这也是四爸说的他像'一根火柴，给人带来光与热，自己却卑微的毁去'。"

前几天我去看望四哥，来自西安的鞠躬（老友索非之子）也到了医院，我们一道走进病房。我俯身在四哥耳边唤道："四哥，你看谁来了，鞠躬来看你了。"鞠躬也同样在另一旁他耳边说："巴金爷叔，你还记得这个顽皮的孩子吗？我出生那天是你把我妈送进产房的。今天带来一张照片，是早些日子我应邀去瑞典参加诺贝尔科学大奖颁发仪式，我也在大厅内照的相，权作这几年来的工作汇报吧，敬献给你。"这时我心里不禁想到这个年过古稀的脑神经专科院士，少年时他的英语基础，也多亏了那几年同住在霞飞坊五十九号的"三爷叔"的教导啊。

眼下四哥总算活到了整九十九岁了。活得也真不易，经历了多少坎坷、苦难，甚至给赶进了"地狱之门"，沦为"牛鬼"。十年噩梦醒来，他看清了一切。为了国家，为了人民，为了他的读者，更为了履行诺言，要做到言行一致。躺在病床上，动弹不得，讲话无声，又有什么办法？他只能真诚地表示："愿为大家活着。"

三哥早在五十八年前，没留下一句话就走了，只活到四十二岁。他的人生是那么的短暂。在那战争年代的乱世里，想想倒是健吾老兄说得不错："去了也好，对于清贫自守的君子人，尘世真是太重了些，太浊了些，太窒息了些。百无一用是书生。"

最后让我借用三哥生前在课堂上教学生唱的那首美国民歌的最末一句："Live is but a dream！"（人生不过是场梦！）来结束本文吧。

二〇〇三年九月于沪上萦思楼

带来光和热的人

◆ 李　致

　　我的三爸叫李尧林。我从没有见过他，但他却给我留下极为深刻的印象。

　　三爸和四爸，都是我父亲的胞弟。一九二三年，他们抱着追求新生活的热望，毅然离开成都，去南京读书。四爸以后成了作家，笔名叫巴金，抗日战争时期，曾两次回成都住过一些时候。但三爸离家以后，就再没有回来过。

　　我心目中三爸的形象，是从照片上得来的。他穿一身中式长衫，头发梳得很整齐，戴一副圆形的近视眼镜，显得善良温和，文质彬彬。这张照片原由我母亲保存，我长大以后便理所当然地"接管"过来。

　　我很小就知道全家的生活费用主要靠三爸供给。当时，我们家庭成员在成都的一共十一人，其中有继祖母，一个姑姑和一个叔父，我母亲，四个姐姐和我。三爸的汇款，每月按时从天津寄来。我爱在院子外面玩，邮差（现在叫邮递员）送汇款单来，总是我最早发现。汇款偶尔也会有迟到的时候。这首先使继祖母着急，坐卧不安，以致全家笼罩着一种担忧的气氛，

李尧林

连我都不敢过分调皮。

在这种情况下，我更爱在大门口玩——当时，我们家已从童子街搬到金丝街。这可以少惹大人心烦，又能担负起一种"侦察"任务：留心邮差是否到我们家来。如果匆匆从我们家走过，我自然感到失望。要是向我们家走来，不是送一般的信，而是汇款单——

我便接过来就往上屋跑，同时大声喊：

"三爸寄钱回来了！"

这时，我可以不怕大人，也不必拘束了。祖母仔细地看着汇款单，我已经帮她打开抽屉，把图章和印泥找出来。祖母把图章蘸了印泥，总要用口对着图章哈几口气，然后才盖在回帖上。于是，我又挥舞着回帖，飞快地跑出去把它交给邮差。我做这件事十分得意，好像自己也给家里作了一点贡献似的。

这样，家里至少又有一个月的安宁。

抗日战争爆发以后，天津和四川的联系中断。我们家再也接不到三爸的汇款了。无论我在门外等多少次也无济于事。接不到三爸的汇款，全家的生活无着。经过"家庭最高会议"讨论（我们小孩是没有资格参加的），决定一分为二，祖母和母亲各自带着子女回娘家居住。我们搬到北门荣华寺街跟外祖母住在一起，除了靠母亲为别人绘画、刺绣以外，还靠变卖一些旧的衣物维持生活。这是日本帝国主义侵略中国，给我们家庭带来的一个直接影响。

一九四一年和一九四二年，四爸两次回成都，发现家里生活困难，便由他负担一家的生活重担。四爸是作家，没有固定收入。好在这时我的幺爸和大姐先后当了小职员，多少也分担一些。经"家庭最高会议"再次研究，为了节省开支，把已分在两处的家庭又合在一起，搬到东城根下街七十六号居住。

三爸在一九三九年九月从天津到了上海，身体不好。在休养的同时，翻译一些外国文学作品。一九四五年，八年抗战终于胜利了。几个月以后，四爸从重庆回到上海。但年底接到四爸来信，说三爸患病逝世。我们全家都为三爸逝世感到难过。父亲去世时我只有一岁多，毫无印象。三爸去世，使我第一次感到失去亲人的痛苦。

　　我没有和三爸接触过，谈不上对他有所了解。后来读四爸写的文章才知道三爸的情况。三爸先后在东吴大学和燕京大学读书，过着一种苦学生的生活，有时还得担任家庭教师来为自己缴纳学费。他"从不羡慕别人的阔绰，也没有为自己的贫苦发过一句牢骚"。大学毕业后，三爸找到职业，在天津南开中学做英文教员，并给自己的未来订了一些计划，但不幸我父亲去世了，留下一个破碎的家。三爸过去没有向家里要求什么，现在却毅然挑起这副重担，每月按时把自己的大部分薪水寄回家。不用说，他自己的计划完全消失了。正如四爸所说，他像"一只鸟折断了翅膀"，"永远失去高飞的希望了"。就这样过了九年。三爸教书很认真，得到学生真诚的爱戴——以后，我认识了他的学生邢方群、黄裳、黄宗江，也证实了这一点——但家庭的重担使三爸逐渐消瘦，身体也渐渐坏了。他到上海以后，翻译了俄国作家冈察洛夫的小说《悬崖》和其他几本书。因为没有钱，长期不能住进医院。三爸逝世的时候，已经四十多岁，还没有结婚。三爸不是什么英雄人物，也没有干什么惊天动地的事情，然而——这也是四爸说的——他像"一根火柴，给一些人带来光与热，自己却卑微地毁去"。

　　了解三爸的情况以后，我对他十分尊重和热爱。我是身受三爸带来光与热的人之一，不能不对他充满感激。但更重要的是我感到三爸具有为别人幸福而牺牲自己的精神。四爸在我童年时教我："说话要说真话，做人得做好人。"三爸正是有道德、脱离了低级趣味的好人。

　　一九六四年七月，我第一次到上海。四爸问我有什么要求——他曾答应过我到上海陪我玩。我提出到三爸墓地去一次。在一个星期天（二十六日）下午，四爸雇了一辆三轮车，我们两人坐在一起，冒着烈日，到了虹桥公墓。三爸的墓碑很别致，是用大理石制作的图书形状的墓碑，上面刻有他翻译的小说《悬崖》上的一段话："别了，永远别了，我的心在这里找到了真正的家。"四爸不断地弯着腰去拾墓地上的枯草。我默默地站在墓前对三爸——我从没有见面的叔父——表示敬意。当时，我和四个姐姐早参加工作，都结了婚，有了孩子，生活很幸福，但三爸却一个人长眠在这里。我想起四爸说过的一句话："你悄悄地来到这个世界，又悄悄地走了。"眼泪从我眼眶里流出来，一直滴下去。……亲爱的三爸，就让这几滴纯真的泪水，来浇灌您坟上的一两棵小草吧！

　　没隔两年，史无前例的"文化大革命"发生了。当时我在共青团中央工作。一个极愿做我"顶头上司"的同志，抢先和造反派站在一起，根本不顾我家庭的实际情况，赠予我一顶大帽子——"地地道道的地主阶级的孝子贤孙"。以后，再加上其他"罪名"，我被关进"牛棚"。在"牛棚"里面，凡属我自己支配的时间，我一用来学习，二用来回忆。我越讨厌那些一天到晚讲假话、乱整人的人，我就更加怀念三爸这种平凡的、有益于人的好人。一九七三年，我在回干校途中悄悄绕道上海去看四爸，又提到三爸的墓地，但四爸回答说："已经在破'四旧'时被铲平了。"我听了心像刀割似的绞痛，但怕引起四爸难受，便竭力控制住自己的感情，一句话也没有说。我只是想：你们能铲掉三爸在虹桥的墓地，但无论如何也抹不掉三爸在我心中的崇高形象。

十年浩劫早已过去了。不论社会如何发展和变化，我不相信什么"人本来就是自私的"这类鬼话，我期望下一代能具有好的思想。每当晚上，我有机会和孩子聚在一起的时候，我爱讲三爸的故事给他们听。四爸说三爸不愿意惊动别人，但却"播下了爱的种子"。我发现，孩子们已开始了解和尊敬三爷爷了。有一次，刚学步的小外孙在旁边玩，我女儿就对他说：

"等你长大了，给你讲我三爷爷的故事！"

一九八一年十月二十二日

一部旧书一片兄弟情

◆ 李　致

一九七六年四月十二日，我收到四爸巴金的信。信中说："……下月内还要寄出几本书，里面有一部雨果的《九十三年》，是我四二年回成都带走的，书上还有你父亲的图章，让你保存更好些。"

不几天，我果然收到这部书了。

这是两本薄薄的书，上下册。书名叫《法国革命小说九十三年》。作者为嚣俄（即雨果），译者为东亚病夫。竖排，仅有圈点。版权页上印有：中华民国二年（一九一三年）十月发行，印刷所和发行所均为有正书局。定价为大洋六角。正文第一页右中有一圆形蓝色的印章：上面有一排英文LIPSUHIEN，中有一条线，下面有"李卜贤"三字。

李卜贤是我父亲。他名为李尧枚，号卜贤。这本书印证了当年我父亲和三爸李尧林、四爸阅读新书报的事实。四爸的文章中早有描述：

一九四一年，巴金与九妹和李尧枚的五个子女（右一为李致）

我常常说我是"五四"的产儿。五四运动像一声春雷把我从
睡梦中惊醒了。我睁开了眼睛，开始看到了一个崭新的世界。

五四运动发生的时候，报纸上如火如荼的记载，甚至在
我们的表面上平静的家庭生活里敲起了警钟。大哥的被忘记了
的青春也给唤醒了。我那时不过十四岁半，我也跟着大哥、三
哥一起贪婪地读着本地报纸上关于学生运动的北京通讯，以及
后来上海的六三运动的记载。本地报纸上后来还转载了《新青
年》和《每周评论》的文章。这些文章使我们的心非常激动。
我们觉得它们常常在说我们想说而又不会说的话。

当年，三爸四爸还是学生的时候，我父亲已在工作。四爸的文章还说：

大哥设法买全了《新青年》的前五卷。后来他甚至预先存了一两百块钱在华阳书报流通处，每天都要去那里取一些新到的书报回来（大哥工作的地点离那个书铺极近）。当时在成都新的书报很受欢迎，常常供不应求。

我分析，这部《法国革命小说九十三年》，是当年我父亲所购买的新书之一。三爸和四爸在一九二三年离开成都去南京求学。四爸以后去法国留学，并在法国写出他的第一部小说《灭亡》。四爸归国后，我父亲曾在一九二九年去上海看望他，相聚一个多月。当时，三爸毕业于燕京大学，在天津南开中学教书。由于没有解决路费，他们失去了三兄弟团聚的机会。一九三一年，我父亲逝世，给三爸四爸带来极大的痛苦。四爸在离开家乡十八年后，于一九四一年和一九四二年两次回成都，都住在我们家。一九四二年那次住得较长，雨果的《九十三年》，是他"四二年回成都带走的"。这显然是四爸珍惜他和父亲的感情，以此留做纪念的。

在书的首页右下有一个大一些的椭圆形蓝色印章：上面有三排字，第一排是"上海"，第二排是"尧林图书馆"，第三排是"藏书"。在第一页前的译者《评语》上，有四爸用毛笔写的："李卜贤先生捐赠。"

　　我三爸李尧林，用作家李健吾的话来说，是一位"君子人"。我父亲逝世后，他毅然担负起全家十一人的生活费用。为此，他一直过着清贫的生活，甚至没有结婚。抗日战争爆发后，他不愿在天津教书，应四爸之邀到上海，靠翻译书的稿费生活。好不容易抗战胜利了，他却因病离开人世，年仅四十二岁。四爸先后写过两篇怀念他的文章，称赞他像"一根火柴，给一些人带来光与热，自己却卑微地毁去"。为纪念三爸，四爸准备成立一个"尧林图书馆"，并在许多书上盖了"尧林图书馆"的章。《九十三年》便是其中之一。可惜以后由于多种原因，尧林图书馆没有建成。

　　这部书，不仅印证了当年他们读新书追求新思想，同时反映了他们三兄弟的友情。当我看见它上面盖的章和所写的字，心里流淌着一种激情。

　　我在书上加盖了"李致"二字的印章，体现四爸说的"让你保存更好些"的用心。

　　这部书在我这里保存了二十八年。因多次搬家，曾一度找不到下册。二〇〇三年夏天，我女儿找到下册，令我十分高兴。我今年七十有五，难免丢三落四。为保护好这件"文物"，我已把它交给儿子，请他代我复制和保管。

　　为此，我写了这些文字，以作纪念。

二〇〇四年十月十一日

毕生倾注　教学翻译

——读孤岛中李尧林的电影记录

◆ 李　斧

　　巴金先生的故居在清理资料时，发现一个英文笔记本，上面是从一九三九年到一九四四年观看电影的记录。根据年代和文种，大家猜测是李尧林先生的遗物。于是这本笔记的扫描复制本，就被寄给了李尧林当年的挚友杨苡老人。杨先生确认，这本看电影的记录，确为李尧林的笔迹。于是疑团揭开。

　　李尧林先生是巴金先生的三哥（家族大排行，实为亲二哥），两人年龄相差仅一岁多，因此自幼形影不离。在一九二〇年暑假，兄弟两人一起考入了成都外国语专门学校，从补习班读到预科、本科，在那里接连念了两年半的书。一九二三年兄弟两人在大哥的支持下，一起离开在成都的大家庭，乘船远赴上海、南京等地求学。到了一九二五年李尧林考入苏州东吴大学，巴金到南京养病，两人才分开。

　　李尧林先生在东吴大学就读一年后，转入北平燕京大学，主修英文和英文教学两个专业，以优异成绩毕业，获得金钥匙奖。一九三一年李尧林到天津南开中学任英文教师，培养了很多杰出的学生。直到一九三七年七月，日寇轰炸天津，炸毁南开中学单身男教员宿舍，李尧林才离开南开。其后李尧林在耀华女中任教，并借住在学生冯文光先生家中。一九三九年八月天津发生特大洪水，淹没了市区的百分之八十，借宿又变成了不可能。九月李尧林先生离开天津前往上海，与四弟巴金相会。

由于特定的历史环境，李尧林先生在上海孤岛留下来的史料不多，只有巴金、黄裳、鞠躬有少量记述。黄裳生前最后的文章之一《先师李林和他弟弟巴金》写道：

> 李先生平时驱遣寂寞的方法是翻译。译冈察洛夫的《悬崖》。给他以支持和鼓励的是文化生活出版社的朋友和他的旧学生们。译笔的精美使话剧演员在录取考试中朗诵一段译文作为"试卷"。李林译的《悬崖》根据的是一个英译简本，出版于孤岛的上海，是文化生活出版社的《译文丛刊》之一。
>
> 李先生的活动范围只在居处附近，国泰电影院和兰心剧院，他在前者看电影，后者听音乐。我常常作为陪客同去。兰心是工部局乐队的演奏场所，水准不低。他喜欢坐在中排右边座，看电影也是如此。此外，就是逛书摊，买英文旧书。记得我买过一册俄国布宁短篇的英译本送给他，他高兴地说，也许就是他翻译的底本之一。

随着历史渐远，有的记忆也开始模糊了。黄裳先生这篇文章一开始就说："一九四二年前后，先师李（尧）林先生从天津移居上海。"黄裳先生在一九四八年四月写的《<莫洛博士

岛>译后记》也说："在六七年以前，李林先生从天津来到上海。"其实各种史料都证明李尧林是一九三九年九月二十七日中秋节（天津水灾后）到达上海的。

鞠躬院士当时还是中学生，他从少年的视角回顾了同住一寓的"三爷叔"李尧林对他多方面的影响，从中可以看到对音乐的欣赏是李尧林孤岛生活中的重要部分。四弟巴金与李尧林先生在孤岛一起生活了十个月，他回忆道："对工部局交响乐队星期日的演奏会你从来没有缺过席，西洋古典音乐的唱片更是你分不开的伴侣。"

来到敌后孤岛，李尧林一方面疗养那被饥寒劳损了的身体，一方面从事英文文学翻译。短短的几年，他用笔名"李林"翻译了六部名著，包括《悬崖》《无名岛》《战争》《月球旅行》《伊达》《阿列霞》。另外还有两部没有翻译完的作品，一部《莫洛博士岛》，后由他的学生和好友黄裳续译完，共同署名出版；另外一部《阿布洛莫夫》，未竟译稿今佚。

翻译之余，除了听音乐，他看了很多电影。这本电影记录就详细记录着五年左右时间里李尧林所看的电影。

笔者有幸看到这本笔记。封面上有School Exercise Book（学生练习本）、The Wing On Company, Fed. Inc. U.S.A.（美国展翼公司生产）和Series "N"（第N系列)的英文字样。李尧林长期执教中学英文，使用这样的练习本在情理之中。

翻开封面，工整简洁的记录跃然入目，清秀飘逸的笔书令人赞叹。全部笔记共六页，除了阿拉伯数字外，基本都是英文字符。

1939

September
1. Daughters Courageous   Cathay
2. Jesse James   Paris
3. Flight into Nowhere   Metropol
4. Rose of Washington Square   Cathay
5. Dodge City   Grand
6. Three Smart Girls Grow Up   Paris
7. Bachelor Mother   Nanking
8. Midnight   Cathay

October
1. If I Were King   Paris
2. Keep Smiling   Cathay
3. Four Feathers   Nanking
4. Sweethearts   Metropol
5. Juarez   Grand
6. Dark Victory   Paris
7. Made for Each Other   Paris
8. The Three Musketeers   Paris
9. The Man in the Iron Mask Grand
10. When Tomorrow Comes   Nanking
11. Bulldog Drummond's Secret Police Cathay

李尧林的电影观看记录（1939）

第一页正上方是"1939"，然后换行接着"September"，即九月。再换行后接的是用阿拉伯数字按月编号的电影观看记录，每行记录一部，接着数字编号的是影片名，最右方是看该部影片的电影院，每年终统计当年总数。到上海的第一个月，他就看了八部影片；第二个月是十七部；第三、四月各为二十六和二十四部，这样在刚到上海不到四个月的时间里，他就看了七十五部影片。其中四部影片名前，他加了"@"符号，用意未加说明，猜测是提示关注；影片*The Great Waltz*在记录中出现了三次，后两次他在影片名前分别加了"2"和"3"，表明他已经看了第二、三遍。这部影片名直译为《大圆舞曲》或者《大华尔兹》，但是当时熟知的译名则是《翠堤春晓》，是介绍奥地利音乐大师约翰·施特劳斯的美国传记大片。记录中他看第一部影片是在"Cathay（Theatre）"即"富丽宏壮执上海电影院之牛耳，精致舒适集现代科学化之大成"（当时广告语）的国泰大戏院，今为国泰电影院。

接下来是一九四〇年的记录，这一年总共看了一百一十四部电影，平均每月近十部，少则五部，也有多到十三四部的月份。标注"@"的影片有七部，重复观看的影片也继续用数字代表观看次数。从是年八月起，片名前的标注又加了三角（四部）和五星（九部）的标注，其具体用意已不可考。这一年有六部影片看了第二遍。看了第三遍的只有一部：*They Shall Have Music*，当时译为《青少年与音乐》，获当年的奥斯卡金像奖最佳配乐提名。

　　再下来是一九四一年的记录，总共九十四部，平均每个月不到八部。他继续采用了片名前"@"（八部）和遍数标注，六月份也用了两次三角。九月份在*Washington Melodrama*（即《华盛顿剧情》）和*The History is Made At Night*（即《谍网情迷》）前还打了钩。有趣的是四月份开始，他不连续地在电影院后也加了数字，始于Paris巴黎影院"19"，估计是在该家影院看的第十九场影片。接近年底，每场电影后，该影院观看的次数都有记录。截至该年底，国泰居首，为四十六场；Doumer杜美大剧院其次，为四十五场。从十月中旬开始，他又在影片名后加了数字标注，应该是当月的具体日期。从中看到十月二十二日这一天，他看过两部影片。这一年有七部电影看了第二遍，其中包括*Pride and Prejudice*（即名著《傲慢与偏见》）和*Rebecca*（即希区柯克导演的《蝴蝶梦》）。这一年记录上还有他在上海看的唯一的中文电影《家》，是在Astor沪光大剧院看的。

　　一九四二年记录有七十八部，平均每月七部半。标注"@"的有十一部。不过他在这一年第四次观赏了*They Shall Have Music*，这第四次还在记录上打了钩。其他的则有四部电影重复观看，其中*Maytime*（即《五月时光》）他两次观看都加"@"标注。

　　一九四三年记录只有三十六部，平均每月三部。其中下半年加起来不到十部，八月和十月一部没看，记录上打了×。十一月和十二月也都只各有一部。这一年没有在影片前加"@"标注，但是有八部影片前打了钩。这一年他看的非英文片名的

1940

January
1. Intermezzo, A Love Story   Cathay
2. Rio   Nanking
⊘ 3. Intermezzo   Cathay
4. Four Men & a Prayer   G. G.
5. The Housekeeper's Daughter   Nanking
6. The Great Garrick   Doumer
7. Broadway Serenade   Roxy

February
1. Bridal Suite   Roxy
2. The Private Life of Elizabeth & Essex   Cathay
3. Flush Gordon   Doumer
4. Idiot's Delight   G. G.
5. The Rains Came   Grand
6. The Hunchback of Notre Dame   Nanking
7. Tovarich   Paris
8. First Love   Nankin
9. The Shopworn Angel   Uptown
@ 10. The Dawn Patrol   Doumer
11. The Tower of London   Nankin
@ 12. Rose Marie   Doumer

李尧林的电影观看记录（1940）

电影，明显增加，其中五月份他看的法文片Le Million注明没有字幕。全年重复观赏的电影只有一部Teras Bulba（即根据果戈理名著改编的《塔拉斯·布尔巴》）。一九四三年底，李尧林把当年看的三十六场和此前观看的三百六十一场加在一起，记下了"397"这个数字。

一九四四年是记录中的最后一年，只有三场记录。两场是在一月份，其中一场没有字幕的德文片，李尧林把片名译为《天涯海角》。五月份，他看了这一生中最后一场电影Travelling through Asian（即《游历亚洲》），是在杜美大戏院看的第九十五场电影，而此前一月份的两场都是在国泰，使国泰达到八十八场。加上这一年的三场，李尧林在上海孤岛的不到五年里看的电影达到四百场整。

简要分析四百场记录，有三十部电影他加注"@"标记，二十六部电影他加注其他符号（三角、五星、打钩），看过两遍的电影十八部，看过三遍的电影一部即《翠堤春晓》，看过四遍的电影一部即《青少年与音乐》。在李尧林重复观看或加注"@"标记的电影中，与音乐有关的影片居多。其中《翠堤春晓》和《青少年与音乐》更是著名的音乐题材片。减掉重复，他看了三百七十七部不同影片，其中包括一部中文片，那就是与他本人家事有关的影片《家》。

为了增加对孤岛时期李尧林生活的了解，我又翻开了巴金先生的《随想录》。在《我的哥哥李尧林》一书中，巴金先生回忆道："我同他一块儿在上海过了十个月……。一个星期里我们总要一起去三四次电影院。"截至巴金一九四〇年七月上旬离开，李尧林看了一百四十五部电影。按照巴金先生的说法，绝大多数电影是他们兄弟二人一起观看的。可以想象他们二人在一起曾经对这些电影有过多么亲密热烈的交流，所以这本电影记录也见证了他们兄弟的亲情和共同志趣。一九四〇年八月以后李尧林在电影记录中加注了新的符号，虽然不确知其含义，但是我觉得可能是他在为今后与四弟的交流做的提示。

当然，陪同李尧林去国泰电影院观看过电影的还有他当年在南开的得意门生黄裳先生，所以这本电影记录还见证了深厚的师生情谊。

这本电影记录的后期，李尧林观看的电影明显减少。对此，李健吾先生《挽三哥》中的一段回忆可以作为很好的脚注："（沦陷后的租界）生活越来越高，他没有能力维持下去了，然而他不开口，……门也索性不出了……"是日本军国主义剥夺了李尧林观看电影的机会。

人们不禁会问，李尧林怎么会在不到五年中看了四百场电影？是排遣寂寞吗？战争时期，孤岛隔绝了他大多数朋友和亲人；是喜爱音乐吗？与音乐题材有关的电影确实占了很高比例。但是他看的几乎都是英文电影（其他西文片也多有英文字幕），我觉得我找到了更深的答案，这是他在学习。

李尧林先生一生两大事业，中学教师和文学翻译，都与英文紧密相关。在南开等中学，他培养了许多杰出学生，叶笃正、关士聪、申泮文、黄裳、黄宗江、周汝昌等，都名列其中。而且他的教学方式独特，反映出深厚的功底；在上海孤岛，他翻译了多部外国名著，有"名著名译"之美誉，虽然只有七种流传于世，但是涉猎长篇小说、中篇短篇、三幕剧本、科学幻想等多方面。巴金先生写道："他从事翻译只算是'客串'，可是他工作时构思、下笔都非常认真，……他常常为了书中的一字一句，走到我的房间来自己反复念着，并且问起我的意见。译稿有时还要修改抄录几次，才拿出去。"巴金称赞他的译稿"确实是值得一读的"。

为了做好这两大事业，李尧林努力地学习，看电影是其中的一项。他认真观看、认真记录，给我们留下这份珍贵的记录稿！

学英文、教英文、译英文……这似乎是他短短一生中的一条线索。

二〇一八年

追忆李尧林先生

◆ 静　远

经过了这些年的飘摇不定的生活，我又回到北方来了，我常常到那些旧的地方去，完全为了追寻渺小的回忆。

我又到了天津，我到我以前读书的中学去。这里的人走的走了，死的死了。还好，房子还在的，还有一些我们不喜欢的教员，我懒得去看他们。这已经是八九年前读书的地方了。我走上了以前跑过千百遍的楼梯，走过破旧的走廊，走到我们的教室门口——门是锁着的，从木门的板缝口望过去，我看见那个讲台，讲台前面的一排排的桌子和椅子。

所有的记忆全很模糊了。在教员里还深刻地记得的只有两个人，一个是数学教员，工友对我说他已经到开滦去做事；一个是英文教员，就是瘦瘦的李尧林先生。我惘然站在门前，脑子里旋转着那些已经丢掉了的记忆。我默默地离开了学校，在归途上，我一件又一件地想着过去的事。

就在我今天看见的位在第一排的桌子上，九年前，我正听着李先生读英文生字，在默写着。就在这桌子后面，一个乡下孩子，羞怯地有时是骚乱地在听讲，在想念头。如今想起来，教一班高中学生，使他们六十多个人都注意都集中在书本上是一件怎么困难的事，然而那位英文先生是在这样做，而且做到了的。这一级的学生中，有好教养的，有糊里糊涂的，有像我这样愚蠢的，有哼着京戏或下流的别种戏曲的，有"车匪"，专以追逐女学生为能事，还有上课时偷看性史的，李先生一个个在教，一个个在说服。

他很喜欢音乐，记得有一次上课时教室外面军乐队吹打起来了，他停了教书，大家都听。听完了，他说："很好的曲子，就是错了好几个地方。"一年之中，我们从他那里学会了好几个短歌。每一次教给我们短歌，他总是先抄在黑板上，到第二课才教的。

我还记得有一次，学生们上课时嚷着要他教歌，被在隔壁的校长听见了。那个神经质的校长发起怒来，跑过来把我们训了一个钟点，而且逼着我们站着听训。李先生默默地走到窗口去，站在那里。第二课，他对这事一个字也没提。那个广东籍的肺病校长是个矛盾的愚蠢而又官僚化的人物，如今也已死了，我们对他深怀不满，在第二年曾当了他的面对他大大地挑衅过一次，那次他完全在我们这群"暴民"之前屈服了的。

如今想来李先生一定是很孤独的，就他的同事而言，算学先生是个最好的人，同他一样从南开来的，然而是为家累和旧式习俗压瘫了的一个忠忠耿耿的小市民。教务主任是个巧言令色的"科学家"，训育主任是个老道学，娶了一个妖形怪状的女学生为后妻，在马路上走起来两个人相去一丈远。地理先生是吹牛大家，我记得他上课就讲时事，有一次讲"据点"两个字讲了一课，其庸俗可想而知。物理教员以低能著名，每逢他自己做不出的算题，就叫学生上黑板去做，有一次三个学生做出了三个答案，他说三个都对，算物理题目也是"此一是非彼一是非"的。

就在这一个环境里，李先生寂寞地生活着。我上学下学那时天天要往他住的房子外面走过，从他的卧室中除了留声机片的音乐之外，很少听到过别的声音的。我曾经到他的房子里去过一次，所见的也不过是床，书桌，书桌上的试卷，留声机，以及一些必需的东西而已。他的生活就是这样，不获了解，和一些卑俗猥琐的人在一起教书，忧郁地甚至苦闷地生活着。

他和我们也不常在一起，我们这些少年和青年，也很少有健全的，他不愿意有许多人去找他，但是学生们又不喜欢个别地去看他。以我所知，除了两三个同学之外，和他都不接近。然而我们是喜欢他的。

第二年他就没有再教我们，再过了半年，我就走了，同学们也纷纷转学，学校里当然寂寞得多了。

第三年——我是按学年说的，那时我在高中三时，秋天，我们在上海看到他。他说起从天津到上海途中在塘沽曾经被日本宪兵拘去关了一夜，夜里听到用刑的声音。还好的是，他说日本人并没有难为他，否则以他瘦弱的身体，就不免吃亏了，他呵呵地笑起来。

此后我们曾陆续遇到过他好几次。其中有一次是高中毕业那年，天津有同学经过上海南行时所开的一个茶会，他说了不少话，记得好像是说要是德国打胜了仗，那就真是文化浩劫了。

那时我们都太年轻，不能领略他的想法。如今回想起来，当时乱糟糟的局面，做一个亡国的教员的痛苦，对于这个混乱的世界的痛心，在在都可以加强他的寂寞，没有一点愉快可以使他欣欣向荣地发展，体力就在这动乱的世界中消耗着。他的死，就是这样形成的。

又是三年以后了，同学们都走了，只剩下我没有走。一度几乎要做一个安分的工程师了，人家都说我没有变，其实我觉到我变了，而且就要变成更坏，终于大家痛苦之后，决定不顾一切要走。我到李先生那里去见他。我记不清他说了什么，只记得我从没有觉到从他平淡的语调里，可以得到这许多激励，而那一次我得到了。大概说得很零碎，我还曾告诉过他一个很好要的同学的死讯。李先生曾经说到他听到的关于后方的情形，不合理想，甚至连上海所能得到的自由都没有，"但还是应该去的"。他正在吃他很欣赏的食品，用饼干夹了花生酥，并且一再叫我多吃。临走，他送我一张《家》试演的票。

那天晚上，我去看了曹禺的《家》，我看到李先生，他向我的座位这边看，然而他那里有好几个朋友，我没有走近去。散场后就再找不到他了。深夜中走回住处来，日本兵在岗位上站着。我想到要走了，想到走以后在日本人统治下的人们，整夜地不能安睡，我记得很清楚，因为第二天原预备去看李先生的，结果没有能去。不久，我走了。

在重庆听到胜利的消息，感谢一位先生的帮助，在一个极偶然的机会里回来。到上海的第三天，我去看李先生，他正大病初愈，躺在床上。大概是不能多谈的，然而他极高兴，说了许多话。

　　全上海以至全中国的人全笼罩在一种如今早已幻灭了的欣悦热烈希望之中，李先生也是这样的。他说过去这时期内，为了免得当"自警团"站岗，所以一直在女中里教书。这种书是教得很没有意思的，"好的学生大都走了。"他说。他又说译成了一些东西，包括那本《女巫》。我告诉他重庆已出了一种译本了，巴金先生托我带了两本给他。因为生病，他连书都不能看，说预备病好了再看。他说到巴金先生的新夫人，我是一无所知的，只知道巴金先生住在沙坪坝，反而是他，高兴地告诉我许多事，这些年在平常他是从不谈起的。

　　这天他的高兴，真是我从未见过的。他说：不预备再教书了，——实在太累，身体受不了。翻译一点东西，休养休养，过几年再说。他说还想到北平去住。如今这些全成了过去的事了，若是李先生健在，也未必能到北方来，谁能想得到，这年余的日子，是这样消耗过去的呢？

　　这次以后，我好久没有见到他，奔跑在上海和乡下之间，苦恼地过着日子，可是总以为李先生已经好了的。到十一月末，到开明书店去买书，才突然地从一位先生处听到李先生的噩耗，并知道了落葬的日子，我觉到说不出的懊丧、后悔和苦恼。两天之后，我在从殡仪馆到公墓去的路上伴着那具棺木走着，黑色的棺木头上有一行字："李公尧林灵柩。"太阳还是这样的照着，这棺木中躺着的就是那个教我们默书，教我们唱歌的瘦瘦的戴白边眼镜的先生。我像又回到八九年前，又是一个羞怯的乡下孩子。——是的，在李先生面前，我永远是一个羞怯的愚蠢的乡下孩子。我曾跟在他后面走着，如今，又在上海跟着他后面走着，而他已经不知道了。

知道和不知道之间，其实相去并不很远，我应当不觉到很远的，那一个善良的孤独的先生，是还生存在我们心中的。

在墓场上，大家站在一起对填好了的墓地鞠下躬去时，泪满了我的眼眶。告别一个商业化了的中学同学走回家来时，我觉到寂寞凄凉。无论怎样解释，这是离别，这是失去，无可挽回的啊！

如今我又回到北方来了，昔日的同学们都已离开了，堕落了的，灰色的，俗得市侩气的，英雄气概的，和屡屡在苦痛中挣扎支持着不甘掉下去的……一个同学当了小官员了，被他的上司申斥着，无理地责备着，然而仍每天举着一个皮包洋洋自得地摇来摇去。另一个同学前两天还在用充满了猜疑的眼睛看着我们，我们不免常常地想到那个瘦瘦的英文先生，善良而孤独地，不被人了解但也不求人了解地生活着的人。

从昔日的中学回来，又看到巴金先生那篇《纪念我的哥哥》，想到先生去世一年多了，写这篇文字，给离开了我们的先生。

（《文艺春秋》一九四三年第三期）

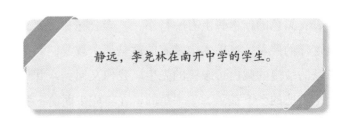

静远，李尧林在南开中学的学生。

英语老师李尧林

◆ 周珏良

......

　　从中学里的另一位老师李尧林先生处我受益就更大。李先生是巴金先生的哥哥，燕京大学毕业生。我在高中一、二年级都跟他学英文，除了必修的英文课外还有一门"英文选读"。李先生教会了我们简式的国际音标，鼓励我们用以英语解释英语的字典（我当时用的是《牛津袖珍字典》），同时给了我们许多泛读的材料。记得有商务印书馆出的一套简写本读物，包括莎士比亚戏剧故事，丁尼生、朗费罗作品故事等，还有一本德国小说家施托姆（Theodor Storm，1817—1888）的《茵梦湖》给我的印象最深。这大概是因为别的几本都是小册子，只有个故事梗概，而这本书一来故事的浪漫气息正合十几岁的孩子口味，二来虽是译文还有些文采，其中吉卜赛女郎歌老师在班上读得津津有味，还把一种译文读给我们听（好像是郭沫若的），真有点闻所未闻了。李先生的教学法也活泼多样，很能引起学生的兴趣。例如他在上课文之前常常读一个小笑话，要我们默写下来，然后口述几个问题，由我们写出答案交上去，

李尧林

由他评阅，他还在班上组织朗诵剧本，曾用过王尔德的《少奶奶的扇子》（*Lady Windermere's Fan*），由学生分担剧本中角色，寓学习于欣赏之中，效果很好。但我所受的这位老师的好处还不止于此。他为人温文尔雅，平易近人，只身一人住在学校教师宿舍，我常到他屋子里去，他书架子上放了许多英文的和中文翻译的书，经常谈起里面的内容，引起了我的兴趣。我也就开始看一些英文翻译的欧洲名著，如莫泊桑短篇小说等。他也常介绍一些和学习语言有关的参考书，如牛津版Vallins著的*ABC of English Usage*就是他要我学会使用的。

……

除了学校，我还利用了别的机会来学习。当时天津有一家英文报纸，叫《华北明星报》（*North China Star*）。有一学期，李尧林先生在班上举行朗读比赛会，我得了第一名，他给我订了一个月的这家报纸做奖品。我看看上面的一些新闻也很能懂，并对上面的一些商品广告发生兴趣，学到不少词汇。后来自己就长期订阅了一份，慢慢地也就习惯读英文时事报刊了。天津有两三家卖外文书、主要是英文书的书店，我在高中二三年级的时候常去翻书。这些书店都是开架的。书籍之外还有许多种杂志，因为去的人很少，所以在那里翻看也没有人来管。原版的外国书价钱很贵，所以我买书时不多，只买过《世界文库》版的《金库诗选》（The Golden Treasury），英译本《共产党宣言》和《怒吼罢中国》，这些书都是一两块钱一本的。还买过几本杂志，如苏联出的《国际文学》（International Literature）英文版和美国的《新群众》（The New Masses），等等，那就更便宜一些了。去这些书店，还有一个好处，可以和里面的店员讲英语，那些店员大多是白俄，英语并不甚高明，我也不怕讲错了，因而可以大胆地讲。除了原版的英文书以外，当时我国的一些出版商也出版过一些英文书籍，如北新书局的英汉对照本小品文选（梁遇春选），诗选和散文选，商务印书馆或中华书局出版的一套戏剧选，这些书我当时都有，不时浏览，既引起我对文学的兴趣，也提高了英语水平。大约在一九三四或一九三五年开明书店出了一套由林语堂编英国著名语音学家琼斯（Daniel Jones）发音的英语发音练习唱片，我父亲买了一套。我在以前虽学过简式国际音标，但没有较系统的发音理论知识。这套唱片附有说明书，简明地阐述了发音原理，读后我初步得到了对英语发音的理性知识。有了这知识再去听唱片并跟着练习又改进了我的英语发音。三十年代上半期我读高中时，开明书店出版了林语堂编的一套英语课本，又出了他的《开明英语法》，我各买了一部。这部语法讲法新颖，举例生动，读起来非常有趣，特别是有一章叫"Fact and Fancy"，专门讲虚拟语气和情态助动词的用法。这两项是英语里很不好掌握的，特别是概念不易搞清楚。林语堂的办法正是从概念着手，先把这个弄清楚了再谈语法上的表达形式。加之他语言清楚，举例既恰当又有趣，读后有豁然开朗的感觉。他这本书和后来读的Otto Jespersen的*Essentials of English Grammar*是我青年时受益最多的两本语法书。要对英语有比较扎实的掌握，对"用法"（usage）也是要下一番功夫才成。前面说过，我中学的老师李尧林先生曾介绍我看Vallins著的*ABC of English Usage*，同时我还有一本更大的书，就是Fowler著的、牛津大学版的*A Dictionary of Modern English Usage*。前一本书篇幅小，词条简明，我曾把整本翻阅一遍，需要用时又把有关词条仔细读过。后一种是一本大书，无法全读，而且内容文字都比较难，在中学时我常常读不太懂，但当时颇有股傻气，不肯放手，不懂再读，这么翻着翻着，从高中到大学，慢慢也就读懂、会用，收获不浅了。上述这类书在当前好像不大时髦，甚至会有人认为颇有"学究气"，我的看法则是，在中国的环境里，如想把英文真正搞好，特别是写的方面，在这类书上下一番功夫是不会白费的。

摘自周珏良的《学习英语五十年》

周珏良（1916—1992）。安徽东至人。比较文学家，翻译家。李尧林在南开中学的学生。

怀念李尧林老师

◆ 周　桓

李尧林老师的家乡在四川，他与作家巴金是兄弟，这是很多南开中学师生所熟知的。我看过燕京大学一九三一年毕业班的纪念册，其中有尧林老师戴着学士帽的照片和班友对他的赞语。一九三一年是难忘的"九一八"事变发生的一年，当年秋天我开始到南开中学读书，入学后第一位讲英语的老师就是李尧林先生，他认真教课，要求严格，记得有一次期中测验，及格同学寥寥，我得了六十九分，在班上就是最高的了。

和老师熟了，就常到他居住的宿舍去。知道他在读书时，由于勤奋努力、劳累过度感染过结核病，虽已工作，还在经常服用鱼肝油，这在当时已经是控制结核病的良药了。他在校孤身一人，工作之余，欢迎同学到他那里去，随随便便的，一点不拘束。记得有一次，讲他在大学念书的事情，说他在毕业时曾得过一把金钥匙，他把挂在表链上的金钥匙给我们看，我贸然地说了一句"送给我吧"，老师说："这可不行。"我也就不再说了。以后我到燕京大学念书，才知道金钥匙之可贵。就我所知：在校四年学习的总成绩均超过七点三分（当时是十级

261

李尧林燕京大学毕业照

分制），才能取得金钥匙，每年毕业生平均总成绩够此标准的寥寥，金钥匙之宝贵主要在此。取得此纪念物，来之不易，当然要珍惜它，终生纪念之物，是不能随便送给别人的。

清清楚楚地记得，抗战前何其芳同志曾在天津南开中学讲语文课，他所撰写的散文集《画梦录》曾得到巴金同志的赞许和重视，并获奖，就是经过李尧林老师推荐的。何其芳同志是当代著名作家，他的作品和品德为我国文学界所尊重，冯牧同志在《人民日报》曾有专篇介绍何其芳同志的著作和为人。

抗战后，南开中学关闭，尧林老师一度在天津耀华中学任教，不久离津去沪，病逝于上海。一九三八年春，我还见过他，台儿庄的战役给他带来了希望，他说："形势越来越好了。"事隔五十年，李尧林先生的音容仍深印在我的脑中，他是热爱祖国、具有进步思想的好老师。

一九八九年

周桓（1919—），大学历史教师。李尧林在南开中学的学生。

悼念李尧林老师

◆ 徐纪同

一九三一年我考入南开中学初中一年级，教我们班的英文老师是李尧林先生。李老师在燕京大学毕业后就在南开中学教英文。他教高中还教初中。他结合我们初一的水平用英语讲课，讲得生动活泼，教学效果很好。他的板书是手写印刷体，非常美观，很吸引人。上英文课时大都聚精会神地听讲，也都喜欢上英文课。

李老师住在南楼老师宿舍，他平易近人，同学们在学习中遇到困难就去问他，他总是耐心解答，常常留下同学谈心，请同学吃水果。他屋中有很多英文书，业余时间他常翻译一些文学作品。有时他把翻译的英文故事读给我们听，有时把翻译成英文的唐诗读给我们听。有一次我在他屋中看到刚寄来不久的小说《家》，上面写着"给三哥，巴金赠"。这时我才知道他是巴金的三哥。

"七七"事变南开中学惨被日寇炸毁。李老师离开天津到上海从事翻译工作。四十年代病逝于上海。墓是巴金给修建的。墓上有一本大理石的书，书上刻着："我在这里找到了真

正的家。”这是从李尧林翻译的小说《悬崖》（俄国冈察洛夫
著）中摘录下来的。十年动乱中，书、碑和遗骨都找不到了。

岁月悠悠，漫长的半个多世纪过去了。李老师教课的情
景，认真负责的态度，至今仍留在我的记忆中，终生难忘。

一九八九年六月一日

　　徐纪同（1918—），河北雄县人，中学
英文教师。李尧林在南开中学的学生。

李老师单独辅导我学英语

◆ 邢方群

　　时间过去六十四年了，李尧林老师在课余时间教我学英语的情形，我始终忘不掉，并且衷心感激他对我的关怀。

　　那是在一九三九年冬天，我在天津南开中学初中三年级读书。在学校即将放寒假的一天，我们班的英语教师李尧林在快下课时，忽然叫住我，问我寒假回不回家乡（我的家乡是山东蓬莱），我答说不回家。李老师随即说："你如不回家，我可以在假期里辅导你学英语，主要是纠正你的英语发音。"我很意外，又很高兴，马上表示感谢。

　　我少年时在故乡县城读小学，从五年级起开始学英语。当时教英语的老师不大注意发音，也可能他的发音就不标准。因此，我的发音从一开始就带着家乡腔调。比如，常把"ch"读成"z"，把"sh"作"西"。但是我的英语笔试，往往取得好成绩；别的课程，考试成绩也名列前茅；于是有的同学开玩笑，叫我为"圣人"，因为古时山东出过孔子、孟子等圣人，现在我也被算作"圣人"。可能李老师对我有好印象，所以提出要帮我端正英语发音。

265

一九三七年，南开中学时的邢方群

　　寒假开始，我按照李老师的规定，每天下午两点钟到他的宿舍。李老师未结婚，住在南开中学单身教员宿舍。房间面积有十三四平方米，陈设简单，仅有一张单人床，两三把椅子，一张书桌，一个书柜。李老师生活朴素，他每次教我约一小时，然后便去学校的滑冰场滑冰，我有时也去。我知道他是名作家巴金的哥哥，我受巴金作品的思想影响很深，先后读过他的名著《家》《春天里的秋天》和译作《秋天里的春天》。我本想同李老师谈谈巴金的作品，但我为人拘谨，不敢侵占老师的时间，因此失去了同他攀谈的机会。

　　一九三五年暑假，我回到家乡蓬莱。秋季新学期将开始，我从烟台乘船去天津，烟台盛产国光苹果，我买了些带到天津，赠送李老师十几个苹果，表示我对他的感谢！

"七七"事变后，我去了在重庆的南开中学（原名南渝中学），后又到昆明进了西南联合大学。那时巴金的女友、后来成为他夫人的萧珊也在联大读书，她同作家萧乾的夫人王树藏往来较多。从萧珊那里，我知道李老师去了上海，从事文化和翻译工作。

我在高中和大学，课业中都有英文，我的发音比以前有所进步，但有时还带有旧音调。二○○三年春，我所住的公寓旁边有个墨庄外语学校，是业余性质，在晚上教外语，其中就有英语。此时我已八十七岁，去报名时，该校校长感到惊讶，说这是一条新闻，但仍同意我去学习。我学了一个月，语音课已学完，但发音仍有不准确的地方。老师说，年纪老了，语音难改呀！我只好叹息一声："乡音未改两鬓已衰"。这时，我又想起李尧林老师，惭愧自己的嘴太笨，孺子不可教也！

二○○三年五月十九日于北京，SARS泛滥之际

邢方群（1916—2006），原名邢福津，笔名方群。山东蓬莱人。曾任《中国青年》杂志、《工人日报》、《中国老年报》总编辑。李尧林在南开中学的学生。

快乐王子颂
——我的老师李尧林

◆ 黄宗江

　　李尧林是一九三五
年我十四岁上天津南开中
学时的英语老师，巴金叫
他三哥（依大排行。实为
亲二哥）。我那时看过
《家》，就总想在他身上
寻觅二哥觉民的身影。巴
金在"文革"后写的《随
想录》中，有一篇《我的
哥哥李尧林》。开头写
道：

　　"前些时候我接到
《大公园》编者的信，说
香港有读者希望我谈谈
我哥哥李尧林的事情。
在上海、在北京，也有

黄宗江在南开中学

人向我表示过类似的愿望，他们都是我哥哥的学生。我哥哥去世三十七年了，可是今天他们谈论他，还仿佛他活在他们的中间，那些简单、朴素的语言给我唤起许多忘却了的往事……"

巴金在结尾写道："我终于离开了'牛棚'，我要去给三哥扫墓，才发现连虹桥公墓也不存在了。那么我到哪里去找这个从未伤害过任何人的好老师的遗骨呢？得不到回答，我将不停地追问自己。"

又二十年过去了。日前巴金大哥的儿子李致自成都打电话给我，又说起希望他三爸的学生写写。我答："当然要写，一直想写。"我坐定再想：多年来我已经三次写到老师，大致相同，又略有不同，翻找旧文抄录：

多少年来，我总想好好写篇文章来纪念他却难着墨，因为他是那样的平易而又深情，很像其弟巴老对待我辈后生。我们从他们那里学习到的非仅语言文字，且是做人与做学问的道理。仅说他的英语课，就把我们领入了一种可和古人洋人通人，如莎士比亚、马克·吐温等等先贤精神交流的境界。（引自《我的英语老师》，写于一九八六年，又快二十年了。）

我沿着老师的指引，开始阅读原文的莎士比亚、奥尼尔……翻开了罗念生翻译的羊皮手卷似的希腊悲剧，以至那个时代的"现代派"约翰沁孤、梅特灵克、皮兰得娄……（引自我的自述《戏迷传》，一九九〇年写。）

进入二十一世纪，我又写过一篇《我的奶师们》：

有关自己日后从事文字工作的基础是与国文并进的英文。
南开高二就有选读。老师是李尧林，毕业于燕京大学，也是
上课不屑于点名的。他自选的课本是王尔德的《少奶奶的扇
子》，斯帝文生的《宝岛》，还有大仲马的《基度山伯爵》英
文版本。这一切是我日后多少能搞点洋务的基础。我在班上朗
诵基度山老犯逃狱未遂，临终与伯爵话别一节，得吾师盛赞。
这也是日后我从事演剧的一个契机吧。

少年时得老师一语赞许，至老不忘。一九三七年"七七"
事变，日军炸毁南开，师生分手。一九三八年我考入尧林师上

一九三七年天津南开中学高二四组合影。后排右八为李尧林，前排右八为黄宗江

过的燕京大学，上的也是他上的西洋文学系。一九四一年春我弃学至"孤岛"考入"上海剧艺社"。主考是佐临、李健吾、顾仲彝、吴仞之、朱端钧、陈西禾、吴天、洪莫……（我所以在这里要写下我这些位恩师的姓名，是感到这一纸名单或为今日影剧学生所羡，或竟无所知了。）我至今记得

李尧林

清楚，考试中我演了一段当年男生必考的指定选段《日出》中黄省三的"十三块二毛五"，后来听到主考们说是他们见过的最佳"十三块二毛五"，也确是我得意之笔。又有一大败笔，是自选剧目，我编了一段从尧林师以李林笔名翻译的冈察洛夫《悬崖》中摘取的，男主人公自言自语，抱起了昏过去的女主人公。试想这种表演习作在课堂上称为"无实物动作"，空抱起一个女人，实难真切。我终于和张伐一同被录取而成了职业演员。一天在后台卸妆时，尧林师忽然出现。此后只有他来找我，不让我去找他，想是考虑到他的时间或病体吧。但我终于

登堂入室，因为他就住在导演陈西禾的楼上，旧霞飞路上的霞飞坊，巴金在沪时的旧居。我在上海演剧两年，我演的戏，他差不多都看过。当然包括了改编的巴金的《春》与《秋》（我去重庆才演的《家》，我均演大哥觉新）。那时我们可谓过从甚密，但说不出他说过什么了。他虽是教师，却从无所宣教，师生之交淡如水。此淡非冷淡，而是清澈如水。一九四四年底，我离沪赴渝，此一别就此一生再无缘得见了。

如水，如水，我怎能用中文或英文说出此水的源流呢？语言有时是无力的，有时是最有力。我难忘，终生难忘的，是他，是他最早给我讲授过，或仅朗读过英文原版的王尔德的童话《快乐王子》，读到其弟巴金的译文那还是后来的事。那是怎样的一个童话啊！一座金璧辉煌的王子的铜像伫立街头。王子一动难动，却看到了市上、世上的种种疾苦。他让他的朋友，一个常飞来看他的小燕子，把他身上一片片的金叶，一次次分送给他见到的受苦的人。最后他通体凋敝，只剩下了宝石的眼珠。他叫小燕子把他仅存的眼珠带给他从一家窗户里望到的贫病濒危的孩子。小燕子难以劝阻，只得照办。

我架上必有此书，却难寻觅。我记不清细节了，乃电询一位师姐，她也八十多了，还大我两三岁。当年我们都十来岁的时候，便传闻，是暗传非盛传，这小姑娘暗恋我师。如今我问起她这段对她也无比重要的快乐王子的片段。师姐娓娓道来：那小燕子飞回，告诉王子，已把那宝石，那王子最后的眼珠，安放在病孩的妈妈醒来得见的地方。孩子发着高烧。小燕子的翅膀在他身旁轻轻扇着。孩子的烧退了，沉入甜甜睡眠。小燕子告诉王子："这倒是很奇怪的，虽然天气冷，我却觉得很暖。"小燕子力竭，倒在王子脚下。

我自己这小小八十年，我的老师给我讲过的小小童话对我的启示，不下于曾经使我感动并行动的宗教的宣讲、政治的宣言。今年是我的老师巴金虚岁百岁生辰，是他的哥哥，我的老师尧林实岁百岁生辰。我想而又想的是我的恩师们传达给我的快乐王子和小燕子的童话，想而又想的是做人做燕均当如是。安息吧，快乐王子们！我的启蒙老师李尧林会肯定我这个复数S是加得对的。

Oh，rest in peace, happy princes!

二〇〇三年六月

黄宗江（1921—2010），生于北京，祖籍浙江瑞安。著名剧作家、表演艺术家、作家、文艺评论家。李尧林在南开中学的学生。

深切怀念名师李尧林先生

◆ 申泮文

　　在二十世纪三十年代，南开中学拥有许多名师，英语教师尧林先生是其中的佼佼者。他是著名作家巴金的二哥，在巨著《家》《春》《秋》中有他的角色。李老师一表人才、仪容潇洒，是青年学生的崇拜偶像。他文化素质高超，大学教授风度，教学认真负责，尽心尽力给学生打造高品位的文化素养。他在一九三四至一九三五年给高中毕业班开设了高级英文加选课，绝大部分优秀生选了他的课，终身受益。只介绍一件故事：他给学生选讲了英汉对照的杜甫《赠卫八处士》诗。这首诗本来已是脍炙人口的温馨友谊之歌，由北京大学怪杰教授辜鸿铭英译，译文文字贴切，流利爽口，情真意切，也是传世之作。适逢毕业班学生珍惜多年同窗之谊，读了这篇优美诗歌，简直着了迷，争相背诵，几乎成了一九三五班的班歌。五十年后，一九八四年南开中学八十周年校庆日，一九三五班老校友三十人，提前一年返校纪念毕业五十周年。学校特别关照，开辟一批四斋学生宿舍供校友住宿忆旧。夜凉如水，昔日同窗聚首灯下，不约而同地共同凑续起来李老师教的《赠卫八处士》

前排中为校长张伯苓，张右三为李尧林，后排左二为申泮文

英汉对照诗，追忆往昔峥嵘岁月，浮想翩翩。李尧林先生已经作古多年，招魂何处，不胜依依！

附：赠卫八处士

杜甫　著　辜鸿铭　英译

人生不相见	In life, friends seldom are brought near,
动如参与商	Like stars each one shines in its sphere.
今夕复何夕	Tonight, oh! what a happy night!
共此灯烛光	We sit beneath the same candle light.
少壮能几时	Our youth and strength last but a day,
鬓发各已苍	You and I, Oh, Our hairs are grey.
访旧半为鬼	Friends half are in a better land.
惊呼热中肠	With tears we grasp each others hand.

焉知二十载	Twenty more years short after all,
重上君子堂	Again I attend your hall.
惜别君未婚	When we met, you had not a wife,
儿女忽成行	But now you have children, such is life!
怡然敬父执	Beaming they greet their father's chum,
问我来何方	They ask me from where I have come.
问答未及已	Before our say we each have said,
驱儿罗酒浆	The table is already laid.
夜雨剪春韭	Fresh salad from the garden near,
新炊间黄粱	Rice mixed millet frugal cheer.
主称会面难	When shall we meet, it's hard to know,
一举累十觞	And so let the wine freely flow.
十觞亦不醉	The wine I know will do no harm,
感子故意长	My old friend's welcome is so warm.
明日隔山岳	Tomorrow I'll go to the be whirled,
世事两茫茫	Again into the wide wide world.

申泮文（1916—2017），生于吉林永吉（今吉林市），祖籍广东从化。化学家，中国科学院院士。李尧林在南开中学的学生。

276

三爷叔

◆ 鞠 躬

    巴金先生是我父亲索非的朋友。李尧林是巴金先生的三哥。作为晚辈，按上海习惯我称李尧林先生为三爷叔。

    抗战胜利那年，三爷叔因肺结核晚期被送往医院治疗再也没有回来。多少次我独自去虹桥公墓，站在他的墓前，默默地念着他的碑文"别了，永别了。我的心在这里找到了真正的家"，哀思，怀念。在三爷叔墓旁有一座雕有一小天使的墓，我有时也走过去看墓碑上刻的"God be with you till we meet again"，泪涌。

    三爷叔是一九三九年从天津到上海来的，当时巴金先生住在我们家三楼。自我能记事起我们家总有一间房是为巴金先生留的。我睡在二、三楼之间的亭子间，三爷叔来上海后就住在三楼亭子间。太平洋战争爆发后，巴金先生离上海去了大后方，三爷叔搬到三楼，我又回到了三楼亭子间，在楼梯上跳三步就可以站在他的房门口。因为喜欢到三爷叔房里去，而且还不太懂事，虽然我当时已是初高中学生，我可能是骚扰他最多的人。他从来没有露出过不耐烦的脸色，这当然是因为他的涵养，也许也因为他

喜欢我。他比较瘦，
但不弱，实际上他充
满青春活力，还相当
喜欢运动。他常和我
在弄堂里打羽毛球，
也喜爱网球。有一次
他去看网球比赛后对
我说，有一位当时上
海的名手（我不记得
他的姓名了）在对手

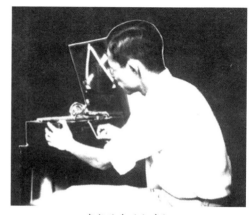

李尧林在放留声机

把球打到他反手位时，跳到正手位猛扣，三爷叔还评论了一番。
当然，以后羽毛球和网球也成了我的爱好。

　　他深爱古典音乐，他的桌上有一台手摇式留声机，因为
我们住的霞飞坊附近有不少白俄开的旧书店，因此淘外文旧
书和旧唱片就成为他喜好的一种活动。我记得三爷叔有一次送
给我一张Rossini的William Tell序曲唱片，我大喜，立即在我家
的留声机上边听边哼，并大声嚷嚷"是三爷叔送我的"。在霞
飞坊附近，约五分钟步行距离，有一座兰心剧场，常举办音乐
会，三爷叔常去欣赏。票价肯定不菲，对一位穷中学教师，每
次大概都得咬咬牙。他带我去听过一次音乐会，有位男高音颇
受听众欢迎，当一位女中音唱皮才的歌剧《卡门》中的哈巴涅
拉（habanera）一曲时，这位男高音玩了个噱头，突然从后台
冒出了两句伴唱，赢得了满场喝彩。三爷叔在天津时有一位学
生，是位男高音歌唱家，叫沈湘，后来到了上海圣约翰大学。

有一次他在圣约翰大学举行个人演唱会，三爷叔还带我去听。沈湘有时来霞飞坊探望三爷叔，有一次三爷叔告诉我，他想请沈湘用唱片做伴奏唱一曲，他没有同意。三爷叔说看来歌唱家不大愿意在很随便的场合唱歌。三爷叔歌唱得很好，我有一本 *One Hundred and One Best Songs* 是三爷叔送给我的。我最早的英文歌是从那本书中学的，有时三爷叔还和我一起唱。我对古典音乐的了解很肤浅，家中有一些不多的唱片。我从三爷叔那里听到了更多的乐曲，知道了意大利的卡鲁索（Caruso）、吉利（Gigli）、加利–库尔奇（Galli–Curci）和俄国的夏利亚宾等歌唱家，也许多少还可以分辨出他们的歌声。我从三爷叔那里受到的启蒙深深地扎下了根，至今成为我的嗜好，虽然仍停留在好听音乐不求甚解的水平上。

我最崇敬的是三爷叔的为人。他很注意他的仪表，我想不起他哪一次不是着装整洁、打着领带去上课的，我第一次看到穿皮鞋还要用毡鞋罩的是三爷叔。在我的心目中，三爷叔是我父亲朋友中最翩翩潇洒的，霞飞坊一百多号楼中没有一个配得上和三爷叔比的。直到很多年以后我才逐渐认识到三爷叔的风度源自他的品德，为人正直，尊重他人，处处为他人着想。教我第一次懂得真正的爱是无私而不要求回报的是三爷叔。我记得有一次吃饭的时候，三爷叔呆呆地望着饭菜不动筷子，强忍着泪水心中极其难过。母亲坐在他对面，非常同情地望着他，竭力劝他爱护自己的身体，多少吃一点。他勉强吃了两口，就回到他三楼房间里去了，多少天以后才逐渐恢复了过来。以后母亲告诉我这事的原因：三爷叔在天津南开中学教书时有一位关系很好的学生，他的妹妹和三爷叔彼此感情很深。但她还有一位爱她的男友，因此感情上很矛盾。其实她更爱三爷叔，但三爷叔觉得那位男士比他年轻，处境比他好，如她和那位男士结婚，今后会更幸福，因此再三劝她嫁给那位男士。当时那位男士在美国留学，希望她赴美完婚，她面临痛苦的抉择。她来到上海和三爷叔相会，割舍不断的情！仍然是那份爱，那份劝说，相爱而又为爱而分离！那天三爷叔送别了她深爱的女孩走上赴美的旅程，甘心默默地承受煎熬。我深信如果三爷叔以后得知他心爱的人生活得还比较幸福时（但愿如此）他心中会感到安慰的，毕竟爱一个人但祈她的幸福而别无他求。

我无法用拙笔描写出我所知道的三爷叔。已经过去了一个甲子多了，我也早已步入老年了，但怀念益深，"till we meet again"。

二〇〇五年二月

鞠躬（1929—），生于上海，祖籍安徽绩溪。神经生物学家，中国科学院院士。李尧林的小友。

生动的教学　深刻的教育

◆ 王正尧

　　我是天津南开中学一九三五年高中毕业生。从一九二九年初中入学，在南开中学整整度过了六年。初中入学时有九个组（类似于现在的班级，共四百七十余人），高中毕业时有五个组（共一百四十一人）。这一级后来出了三名院士：申泮文、叶笃正、关士聪。周珏良也是我的同学。高中时申泮文和叶笃正都主修理科，周珏良和我则是主修文科。这期间除了必修的英文课外，我还加选了李尧林先生为高中毕业生开的高级英文选修课。李先生教课生动活泼，丰富有趣。他常常离开讲台，走到学生中。他给学生们讲世界名著，如雨果的《悲惨世界》，还有《茶花女》，另外还记得有《少奶奶的扇子》（Lady Windermere's Fan），学习后我们就写读书报告。他还常常组织学生在课堂上表演英文剧。学生们也都很有兴趣。

　　单身教师们都住在西楼，李先生是在西二楼，中间隔着体育场。南开体育很好，当时学生代表还参加了远东运动会。南开冬季在棒球场搭建约五十米长三十米宽的棚子，作为室内溜冰场，一般每年冬季开一个半月左右。李先生很喜欢运动，特

南开中学南院西楼单身男教师公寓，抗战时期毁于日军战火

别是溜冰。我也很喜欢溜冰，每次都能看见李先生。他总是用同一姿势溜冰：双手背在身后，一下又一下地溜。动作矫健，表情沉思。在冰场上看见我，他总是很高兴。有时候招呼我过去，我们两人互相手搭在肩上，一起溜冰。课外我和他接触最多的时候就是溜冰，所以给我印象最深。

一九三五年我们高中毕业时，学校举行了隆重的庆典。包括连续两个晚上的学生表演。一个晚上演的是曹禺的话剧《新村正》，另一个晚上则是学生们自己排演的四个话剧。其中的英文剧Honesty is the Best Policy就是李先生为我们排演的。当时我很矮小，大概只有双杠那么高。我演孙子，周珏良演爷爷。

我还记得一九三四年李尧林先生的弟弟巴金先生来南开看望李先生。

一九四九年五月二十七日上海解放，我在上海军管会军代表办公室工作。一同工作的有四人，除了我以外还有军代表顾忟遥（后任南京市市长）、秘书韩英和勤务员小高。上班第一天我拿起一本十六开大小的内部刊物，翻开第一页就看见了一个醒目的标题《李尧林同志遇难》，还有李先生的大幅照片。我当时非常难过。这件事我印象很深，几十年都不能忘记。

（笔记者注：李尧林先生是一九四五年病故，他的好友陆蠡先生被日寇逮捕，在狱中英勇不屈，后被日寇杀害。估计这条消息或是对陆蠡先生遇难报道之误，但是王教授对李先生的感情可见一斑）。

二○○六年三月二十八日
（本文由李治墨根据王正尧教授访谈
记录整理并经王教授本人校阅）

王正尧（1918—），笔名白琳、万一。生于浙江桐庐。英语教育家。李尧林在南开中学的学生。

让学生们自由发展

◆ 叶笃正

在南开中学的五年时光给我日后的发展打下了坚实的基础。我从张伯苓校长身上学到了爱国主义，张信鸿、李尧林等先生培养了我对科学和真理的好奇。南开中学锻炼了学生的德育、智育、体育全面发展，学校鼓励学生参加各种社会活动，磨炼了我的意志品质，开阔了眼界，给我一生受用不尽的知识和精神财富。

——南开百年（2004）校庆时叶笃正院士回忆母校（天津《今晚报》）

南开中学是一所很好的学校。南开学生生活非常丰富，除读书以外，演戏、演讲、木工、体育，等等，总之非常liberal（自由化）。表面看起来好像学生们不怎么用功，但是毕业后都很有出息。它培养出了很多了不起的人。还出了两位总理（周恩来和温家宝）、一位副总理（邹家华），院士也很多。

南开给我最大的影响有三点：

毕业于南开中学一九三五班的三位中国科学院院士，左起：叶笃正、申泮文、关士聪

一是培养了学生们的爱国主义。张伯苓校长就是我们的楷模。"七七"事变后，日本人占领了天津。按道理日本人不应该再破坏手中之物，但是日本人轰炸了南开。这就是因为南开师生与日本人的对抗，让他们害怕。

二是培养了我对理科的兴趣。我选择理科就是南开对我的影响，特别是数学老师张信鸿对我的影响。

三是给我打好了英文基础。我虽然选择了理科，可是英文很好，去美国完全没有困难。英文基础就是在南开打下的。这和李尧林老师分不开。李老师教得特别好，对我们很多学生学好英文起了很大作用。

张伯苓校长是一个教育家，对教育的贡献非常大。他办了中学、女中、小学、大学。他团结了很多优秀的教师。教英语的李尧林老师，就是其中很突出的一位。南开有很多老师都教得非常好。初三以上课程很多用英文来教，化学是用英文教。历史老师韩叔信的西洋史也用英文教。数学课（张信鸿）和物理课也教得好。和别的老师比，李老师专门教英文选读，教得特别好，对我们一生所用的英文影响都特别大。

李老师给我们非常深刻的印象就是很潇洒，风度翩翩。

南开有一个总体的特点，不提倡死读书，而是调动学生的积极性，让学生自由发展。这方面李老师发挥得很好，他好像并不特别准备，对学生要求也不是那么严格，所以学生们上课都感觉很好，很轻松。他上课很活泼，大家都感兴趣。对我们来说，他是一个特别特别好的老师。

我的南开同学申泮文曾经回忆李老师教我们的辜鸿铭英译杜甫诗《赠卫八处士》：

……

Tonight，oh！ What a happy night!	今夕复何夕，
We sit beneath the same candle light.	共此灯烛光。
Our youth and strength last but a day，	少壮能几时，
You and I，Oh，Our hairs are grey.	鬓发各已苍。

……

记得有一次，李老师上课迟到了。他风趣地说"I was usually late， today I am later（我通常总是迟到，今天更晚一些）"。不知道为什么，几十年我时常想起这句话。

我至今感激李尧林老师。

二○○六年七月二十八日
（本文由李治墨根据叶笃正院士访
谈记录整理并经叶院士本人校阅）

　　叶笃正（1916—），天津人。气象学家，中国科学院院士。李尧林在南开中学的学生。

李尧林先生教我们唱英文歌

◆ 王之模

李尧林先生是文学大师巴金的二哥，大排行老三，巴金称他三哥，是我上天津南开中学时的英文老师，至今我还记得他教我们唱英文歌的情景。

我今年八十六岁，一九二二年出生于天津，早年住在老城北门里户部街。一九三五年暑假，我从天津私立第二小学（问津书院旧址）毕业考入了我渴望的天津南开中学。初一李尧林教我们英文，初二童仰之老师教我们英文，初三李尧林先生又教我们英文。李尧林先生是四川成都人，燕京大学英文系毕业的高才生。他戴着一副近视眼镜，面庞削瘦，西服笔挺，颇有风度。他对我们要求非常严格，教英文单词从读音到书写一丝不苟。但他没有先生的架子，对我们和蔼可亲，讲课因材施教、活泼生动，教学效果特别好。记得初一的时候，他教我们唱英文歌，至今我还会唱："one little，two little，three little Indians；......ten little Indian boys."（一个、二个、三个印度小孩，......十个印度小孩。）我们在唱英文歌的过程中学会了从"一"到"十"的英文单词，多么有意思啊！初三的时候，李尧林先生还给我们讲英文故事，我记得其中有英国大文豪王尔德（Wilde）的童话《快乐王子》。

以前听先父说，我的先祖是以盐业起家的天津八大家之一的"益德王"。"益德王"的创始人王益斋是我的曾祖父之父。我的曾祖父王奎章、伯祖父王益孙早年都曾热心兴学。王奎章于一九〇一年设王氏家馆，延请后来的爱国教育家张伯苓先生任教。一九〇四年，王氏家馆与严氏（严范孙）家馆合并为敬业中学堂，聘张伯苓先生任堂长。一九〇五年敬业中学堂改称天津私立第一中学堂，一九〇七年改称南开学校。南开学校即南开中学的前身。我的伯祖父王益孙捐银赞助严范孙、张伯苓创办南开中学。所以我家与南开有血脉手足之情。

一九三七年七月，"七七"事变，我刚从南开初中毕业。是年七月三十日母校惨遭日寇轰炸。爱国教育家、天津耀华学校校长赵天麟在该校为南开学生设立"特班"，许多同学到"特班"上课，不少南开教师到耀华任教。听说李尧林老师也一度在耀华中学任教。我记得我的初中毕业证书是在设于耀华的南开中学留守处领的。后来听说，李尧林老师于一九三九年离津去沪，身体一直不好，长期从事翻译工作，于一九四五年在上海病逝，年仅四十二岁。

李尧林先生教我们唱英文歌到现在七十多年过去了。现在我已至耄耋之年，但李先生教我们唱英文歌的情景还历历在目。近日恰逢天津文史馆的张绍祖先生到我家做客，提起这段事情，也使我想起了这支放下了七十多年的英文歌。张绍祖先生对此很感兴趣，也认为很有意义，他请我唱了这支歌，同时为我和这首歌录了音、录了像。我的孩子们虽然已经五十多岁了，可是也很喜欢这支歌，并且跟我学会了这支歌。这些天，我一想起李尧林先生，就不由自主地哼唱起这支英文歌："one little,two little,three little indians；four little,five little,six little indians；seven little,eight little,nine little indians；ten little indian boys."

二〇〇八年三月二十五日

（本文由张绍祖根据王之模先生访谈

记录整理并经王先生之女王景蓉校阅）

王之模（1922—），生于天津，祖籍山西蒲州。水利专家。李尧林在南开中学的学生。

怀念李尧林

◆ 刘 洁

　　读四月四日《老年时报》春秋版张绍祖的文章《李尧林教唱英文歌》后，不由得引起我对李尧林老师无限的怀念。我和张文所提到的王之模一样，同是在一九三五年考入南开中学的，到一九三七年初中毕业，三年的英语课程都是由李尧林担任。回忆当年，由于在小学只有六年级才学英语，又不是主要课程，而且学得稀松平常，所以刚进入中学，对英语课就有畏难情绪。庆幸的是，李老师灵活多变的教学方法、认真负责的教学态度，很快就扭转了这种状况。他从发音和结构上的差异让我们理解中、英文的区别，并且指出，学习英语的基本功，必须掌握大量的英语单词。为了鼓励大家多记住单词，他把全班分成两个组，各组里每个人分别代表一个字母，然后做单词拼读比赛，他作为裁判，每读一个单词，轮到哪个组，该代表那个词中字母的人就依顺序站起来说出那个字母，最后的一个人还要把该词译成中文。求胜心人皆有之，唯恐自己影响集体，课后都积极备课，背诵单词，并且记得很牢靠。最使我不能忘却的是：一次译单词，scorn本应译成"藐视"却念了白字"貌视"，引起哄堂大笑。为此，李老师语重心长地告诫我们，无论是中文还是英文，要养成勤查字典的习惯，丝毫不能马虎；学习是必须严肃认真的，而且要持之以恒。这给了我很大的教训。为了活跃课堂气氛，李老师还教给我们一些外文歌曲，如Home, Sweet home, 等等，并对我们的听、说、读、写，下了很大功夫。这样三年下来，使我们差不多都喜爱上英语课，而且打下了比较扎实的基础。

李先生课余之后的闲暇，很喜欢打网球。每每看他在网球场上挥拍上阵，动作娴熟，潇洒自如，同学们往往围观给他呐喊助威。特别是当我们知道他是著名作家巴金的哥哥后，就喜欢在巴金的小说《家》《春》《秋》故事情节里捕捉他在青少年时的影子。当我们为小说的内容请教他的时候，他却总是笑而不答。平日里，师生之间是很融洽的，他的宿舍里，时常会有不少学生拜访，他从不厌烦，总是热情接待。一九三七年"七七"事变，日寇侵犯，天津沦陷，南开中学被轰炸，李尧林老师一度曾在天津耀华中学任教，时间不久，即转往上海。自此一别，竟成为永别！但在我的心中，恩师的影子却永远不会消失。

抗战期间，我因为从事敌后抗日活动，于一九四〇年被日寇宪兵队逮捕入狱。在那样恶劣的环境条件下，李尧林老师的教导也从没有忘记，英语学习并没有中断，但出狱后考入大学，我却没有学英语专业，而是学经济。之后，又经历多年沧桑和坎坷挫折，等到重回教育界的时候，已近老年。我之仍然敢于教英语课，而且能够胜任，这又不能不感谢李尧林老师当年在南开中学所恩赐给我的良好、扎实基础。我已退休多年，看到报纸上有关李尧林先生的报道，怎能不使我对恩师有无尽的怀念！

二〇〇八年七月十一日天津《老年时报》

刘洁（1923—），又名刘永康。生于福建闽侯（今属福州），祖籍河北大城。大学英语教师。李尧林在南开中学的学生。

两本好书——《李林译文集》

◆ 黄宗英

"黄老，我来看您了。"

我说："我在等你哩，我大哥黄宗江打长途电话来，说你要来，还说你是觉新的孙子。"

"那您还是觉新的梅表妹呢。"

我笑了，接着说："宗江说你叫李虎。"

"不是李虎是李斧，班门弄斧的斧。"

"如今你是李门弄斧，搞电子工程的搞起编辑来。"

我抚摩着他赠我的两本书：《李林译文集》。李林是巴金的三哥李尧林搞翻译时用的笔名。那书的封面是白的，富有时代感的白，是马识途题的书名，但只见清隽的隶书书名，不见马识途的名字，仔细一看，原来题者的名字是凹凸版，看不清，摸得到，匠心独具地保持了书面的整洁典雅。我第一次看到隶书是可以写得如此清隽，文集的"集"字写成——檕。我立即想起老霞飞坊巴金家成排的书架，李尧林和巴金住在一起，那是一九四一年秋。李尧林是我大哥宗江在南开中学的英语老师，底子打得好，所以大哥的英文语调纯正流利，竟然可

一九三五年，李尧林和朋友们在天津公园聚会。（后排自左至右：毕奂午、萧乾、靳以，前排自左至右：何其芳、李尧林、曹禺）

以用"苏州英语"，在美国舞台上与英若诚合演昆曲《十五贯》里的娄阿鼠，蒙师之恩也。李尧林患肺结核，在二十世纪四十年代，这病还是富贵病，在"国破山河在"沦陷的上海，在通货膨胀粒米贵如珠的辰光，在密友被日本宪兵逮捕的日子里，仅靠巴金的稿酬（巴金一生只靠稿酬生活，他不隶属任何单位），和李林偶尔能得的译作酬金，是不可能到海南岛三亚、青岛崂山去享受阳光和空气的，得不到有效的医治和营养可口的肴馔。一九四五年十一月严冬乍冷，李尧林长逝在虹桥疗养院，他只有四十二岁，带着燕京大学毕业时授给他的金钥匙去开启天国之门了。

　　此书得以出版还赖杨苡献出她珍藏的旧作五册。杨苡当年是豆蔻年华的少女，靳以、曹禺、萧乾、毕奂午也都是年轻的帅哥，李尧林的学生周珏良、申泮文、黄宗江都还像高中生，他们朝气勃勃的照片是此书的封底，包裹着年轻的译者李林。"社会关系是个人性格的总和"，诚然也。李林静静地读书、静静地译著，他没妨碍过谁，也没得罪过谁，可是"文革"中，他的坟墓——是他四弟巴金亲自设计的：一本大理石刻大书，上面雕刻着他的译作中的一句话："我的心在这里找到了真正的家。"——李林的"家"也被毁，沦为一片瓦砾场，后来据说又变成一片菜地。

　　四十年过去了，如今，面对文集我们又能到李林"家"里来做客，欣赏他流畅的译笔，把我们带往文学欣赏的乐园。

　　我初见李林时，才十六岁，如果我是十八岁，我一定会暗恋上李林的，可亲可爱的李老师，活在他的亲人、朋友、晚辈和读者的心里。

二〇〇七年十二月二十八日

　　黄宗英（1925—），生于北京，祖籍浙江瑞安。表演艺术家、作家。黄宗江之妹。

零忆集锦

在南开中学，英文老师李林先生给我们读一种"直接法"的课本，而不采用流行的"纳氏文法"之类。在教学思想上恐怕就持着同样的意见。学生不必死死记住一条条文法，只要直接接触作品从而"猜"出语法的规律来。我始终认为这方法是好的，和小儿学语一样，是从观察、实践中摸索出经验来。比先学教条，后付诸实践的方法好得多。但这也有缺点，如果请你走上讲台去作语法分析，就会束手无策，甚至连各种"词"的名称也说不出来，陷入一种"知其然而不知其所以然"的困境。这就是我对语文学家一直抱着敬而远之态度的原因。但只要不做语文教师，有这缺点也没有多大害处。这种习惯的养成，对此后读书生活的影响是大的。没有系统的、扎实的基础训练，只是碰到什么就读什么，随宜吸取营养（当然其中也不免有毒素），这是走向"杂家"而不是培养专家的道路。

黄裳《读书生活杂忆》（《读书》1984年
第4期，总第61期）

与蛰存初识，似在抗战胜利后的一九四六年。当时他与周煦良同编《活时代》，命我投稿。这是一份由上海出版公司出版的短命刊物。今天知道的人怕不多了。此际先师李林先生新殁，留下未完成的译稿有《奥勃洛摩夫》。他本有译冈氏全集的意愿，冈察洛夫的小说不多，另有《平凡的故事》一种，巴金要我来译出，算是继承李林先生遗愿的一点意思。可是原本却难得，后来托蛰存从某大学图书馆借来一册一八九四年版的Garnett夫人的英译本，得以断断续续译成，交文化生活出版社出版，为"译文丛书"之一。原书留在我处很久了，始得归还，真是不好意思。

黄裳《忆施蛰存》（《读书》 2006年第6期）

（黄裳）中学读的是天津南开中学，初中时的国文教师是一位老先生。每到新学期开始，黄裳与同学们喜欢捧一叠粉红纸面的作文簿请先生题签。先生不仅认真签字，还钤印章，很是风雅。高中时，教国文的先生用一口天津腔诵读《桃花扇》，慷慨激越；英文李老师喜欢音乐，常给他们放唱片，教英文歌。他的宿舍里书很多，柜上贴着"此柜书籍概不出借"的字条，但黄裳不属此列。当时，南开中学校门口有三家书店，"五四"以后文学名人的书应有皆有。黄裳知道"男儿须读五车书"，就从父亲寄来的生活费中扣下一部分，用来买书，一次"豪举"以三块银元买了一部《四印斋所刻词》。周氏兄弟的作品是他最喜读的，

还附庸风雅刻了一方"流览所及"的藏书印。南开是名校，校长
是张伯苓，时何其芳等在此执教。梅兰芳等社会名流应邀常来讲
学。恰逢同窗周杲良的父亲周叔弢是有名版本收藏家，《屈原赋
注》便是其家刻本……黄裳对文学、戏剧乃至收藏的兴趣的种子
都是在南开的校园里植下的。

不久，北平发生"一二·九"运动，黄裳随高中部的同学
南下请愿，火车站站长不让上车，改为步行，后被学校派车追
回。黄裳晚年在回忆李尧林先生当时在给同学们上都德《最后
一课》时，仍十分动情，说"音容宛在"，终生难忘。

张昌华《黄裳：书香人和》
（《人物》杂志2002年第8期）

穆旦生于一九一八年，黄裳生于一九一九年。一九二九年，
穆旦考入南开中学。黄裳进入南开中学时间不详，从后来的记述
看，黄裳进入南开中学应该晚于穆旦。李林先生长期在南开中学
担任英语老师，穆旦和黄裳都曾是他的学生。穆旦和黄裳的英文
底子，可以说都是从南开，从李林先生那里打的底子。

《穆旦与黄裳》

巴金来津只有一个目的，那就是探望他的三哥（实际上是亲二哥）。据南开中学校友会秘书长李溥介绍，巴金的三哥李尧林曾经在该校任教，教授英语，但遗憾的是，由于年代久远，而李尧林在二十世纪三十年代末即已南迁，学校里没有留下有关他的详细资料。

但是，据南开中学一九三七届毕业生、原天津第一市政工程公司总工程师、今年已经八十六岁的张雅亭介绍，他读初中的时候，在四班，而李尧林一直教一班的英文，虽然没有直接听过李老师的课，但是对其有些微了解，李老师毕业于燕京大学，读书十分刻苦，曾因劳累过度感染过肺结核。

李老师英语课上得好，对学生要求很严格，他教的学生英文最高分只有六十九分，所以在南开很闻名。张雅亭记得很清楚，李尧林中等身材，喜欢穿西装，戴一副眼镜，是比较典型的书生模样。

马宇彤《巴金春秋情牵挂　南开深处有个家》
（2004年11月3日《城市快报》）

巴金的弟弟回忆他们共同的三哥李尧林。说年轻时候在上海，生活孤寂清贫，就像《家》里面的觉慧。在那个腐朽的年代，读书苟活，为良心为民族，做一个隐士。但他没有可爱的琴表妹——那是小说里制造出来的。他年轻时候有青年知识分子的一点理想，一点幻觉。物质生活减到了零，身躯瘦弱不堪。不是什么英雄人物，他卑微得很，在这样的境况中耗费了全部的生命之力，寂寞悄然地死去，墓碑上刻着"我的心在这里找到了真正的家"。那是从他喜欢的俄罗斯小说中摘取的。谁知道在十年浩劫中，就连坟墓也给红卫兵弃骨扬灰，荡然无存。

在乱世里，是如此短暂苦恼的人生。李健吾对此大有感慨，他说："去了也好，对于清贞自守的君子人，尘世真的是太重了些，太浊了些。"

伍立杨《大梦谁先觉》

（2004年6月25日《中国经济时报》）

一九二三年春天，巴金与三哥李尧林在成都外专读了两年半的书，因为没有中学毕业文凭，学校也不能给他们发毕业证书。于是三哥想出一个主意，和巴金一起到上海去求学。大哥和继母希望他们通过深造以复兴家业，也同意了。这年五月下旬他俩乘船出发往上海。

陈琼芝《百年巴金》第三章《美丽的梦》

《水星》出版后，校园里出现了几张小小的征订广告，通讯地址就在教员宿舍，那是由李林先生代理的。在这《水星》上，我第一次读到卞之琳、何其芳的诗。

梁归智《红学泰斗周汝昌传》

我的英文老师李尧林，他是巴金的（亲）二哥，毕业于燕大，自由之风不下于北大。我在班上用英语表演的基督山伯爵，至今我仍自认为是生平杰作，惜乎课堂外无观众。

黄宗江《我的初恋——我也是爱南开的》

随后，我到了天津。上了南开高中，遇到了我的一位恩师英语老师李尧林，他是李尧棠（即巴金）的三哥。他使我解读了雨果《悲惨世界》里的警句："生命不是取，而是予。"（Life is to give，not to take.）尧林师又使我解读了王尔德的原文《快乐王子》，叙述立在街头的一个王子的铜像，其身上的华丽金片，乃至最后的宝石眼睛，都请一个小燕子啄去，送达了王子伫立街头望到的不幸人家。最后王子只剩下一身破铜烂铁，为王子奔走的小燕子也疲惫地倒在了王子脚下……后来我又见到了巴金的译文。当巴金的《家》出现的时候，我和同班同学黄裳不禁总在尧林老师的身上寻找"觉民"的影子，当然地没寻到什么，或说想象地寻到了许多。后来和巴老通信成集，成为知交的杨苡姐也屡屡提到巴金特喜爱的《快乐王子》和雨果的"取与予"的警句。我师，我姐，我们均可说没什么宗教信仰乃至政治信条，但我们所宗都是斯时斯地以人为本的人本主义、人文主义、人道主义。

二十世纪四十年代初期，我在上海做话剧演员，常去尧林师住的霞飞坊，也就是巴金在上海的旧居。我望着满壁的图书，虽无入庙堂之感，却有得入"陋室"之幸。我是怎样初见巴金本人的，记不得了。只记得已是抗日胜利后的上海，黄裳带我去的，他早就以尧林弟子的身份拜识，巴金已帮他出了不止一本书。

黄宗江《祭吾师巴金》

那是一九四一年初秋吧，我刚到上海。哥哥宗江带我到霞飞路巴金的寓所去看望他当年在南开中学的外语老师李林。可是那时我只有十六岁，和二十出头的哥哥好像相差了一代，只能算是哥哥的"小尾巴"；而哥哥却与年近四十的李林和巴金像是同一代人，他们坐在沙发上谈笑风生。我站在旁边，看着周围的书架里摆满了书，我的感觉是整个房间里除了书还是书。我虽然好奇，也不敢去碰这些书。这说明我那时候确实还太小，也不能理解"大人"们说的话，所以无法参与。李林先生给我的印象是身材很高，面貌秀气，用现在的话就是很帅。

黄宗英回忆李尧林（金爱新记录）

南开最著名的是话剧，每学期都有机会演出，而且是师生同演。三年中我看过的就有《新村正》《一元钱》《五奎桥》《少奶奶的扇子》等，还有一出我忘了名字，是英文的，描写一个知县（应为《一女三配》，编者注）的故事，主演是我的英文老师李尧林。学校还邀请过曹禺演《财狂》，曹禺亲饰吝啬人。邀请过上海旅行剧团演《雷雨》，唐槐秋饰周朴园，唐若青饰鲁妈。

李世瑜《我上中学时的课余活动》

为宣传红军长征的消息，这一时期，许多进步知识分子纷纷以自己的所见所闻宣传红军长征的英勇壮举。其中，章靳以、吴组缃、李尧林等文学艺术界知名人士，在当时由南开中学进步学生创办的左翼文艺团体"野烟社"的刊物《野烟三周报》上，发表了许多揭露黑暗、追求光明的诗歌、散文、小说。"野烟社"是一个自发的进步文艺团体，其后，在"一二·九"运动时期第一批加入中国共产党的南开中学进步学生，曾经都是"野烟社"的社员。

王凯捷《长征与天津》

值得记叙的是母校的英文教学，初中时史丽源、刘百高老师是我们的启蒙人；到高中，夏乐真、顾子范、李尧林、邱汉森（夏威夷华侨）等老师都直接用英语教学，教材选自英美世界名著或者英译小品，他们带读、讲授不厌其烦。高中时已要求写英语作文了。

刘东生、朱之杰《南开生活回忆》

英文老师夏乐真、李尧林、顾子范、史丽源在课堂上完全用英文讲授，不说一句中国话，规定学生也要用英语对话和提问，还要每个学生轮流上台作五分钟演说，这使我们受到了很好的外语训练。我们现在还能听英语广播，看英文报纸、小说和文献，这说明南开中学英语教学的质量是比较高的。

叶笃成、李文大、邱孝域、梁华錩《怀念母校——南开中学》

　　……老师们的辛勤劳动使我们仰慕不已的还有如叶石甫、孟志苏老师的高年级国文选修课，李尧林老师的高级英语学选修课，郑心亭、胡亭印老师的化学课，韩叔信老师的西洋史课，等等，都使我们受益匪浅，给我们的终生事业打下了广博和坚实的知识基础。这些老师如今都已作古了，但他们的音容笑貌仍然常常浮现于我们的记忆之中。我们永远怀念他们，是他们培育了我们热爱科学文化热爱真理的情操，他们给人民教育事业建树了不可磨灭的功迹。

　　　　　　　　　　　　　申泮文《永志不忘的南开精神》

　　　　　　　　　　　　　　　　本文内容由金爱新摘编

附　录

巴金和他的哥哥们

◆ 李　菁

活了一个世纪的巴金给后人的印象温和而谦逊，但在那个时代的那个家庭里，像他小说《家》里的觉慧一样，巴金却扮演了一个激烈的"叛逆者"的角色；与他资质及成长背景极其相似的两个哥哥，并非没有反叛的冲动和决心，只是在更激烈的弟弟面前，他们不得不各自去"认领"这个大家庭必须有的那个隐忍的、委曲求全的角色。或许也可以这样说，正是两个兄长作出的精神牺牲和物质牺牲，才成就了巴金和巴金的小说。

大哥之死与"觉新"之生

不知是巧合抑或暗示，一九三一年四月十九日下午收到大哥自杀的电报时，二十七岁的巴金正写到《家》的第六章，那一章的标题恰好叫"做大哥的人"。就在一天前，巴金最初以《激流》为名发表的小说在上海《时报》第一次开始连载，大哥"觉新"刚刚开始了他在纸上世界的生命，并借助于《家》自此获得延绵不绝的生命力，生活中的大哥李尧枚却在第二天

309

用自己亲手配制的毒药切断了他与这个俗世的一切牵绊。

巴金与大哥的最后一面是两年前，那时巴金刚刚结束他在法国二十个月的生活不久，分别六年的哥哥从四川赶到上海来看他。两兄弟相见甚欢，手足之情并未削弱，但巴金感觉两人思想的差异"却更加显著了"，哥哥"完全变成了旧社会中一位诚实的绅士"。

那时的巴金并不知道，此时的大哥，正很吃力地维持着这个庞大的家族。不知是出于好面子还是怕自己寄予厚望的弟弟失望，李尧枚也从不让巴金知道家里日渐窘迫的经济状况。一九二六年，巴金专程赴苏州东吴大学探望已放寒假的三哥尧林，跟三哥谈起准备去法国留学，但怕增加大哥负担的尧林不置可否。巴金考虑了一两个月之后，"终于向大哥提出要求，要他给我一笔钱作路费和在法国的短期生活费"。李尧枚收到弟弟的信，先是强调手头拮据，无法筹款，后又写信劝巴金推迟两三年出国。但巴金"当时很固执，不肯让步……坚持要走"。

大哥李尧枚是家中长子，"过着一位被宠爱的少爷的生活"，喜欢化学的大哥以第一名成绩从中学毕业时，他的人生规划是投考上海或北京的名校，再赴德国深造。但父亲却令他早早成婚。虽然已和一位姑娘有了"旧式的若有若无的爱情"，但他还是遵从父命，娶了父亲抓阄定下的张家小姐。为了补贴家用，他虽然伤心地大哭一场，却只能再一次遵从父命，为了二十四元的月薪踏入社会。

巴金形容自己在这个大家族里的生存哲学是"我要做自己的主人，我偏要做别人不许我做的事"。革命家丹东的那句"大胆、大胆，永远大胆"也成了鼓励他对抗家庭束缚的精神信条。

但作为一个大家族的长房长孙，李尧枚没有选择自己命运的自由。虽然早年的他经常买来《新青年》和《每周评论》阅读并带领弟弟们热烈讨论，从而在无形中扮演了启蒙者的角色，但父亲遽然去世后，二十出头的李尧林就开始艰难承担这一大家族的生活。巴金发现大哥在那时的环境下变成了两重人格的人：一会儿是旧家庭暮气十足的少爷，跟弟弟谈话时又是一个新青年了。"当时他们还把我看作一个小孩，却料不到我比他们更进一步。"

也正是在最后一次相聚中，巴金告诉来上海探望他的大哥李尧林，他想写一部小说《春梦》（即后来的《家》），把自己家的一些事写进去。"《春梦》你要写，我很赞成，并且以我家人物为主人翁，尤其赞成。实在的，我家的历史很可以代表一切家族的历史。"回川后的大哥写信告诉弟弟，自己看了《新青年》那些文章后，自己就想写一部书，但实在写不出来，既然弟弟想写，"我简直欢喜得不得了"。

这一次重逢，李尧枚送了弟弟一支价格不菲的钢笔，巴金为他买的一张唱片，他知道弟弟喜欢听，临别时又执意还给弟弟。"文革"后，巴金发现了四封大哥李尧枚写给他的信。从李尧枚留下的文字来看，他也是位极其细腻而柔情之人。"亲爱的弟弟，当你们送我上其平轮的时候，我的弱小的心灵实在禁不起那强烈的伤感，眼泪不知不觉地流下来，把许多要说的话也忘记了……弟弟，我人虽回到成都来，弟弟，我的灵魂却被你带去了……"

为了振兴家业，李尧枚卖了田去做投机生意，害了一场大病后却发现钱已损失了一大半。"他回到家里，等着夜深人静，拿出票据来细算，一时气恼，又急又悔，神经病发作，他把票据全扯碎丢在字纸篓里"。第二天清醒过来，碎纸早已被倒掉，家里彻底破了产。李尧枚不愿死，三次写了遗书，又三次毁了它。在第四次写了一封二十多页的遗书后，他终于喝下毒药。

《家》中高家长子那个隐忍而懦弱的"觉新"，早已定格在一代又一代读者心中，"我责备自己为什么不早把小说写出来，让他看清前面的深渊，他也许还有勒马回头的可能。我不曾好好地劝告他，帮助他。"巴金后来说，关于小说里的觉新自杀还是不自杀，他斗争了好久，最后在《秋》里几次把觉新从自杀的危机中拯救出来，"觉新没有死，但是我大哥死了。"巴金借《家》中的"觉慧"之口说，"为不是大哥的自己十分庆幸。"

三哥之死与巴金之痛

十四年后，巴金再一次体验了突失手足之痛——一九四五年，三哥李尧林因病在上海去世。

大哥破产自杀，家里只剩下十六个银元。而身后是一个支离破碎、却有十几口要养的大家。养家的担子落在李尧林身上。一九〇四年出生的巴金之上有二兄二姐，李尧林本是巴金的第二个哥哥，依照大家庭习惯，巴金则称李尧林为"三哥"。

巴金其实是与三哥李尧林一道，走出那个大家庭的。一九二三年四月，已在成都外专读了两年半书的尧林和巴金得悉，由于巴金没有中学文凭，因而不能领毕业证书，尧林就想出了赴上海读书的主意。他们在大哥的支持下，说服了二叔和继母，一起乘船驶离了家乡，从此开始各自不同的人生漂泊。

一端是不得不负担家里重任的大哥，另一端是一心要冲出旧式家庭桎梏的弟弟，处在中间的李尧林无奈地扮演着调和者的角色。当年，在弟弟巴金执意让大哥筹钱为自己去法国后，李尧林写信给巴金，劝他经常给家中写信，此外，"你自来性子很执拗，但是你的朋友多了，应当好好的处，不要得罪人使人难堪，因此弄得自己吃苦……"

"这些话并不是我当时容易听进去的"，李尧林死后，巴金在纪念文章里不无懊悔地写下这句话。李尧林在燕京大学读书时，家中经济已发生困难，他便靠做家庭教师缴纳学费和维持生活。"我回国后才知道三哥的生活情况比我想象的差很多"，一九二九年，巴金与大哥在上海相聚之前，也曾邀约三哥。但李尧林告之因暑假要给学生补课并没有赶到上海，那时的巴金并不能体会，从北京去上海的路费对三哥来说实属困难。为此，他也错过了与大哥的最后一面。

毕业于燕京大学外文系的李尧林资质并不在巴金之下，但在十几口人的生计面前，他放弃了可能的"自由"生活。在天津南开中学做教员，每月领了薪水便定时寄款回家，支撑十几口人的生活。稍令人感到奇怪的是，那时的巴金已经在文坛有了足够名声，但不知是因为名声并没形成经济能力，还是已决心彻底走出旧家庭的他在此方面并不在意，家庭负担全部压在三哥身上，"那些未实行的计划像空中楼阁似的一下子完全消失了"。

　　如果说大哥是为了巴金作了精神牺牲，那么三哥李尧林则为巴金更多作了物质牺牲。三哥李尧林在南开中学的宿舍里住了十年，巴金来天津三次看望三哥，每次都看出哥哥的"疲倦，寂寞和衰老"，但李尧林总是淡然一笑，对自己的生活从无抱怨。"生活费越来越高，他没有力量维持下去，然而不开口，他只是剥夺他可怜的最低的享受。"李尧林的朋友李健吾说。不仅如此，李尧林也不敢回应周围投来的那些或明或暗的含情目光。

　　一九三三年，李尧林从天津到上海探望巴金，兄弟两人有了充分的交流时间。那时巴金的《激流》已在报纸连载完，三哥也知道弟弟对"家"的看法。"我说，我不愿意为家庭放弃自己的主张，他却默默地挑起家庭的担子。"巴金后来才意识到，三哥李尧林"不单是承担了大的牺牲"，"应当说，他放弃了自己的一切。他背着一个沉重的包袱，往前走多么困难，他毫不后悔地打破了自己建立小家庭的美梦"。

　　一九三九年某一天，正在上海的巴金听到楼下喊自己名字的声音，从窗下看去，正看到仰起头看自己的三哥，他几乎没认出来又黑又瘦的面孔。李尧林在上海住了下来，开始动手译书，但身体已每况愈下。那时的巴金也开始写《秋》，每写完一章都要拿给李尧林看并请他提意见。《秋》出版后，巴金动身去了昆明，李尧林继续他在上海孤苦的生活。

　　一九四五年，已经在贵阳结婚的巴金在得知抗战胜利的消息后，马上打电报给已失去联系多日的三哥。李尧林回电：大病初愈，盼速归。巴金夫妇多方奔走，花了两个多月赶到上海后，才发现三哥早已病倒。李尧林起初不肯进医院，巴金也

没有再坚持。待后来听三哥自己念叨"我觉得体力不行了"，
"还是早点进医院吧"，才急急把李尧林送进医院。躺在医院
里的李尧林日渐衰竭，但对探病的朋友总是说"蛮好"。去世
前两夜，三哥突然醒来，对陪伴自己的巴金长叹一声："没有
时间了，讲不完了。"有点害怕的巴金劝他好好睡觉，有话明
天说。这却是他们兄弟的最后一面。

李尧林只在医院坚持了七天便离开了人世。病因是"肋膜
炎"，身边的人却相信他其实是死于长期的营养不良。闻讯赶来
的巴金站在三哥旁边，"没有流一滴眼泪，却觉得有许多根针在
刺我的心"，"是我封了他的嘴，让他把一切带进了永恒"，
"我抱怨自己怎么想不到他像一支残烛，烛油流尽烛光灭，我没
有安排一个机会同他讲话，而他确实等待着这样的机会"。

生活中的"觉民"也死了。把有限的全部收入都贡献给老家
的三哥，死后只有一把金钥匙留给弟弟。这是他当年因成绩优秀
而在毕业时得到的燕京大学的奖励，这把金钥匙，见证了三哥的
优秀，也铭记了他为家庭所作的巨大牺牲。

"他并非不是斗士，我们一直把他看作《家》里面的觉
民，随着三弟觉慧打出腐朽的世纪，独自、孤单单一个人，
在燕京大学念书，在南开中学教书，以李林的笔名翻译外国
杰著……他没有'琴'，永远也没有那一位鼓舞他向前的表
妹……"李尧林的朋友、著名作家李健吾形容他眼中的三哥。
很多人问三哥，谁是他的生活中的"琴"表妹，李尧林总是淡
淡一笑，回答，那是弟弟的"制造"。

三哥死后，那一大家子的生活依次落在巴金身上，也许这时候的他对两位哥哥的处境才有了更多理解。"我们三兄弟跟觉新、觉民、觉慧一样，有三个不同的性格，因此也有三种不同的结局"。巴金后来通过大量文字，表达他对两位兄长深深的负疚之情，他懊悔自己有些任性的执拗，不体谅大哥的处境，也没有多分担三哥的负担。

李尧林被巴金安葬在上海虹桥公墓。后来，李尧林翻译的《悬崖》和别的书出版，巴金用这笔稿费为他两次修了墓。墓上用大理石刻了一本摊开的书，书中有字："别了，永远别了。我的心在这里找到了真正的家。"那是巴金从李尧林发表的译文中挑选出来的一句话。一九四五年底，巴金与萧珊的第一个孩子出世，巴金将她取名为"小林"，以纪念在这一年逝去的三哥。

"文革"中，正在牛棚里的巴金听说虹桥公墓在"破四旧"风潮下被砸毁，石头搬光，尸骨遍地，惊得一身冷汗，"只希望这是谣言"，却连打听消息的时间和权利都没有。待终于恢复自由时，却发现整个公墓已荡然无存，三哥李尧林连那最后的小小的"真正的家"也失去了。

二〇〇五年十月二十五日

沉重的接力棒

——从另一个侧面解读巴金

◆ 李治修

在二〇〇三年"感动中国"十大人物的颁奖赞辞中，对巴金做了高度的赞扬和评价："穿越一个世纪，见证沧桑百年，刻画历史巨变，一个生命竟如此厚重。他在字里行间燃烧的激情，点亮多少人灵魂的灯塔；他在人生中真诚地付出，叩响多少人心灵的大门。他贯穿于文字和生命中的热情、忧患、良知，将在文学史册中永远闪耀着璀璨的光辉。"

窃以为巴金之所以成为巴金，还必须联系巴金的血脉来分析认证，才能全面、深刻地解读被称为"当代的卢梭""中国的良心"的巴金。

首先，巴金的大哥李尧枚——在《家》中的觉新——巴金出于感情的需要，想补救心灵深处的遗恨，让觉新最终冲出封建家庭的羁绊，走向了新生。因而无论小说，还是据此改编的电影、电视剧，觉新这个形象人们都十分熟悉。遗憾的是实际生活中的觉新在精神和物质的重负下，以自杀的方式摆脱了无法面对的困境。究竟对觉新应该怎样理解？试看：

他一方面信服新的理论，一方面顺应环境生活下去。顺应环境的结果，就使他逐渐变成了有两重性格的人。在旧社会旧家庭里他是一位暮气十足的少爷；在他同我们一块儿谈话的时候，他便是一个新青年了。这种生活方式是我和三哥不能了解的。我们因此常常责备他，我们不但责备他，而且在家里时常做一些带反抗性的举动，给他招来祖父更多的责备和各房更多的攻击与陷害。（巴金《做大哥的人》）

从这段文字看，大哥是一个自相矛盾的人。为什么会有如此突出的"两重人格"呢？值得进一步分析思考：巴金大哥身上的两重性并非平分秋色。比如他对新时代、新思潮、新生活充满热情，他在家中排演话剧，热衷于订购当时代表时代激进思潮的《新青年》《每周评论》《新潮》《少年中国》以及其他进步报刊，并且还在家中组织了"驰驱学会"，讨论当下的时事以及社会的巨大变革。他还组织弟妹们和几个同辈亲属办家庭刊物《驰驱》，从中寄托自己的追求和向往。他积极鼓励巴金以家事为题材写小说，而且连书名也替巴金拟定了：就叫作《春梦》（也就是后来的《家》），并且激励巴金说："我自从得到《新青年》书报，读过以后，我就想写出一部书来，但是我实在写不出来，现在你想写，我简直喜欢得了不得。弟弟，我现在恭敬地向你鞠躬致敬，希望你有暇把它写成罢。怕什么！《块肉余生述》要是过于害怕就写不出来。"这表明大哥当时的思想十分激进，也不乏勇气，并非畏葸不前。

诚然大哥有采取"作揖主义、不抵抗主义"的一面，但作为长兄他也是出于方方面面的考虑，如果不是出于替两个弟弟担待，也不会这么委曲求全；如果不是大哥处处敷衍，时时斡旋，三弟李尧林能否从燕京大学毕业？四弟巴金能否成就一番事业？评价大哥李尧枚，不能忽略他"自己背着因袭的重担，肩住了黑暗的闸门，放他们到宽阔光明的地方去"（鲁迅《坟·我们现在怎样做父亲》）的自我牺牲情怀。

大哥为了两个弟弟处在新旧交递、民主自由观念同封建观念的激烈碰撞中，如何走出这个充满腐朽味的大家庭，去寻求一条属于自己的光明出路？放弃一切，自我牺牲，就成了他的"分内事"。他的放弃、牺牲不能说毫无成效，从巴金《做大哥的人》中也能看到这一点："后来他（大哥）居然帮助我和三哥（二叔也帮了一点忙，说句公平的话，二叔后来对待大哥和我们相当亲切）同路离开成都，以后又让我单独离开中国，他盼望我们几年以后学到一种专长就回到成都去'兴家立业'。"从这一段话中，我们获得了两个信息：一是大哥对两个弟弟寄予了厚望；二是大哥的委曲求全，在大家庭的各种倾轧甚至谋害中，争取到了二叔的支持。如果看不到大哥作自我牺牲才换来的回报，那么对处在大家庭夹缝中的大哥进退维谷的艰难处境就太缺乏理解了！

由于巴金的《家》塑造出觉新这个鲜活的人物形象，再由于巴金在好些场合谈到觉新这个人物与大哥的关系，因此巴金的大哥李尧枚在读者群中，在广大影视观众中十分知名。唯有另一名普米修斯式的人物——巴金的三哥，翻译家李尧林局外人知之甚少，甚至十分陌生。但是他尽职尽责，爱护学生，坚持正义的高尚品德，以及对亲人、对朋友、对爱情的自我牺牲精神，更是世间罕有！

李尧林毕业于有教会学校英语优势的燕京大学，更是那里的高才生，而且在毕业时得到学校设置的，也是一般毕业生难以获得的，镌刻上本人名字的金钥匙奖。他英语功底深厚，在教学中游刃有余。他的教学方式十分灵活。他的学生王正尧在《生动的教学 深刻的教育》一文中说："他常常离开讲台，走到学生中，给学生们讲解世界名著，如雨果的《悲惨世界》，还有《茶花女》，另外还记得有《少奶奶的扇子》（Lady Windermere's Fan）。学习后我们就写读书报告。他还常常组织学生在课堂上表演英文剧。学生们也都很有兴趣。"这样灵活的教学方式，即便将他的教学方法放在今天，也很有独到可取之处。但若要这样灵活地教学，教师须得具有应付自如的专业水平，同时个人还得有多才多艺的全面修养，才能把学生领进寓教于乐的语言场景中，进入"快乐学习"的境界。

李尧林"爱热闹"的性格，正好与学生打成一片。在学生眼中，李尧林是"快乐的王子"。属于侄辈的鞠躬先生，在一篇《三爷叔》的纪念文章中，更从他的仪容联系到他的人品：他对学生十分和蔼可亲，像是温和的兄长对待弟弟妹妹。可在是非正义面前，态度却十分鲜明。他的学生黄裳在《记巴金》中，有一段关于李尧林的文字：

记得有一天，李林先生把我叫到他的宿舍去，相当激动地问我，是不是买了许多新文学的书。然后就告诉我，一个姓傅的"辅导干事"当我们上课时去宿舍查了房间，翻检了我的书物，而且作为一个"危险情况"在教务会上提出了。他说，他在会上对这种"荒谬绝伦"的意见激烈地争辩了一通，对这种侵犯学生自由的行为进行了抗议。他有些口吃了，说明他的激动还没有平静下来。……他最后告诉我要小心一些。

这一段岁月，作家、翻译家、戏剧家、评论家李健吾先生在《挽三哥》中更有细致的描述：

四五年来，他不想多交朋友，有了钱便只是在旧书铺为自己买书，为兄弟买书，更因为心性喜爱音乐，买旧乐片（古典的、著名的大曲），听工部局乐队演奏。没有人看见他在任何场合抛头露面……他开唱机，坐在他的（实际是他四弟的）破旧的沙发里面，四处堆满各式各样的洋书，陶醉于灵魂的独来独往的天地……这个书生是我们几年以来看到的仅有的一位君子人。

已是耄耋之年的译家杨苡女士在《从梦中走出》的纪念文章中，回忆同李尧林交往的往事：

李先生同我在天津通信时不止一次地感叹："什么都是irony of life（生活的嘲弄）！"等我到了中年，我才逐渐理解他是被四川老家的经济负担压得太重了。他并不甘心命运的嘲弄。一次散步时他又说："我赞成All or nothing。"他苦笑了一下，"对于我，就是一无所有！Nothing！"在信上他又几次抖落心上的忧郁，开心地写道："我主张Happy-go-lucky！"我想他的确也做到了人生随遇而安。他所住的南开中学单身男教师宿舍被日本鬼子炮弹炸中了，他带着仅存的很少衣物，暂时栖身在法租界他的一个姓冯的男生家里，不久接到临近法租界的英租界耀华中学的聘书，总算安定了下来。晚上还必须到别人家做家教，给学生补习英文，这样一来才能补贴生活所需。因为他要月月寄钱给四川，他对继母、弟弟、妹妹以及大哥丢下的一家都负有责任。

李尧林也羡慕弟弟巴金有所作为，这一点从《从梦中走出》一文中也可以看出：

李先生说，他的四弟勤奋用功，从小有抱负，他才有前途。他说四弟有他的信仰，他愿意为信仰献身，然后他用英语说："I'm proud of him!"但是他又说了一句英文，让我终生难忘："I don't want to be famous by my brother, and if I would, I want to be by myself!"

即便在贫病交迫中，他仍以李林的笔名翻译了好些文学作品。二〇〇五年，为纪念这位有才华的翻译家逝世六十周年，人民文学出版社出版了《李林译文集》。

李尧林的才华和风姿，自然吸引了好些少女的热烈目光。杨苡女士在回忆中说："我们都知道李先生溜冰特棒，都想跟着他一块溜冰……（看他）随着强烈的'冰上舞曲'，在音乐声中大显身手，我们傻傻地盯着他，羡慕地说：'李先生多帅！'"杨苡为他写过好多深情的诗。一次从"让人泪如雨下的梦"中醒来，杨苡更写下了透迤情深含蓄痛切的一首诗：

祭

我已吞下如秋叶般的叹息，
但岁月也冲不尽淡淡的忧郁；
如若我默默地走到你面前，
一束花又岂能将我的惆怅带去？

死神骤然将我的梦幻击碎，
留下一串串苦果的记忆；
即使我能在你墓前哭泣，
也不能缩短这永不能缩短的距离！

一九五三年十一月二十二日 大李先生逝世八周年

令人痛惜的是，李尧林肩负大家庭十一人的生活，由于积劳艰苦，身体素质日益下降，但直到病笃，他仍然"轻飘飘"地对待自己。当弟兄离别五年重新在上海聚会时，李林身体已经难以支撑了！巴金沉痛地回忆到当时的情景：

　　靠着另一个朋友的帮忙，第二天你便住进了医院，你喜欢静，病房外面便是一个幽静的小花园。透过玻璃窗你可以望见一片绿色。关上房门，屋子里更没有一点声音。"三哥，你满意吗？"有人问你。"满意。"你点头回答。我们准备让你至少住两个月，谁也没有料到，你就只有七天的寿命。……九天后我们把你葬在虹桥公墓。活着你孤零零一个人，死了你也是孤零零一个人。（巴金《纪念我的哥哥》）

　　三哥李尧林（李林）去世后，巴金三次回到成都，见全家生活如此困难，立即接过三哥的重担，承担起全家老小的生活、侄辈们读书的一切费用。他拼命地写书、译书、编书，他写出了《火》第三卷，翻译完了屠格涅夫的《父与子》《处女地》，使一大家人生活有了保障，让侄儿、侄女的学费有了着落。

　　严于律己，恪守传统，弟兄一脉相承。

　　据有关资料记载，巴金认识了他的崇拜者——一个小他十多岁的女孩陈蕴珍（翻译家，笔名萧珊），他担心对方幼稚不成熟，不敢轻易接受爱的表白。一天，萧珊高高兴兴地来到巴金住处，一会却泪流满面从楼上下来。同院的朋友好心地拉住她问："李先生欺负你啦，我们去找他算账！"萧珊不好意思地解释说："我爸爸要我嫁给一个有钱人，我来请他决定，他却说，这件事由你自己考虑。"这时，巴金也下楼申明："我是说她还小，一旦考虑不成熟，会悔恨终生。如果她长大有主见了，成熟了，还愿意要我这个老头子，那我就和她生活在一起。"巴金一番真诚的表白，更坚定了萧珊追求爱情的决心。

巴金和萧珊相恋八年才结婚，三十年的漫长岁月中，他们相濡以沫。一九七二年八月十三日中午，这个慧眼识英才的女性，在无情的摧残与迫害中，带着人生最大的遗恨与世长辞了。萧珊的骨灰盒、译作放在巴金卧室，他时常对着这些遗物出神，一往情深地写出了《怀念萧珊》《再忆萧珊》《一双美丽的眼睛》等怀念文章，读之总令人潸然泪下。

在三兄弟之间，我们看到一支接力棒，通过大哥传给三哥，再传到四弟巴金手中。透过这支沉重的接力棒，也让我们看到那闪烁出人性美的夺目光彩！

李尧林小传

◆ 张绍祖　张建虹

　　黄宗江在《快乐王子颂——我的老师李尧林》一文中说：
"李尧林是一九三五年我十四岁上天津南开中学时的英语老
师，巴金叫他三哥（依大排行，实为亲二哥）。我那时看过
《家》，就总想在他身上寻觅二哥觉民的身影。"现在人们对
巴金三哥李尧林的印象，几乎全是从照片上得来的。他穿一身
中式长衫，头发梳得很整齐，戴一副圆形的近视眼睛，显得善
良温和。

求学之路

　　李尧林原籍浙江嘉兴。一九〇三年生于四川成都北门正通
顺街一个官僚地主大家族。李尧林的祖父李镛，号浣云。他曾
做多年的官，后来"告归林下"，修了漂亮的公馆，买了不少
的田产，并收藏了好些古玩字画，还印过一册诗集《秋棠山馆
诗钞》送人。父亲李道河，曾任四川广元县知县。

　　李尧林有同胞一兄、两姊、三弟、三妹：大哥李尧枚；二姐李尧桢，三姐李尧彩；四弟李尧棠（巴金），十四弟李尧梂，十七弟李尧集(继母生)；九妹李琼如，十妹，十二妹李瑞珏（继母生）。（以上兄弟姊妹均按大排行）李尧林比巴金年长一岁有余，在童年、少年以至一段青年时期，兄弟俩总是在一起。一九〇九年，六岁的李尧林因父亲李道河出任四川广元知县前往广元，在县衙内家塾就读，学习《三字经》《百家姓》《千字文》《古文观止》等传统蒙学读物。一九一一年父亲辞官，随父母返成都，继续在家塾就读。一九一四年其生母陈淑芳病故，第二年父亲娶继母邓景遂。一九一七年父亲病逝，大哥李尧枚挑起长房生活重担。

　　祖父死后不到半年，在一九二〇年暑假，李尧林和巴金一起考入了成都外国语专门学校，从补习班读到预科、本科，在那里接连念了两年半的书。在学校里因为没法交出中学毕业文凭，后来改成了旁听生，被剥夺了获得毕业文凭的权利。李尧林想出一个主意——和巴金一起去上海求学。当时在老家成都，祖父一死，"表面是弟兄暗中是仇敌"的几房人之间的争斗和倾轧更加剧了。他们所在的那一房开始走下坡路，虽然时常感到入不敷出，但家里人又不肯改变以前富裕时的生活方式，他们的继母和大哥希望他们能够通过深造得以复兴家业，便同意了。

　　一九二三年五月下旬李尧林和巴金抱着追求新生活的热望，毅然离开成都，乘船出发去往上海。先是考取上海南洋中学，后又一起转入南京的东南大学附中。这次离家以后，李尧林就再没有回过成都。一路上都是李尧林照顾巴金，不论在家乡，还是在上海、南京，他们都是同住在一间屋子里。在南京，二人还曾经一同游历了鸡鸣寺、清凉山等名胜古迹。就这样从一九二三年夏初时节直至一九二五年暑假，兄弟二人共同生活了两年多的时间。一九二五年夏天从东南大学附中毕业后，李尧林报考东吴大学，被录取后去了苏州读书。巴金此时患了肺病，虽不太严重，但也需好好休养，因此就留在上海一边养病，一边办刊物、写文章。

李尧林先后在苏州东吴大学和北京燕京大学读书，一直过着清苦的学生生活。大哥汇来的钱不多，他还要分一点给在上海的弟弟，因此生活必须非常节俭。除了念书之外，他还做一些别的工作来缴纳学费和维持正常的生活，比如当同学弟弟的家庭教师。他有一种坚忍的精神，从不羡慕别人的阔绰，也没有为自己的清贫发过一句牢骚。每当放假别人都回家了，他却留在学校，勤奋地学习。他的学习成绩优异，并把一切希望都寄托在未来。

一九三一年李尧林从燕京大学毕业。在"燕大"学习期间，他学习了两个科目：英语和英语教学。由于勤奋努力、劳累过度而感染过肺结核病，以致后来在南开中学教书时还在经常服用鱼肝油丸。在燕大毕业班的纪念册上有他戴着学士帽的照片和同学对他的赞语。作为燕京大学英文系毕业的高才生，他获得了学校颁发的金钥匙。在校四年学习的总成绩均超过七点三分（当时是十级分制），才能得到珍贵的金钥匙，每年毕业生平均总成绩够此标准的寥寥无几。

教学生涯

一九三一年李尧林从燕京大学毕业后，进入天津南开中学担任英语教师。南开是全国闻名的中学，校长是著名教育家张伯苓。对于谋得这份教职李尧林颇为骄傲，并不惜借债，做了两套西装，准备"走马上任"。

在南开，李尧林既教高中又教初中。他对学生要求十分严格，教的学生英文最高分只有六十九分，因此他在计分上的"苛刻"在南开不胫而走。他甘心做一个"穷"教员，安分守己，埋头工作。在教学思想上他要求学生不必死死记住那一条条文法，只要从大量阅读英文书刊中"猜"出语法规律来就可以。这就像小孩子学说话一样，是从观察、实践中摸索出来的。对于中小学生，这比先学规律，后付诸实践的方法好得多。他因材施教，针对各年级不同水平和特点进行英语教学，其教学态和蔼可亲，课讲得生动活泼，教学效果良好。在课堂上他完全用英语讲授，不说一句中国话，规定学生也要用英语对话和提问。他在高中则要求用英文写作，还要每个学生轮流上台作五分钟英语演说。他的板书是手写印刷体，潇洒美观，引人注目。

南开的高中二年级除了必修的英文课外，还有一门"英文选读"。李尧林担任这门课的教学。他自选的课本是王尔德的《少奶奶的扇子》，斯帝文生的《宝岛》，还有大仲马的《基度山伯爵》。他给学生们讲世界名著，并要求学生写读书心得。李尧林是燕京大学毕业的，颇具民主作风。南开中学整

个气氛也是很民主的，他上课也不屑于点名。学生们都喜欢上
他的课，上课时聚精会神地听讲。他教给学生简式国际音标，
鼓励学生用英语解释英语的字典，同时给了学生许多泛读的资
料。例如：商务印书馆出的一套简写本读物，包括莎士比亚戏
剧故事，丁尼生、朗费罗作品故事等。他的教学方法也生动、
活泼、多样化，颇能引起学生的兴趣。他常常离开讲台，走到
学生中间。例如他在讲课文之前常常读一个小笑话，要学生们
默写下来，然后口述几个问题，要求学生写出答案交上去，由
他评阅。他还常常组织学生在课堂上表演英文剧。有一学期，
李尧林先生在班上举行朗读比赛，赛后他给获得第一名的周珏
良同学订了一个月的英文《华北明星报》做奖品。南开社团最
著名的是南开话剧团，每学期都要搞几次大型演出，而且是师
生同台。其中有一出英文剧名曰《一女三配》，描写一个知县
的故事，其主演就是李尧林。

　　李尧林住在南开学校西楼教师宿舍。房间面积有十三四平
方米，陈设简单，仅有一张单人床，两三把椅子，一张书桌，
一个书柜。他在校孤身一人，工作之余，欢迎学生到自己宿舍
去。平日里，师生之间是很融洽的，他的宿舍里，时常会有不
少学生拜访，他从不厌烦，总是热情接待。学生们在学习中遇
到困难就去问他，他总是耐心解答。他平易近人，常常在自己
的宿舍与学生谈心，请大家吃水果，学生们在他面前一点也不
感到拘束。他屋中有许多英文书。业余时间他常翻译一些文学
作品。有时他把翻译的英文故事讲给学生听，有时把翻译成英
文的唐诗读给学生听。他说一口流利的英语，把学生们带进了

一个英语世界。有一次徐纪同同学在他屋中看到刚寄来不久的小说《家》，上面写着"给三哥，巴金赠"。师生们这才恍然大悟，知道他和巴金的兄弟关系，但他从来也没有向旁人透露过家里的事情。当师生们知道他是著名作家巴金的哥哥后，就喜欢在巴金的小说《家》《春》《秋》故事情节里捕捉李先生青少年时代的影子。当学生为小说的内容请教他的时候，他总是笑而不答。当年一本小小的文艺刊物《水星》出版后，校园里张贴了几张小小的征订广告，通讯地址就是"本校西楼"，那便是由李尧林代理征订的。抗战前，何其芳曾在南开中学教语文，他所撰写的散文集《画梦录》曾得到巴金的赞许并获奖，就是通过李尧林推荐给巴金的。

李尧林作为一名中学教师，教书认真，深受学生爱戴。学生们回忆起李老师也充满深情。据曾任《中国青年》杂志总编辑的邢方群回忆：一九三九年寒假，每天下午两点，李尧林老师就在自己的宿舍里单独为正读初中三年级的他补课一小时，教他练习英语发音。一九三五年考入南开的黄宗江回忆说：李尧林老师的英语课，把大家领入了一种可和古人、洋人等先贤进行精神交流的境界。李老师教他们读《快乐王子》，他教给学生的不仅仅是语言文字，更重要的是做人与做学问的道理。黄裳晚年在回忆李尧林先生当年在给同学们上都德《最后一课》时，仍十分动情，称"音容宛在，终生难忘"。周珏良教授回忆在中学受益最大的事，是英文老师李尧林"鼓励我们使用英语解释英语的字典，同时给了我们许多泛读的材料。我也就开始看一些英文翻译的欧洲名著"。

天津南开中学一九三五年高中毕业生中出了三名院士：申泮文、叶笃正、关士聪。申泮文院士称李尧林老师为南开名师中的佼佼者。他一表人才，仪容潇洒，风度翩翩，是青年学生的崇拜偶像。他文化素质高超，大学教授风度，教学认真负责，尽心尽力给学生打造高品位的文化素养。他在一九三四至一九三五年给高中毕业班开设了高级英文选修课，绝大部分优秀生选了他的课，终生受益。他给学生选讲了英汉对照的杜甫《赠卫八处士》诗。这首诗本来已是脍炙人口的温馨友谊之歌，由北京大学怪杰教授辜鸿铭英译，译文文字贴切，流利爽口，情真意切，堪称传世之作。适逢毕业班学生即将各奔前程，大家珍惜多年同窗之谊，读了这篇优美诗歌，简直着了迷，争相背诵，几乎成了一九三五班的班歌。申泮文院士说："李尧林老师的高级英语选修课使我受益匪浅，给我的终身事业打下了广博和坚实的基础。"叶笃正院士说："在南开中学的五年时光给我日后的发展打下了坚实的基础，特别是英文，李老师教得特别好。他不提倡死读书，而是调动学生的积极性，让学生自由发展。他好像并不特别准备，课堂上对学生要求也不是那么很严格，所以学生们上课都感觉很好，很轻松。"一九三五年，南开中学举行了隆重的毕业庆典，庆典包括连续两个晚上的学生表演。一个晚上演的是曹禺的话剧，另一个晚上则是学生们自己排演的四出话剧。其中的英文剧 Honesty is the Best Policy 就是李先生为学生排演的。

一九三五年暑假考入南开初中的王之模，至今还清楚地记得李尧林老师教他们唱英文歌的情景，在唱歌的过程中他们学会了从"一"到"十"的英文单词。后来一想起李尧林先生，王之模就会不由自主地哼唱起这支英文歌："One little, two little, three little Indians；four little，five little，six little Indians；seven little，eight little，nine little Indians; ten little Indian boys."

　　和王之模一样，同是在一九三五年考入南开中学的刘永康（刘洁），到一九三七年初中毕业，三年的英语课程都是由李尧林担任。刘永康在小学六年级才开始学英语，对英语课有畏难情绪。庆幸的是李老师灵活多变的教学方法、认真负责的教学态度，增强了他学好英语的信心。李尧林老师从发音和结构上的差异让学生理解中英文的区别。李老师指出，学习英语的基本功，必须掌握大量的英语单词。为了鼓励大家多记住单词，李老师把全班分成两个组，各组里每个人分别代表一个字母，然后做单词拼读比赛，他作为裁判，每读一个单词，轮到哪个组，该代表那个词中字母的人就依顺序站起来说出那个字母，最后的一个人还要把该词译成中文。求胜心人皆有之，唯恐自己影响集体，课后都积极准备，背诵单词，并且记得很牢靠。有一次译单词，scorn本应译成"藐视"，刘永康却念了白字"貌视"，引起哄堂大笑。为此，李老师语重心长地告诫大家无论是中文还是英文，要养成勤查字典的习惯，丝毫不能马虎；学习是必须严肃认真的，而且要持之以恒。为了活跃课堂气氛，李老师还教给学生们一些外文歌曲，并对学生们的听、说、读、写，下了很大功夫。这样三年下来，学生都喜爱上英语课，并打下了比较扎实的英文基础。

一九三七年七月二十九日到三十日，天津南开中学校舍大部分遭侵华日军炸毁，李尧林所住的教师宿舍正好被日军的炸弹击中。他带着仅存的很少衣物，暂时栖身在法租界一姓冯的男生家里。爱国教育家、天津耀华学校校长赵天麟在自己的学校里为南开学生设立"特班"，许多同学到"特班"上课，不少南开教师到耀华任教。不久，李尧林接到了耀华中学赵天麟校长的聘书，工作生活有了着落。他白天在耀华教书，晚上做家教，给学生补习英文，补贴家庭生活，因为他月月要寄钱回四川，他对那里的一家人，包括继母、弟弟、妹妹等负有养育之责。他不愿他最爱的四弟巴金在日夜艰苦的写作中还分担这份责任。

在一九三四年的《南开同学录》中的"男中学部教员"里有这样的记载："李尧林，四川成都，本校西楼，燕京大学毕业，英文。"遗憾的是，由于年代久远，在南开、耀华的档案里没有留下有关他的多少资料。

李尧林在一九三九年九月离津去沪，从事翻译工作。

多难家庭

一九二三年，李尧林和弟弟巴金离家之前同继母及兄弟们在照相馆照了一张照片，姐妹们没有参加。前排是继母端坐在大椅子上，她的亲生小儿子李尧集（即李济生，笔名纪申）站在她身旁。后面站了一排：从左到右是李尧橡（即李采臣），大哥李尧枚，李尧林以及巴金。在兄弟几个之中，李尧林同弟弟巴金关系最为亲密。

　　大哥李尧枚是家中长子，"过着一位被宠爱的少爷的生活"，他喜欢化学，以第一名成绩从中学毕业，他本打算投考上海或北京的名牌大学，毕业后再赴德国留学。但作为一个大家族的长房长孙，李尧枚没有选择自己命运的自由。他先是被迫遵从家中长辈之命早早成婚；后来为了补贴家用，再一次遵从父命，为了二十四元的月薪放弃了学业踏入社会。虽然早年李尧枚经常买来《新青年》和《每周评论》等新杂志，阅读后带领弟弟们热烈讨论，无形中扮演了启蒙者的角色。但父亲骤然去世后，二十岁出头的李尧枚便挑起家庭生活的重担。而巴金形容自己在这个大家族里的生存哲学是"我要做自己的主人，我偏要做别人不许我做的事"。那时的巴金并不知道，此时的大哥，正很吃力地维持着这个庞大的家族。不知是出于好面子还是怕自己寄予厚望的弟弟失望，李尧枚也从不让巴金知道家里日渐窘迫的经济状况。一端是不得不负担家里重任的大哥，另一端是一心要冲出旧式家庭桎梏的弟弟巴金，处在中间的李尧林无奈地扮演着调和者的角色。一九二六年，巴金专程赴苏州东吴大学探望已放寒假的三哥，跟三哥谈起准备去法国留学的事，但怕增加大哥负担的李尧林不置可否。巴金考虑了一两个月之后，"终于向大哥提出要求，要他给我一笔钱做路费和在法国的短期生活费"。李尧枚收到弟弟的信，先是强调手头拮据，无法筹款，后又写信劝巴金推迟两三年再出国。但巴金"当时很固执，不肯让步……坚持要走"。巴金执意让大哥为自己筹钱去法国，李尧林写信给巴金，劝他经常给家中写信，此外，还嘱咐道"你自来性子很执拗，但是你的朋友多了，应当好好的处，不要得罪人使人难堪，因此弄得自己吃苦……"

一九二九年大哥同几个亲戚来上海巴金处小住，李尧林非常遗憾地错过了兄弟三人相聚的机会，也错过了与大哥的最后一面。李尧林没有来，一是因为他在暑假期间要给同学的弟弟补习功课，二是因为从天津到上海的路费对于他来讲是一笔不小的开销。

一九三一年春天的一个早上，他最亲爱的大哥李尧枚由于不堪承受生活及经济压力，服毒自杀，结束了年轻的生命。为了振兴家业，李尧枚曾卖了田去做投机生意，害了一场大病后却发现钱已损失了一大半。"他回到家里，等着夜深人静，拿出票据来细算，一时气恼，又急又悔，神经病发作，他把票据全扯碎丢在字纸篓里。"第二天清醒过来，碎纸早已被倒掉，家里彻底破了产。李尧枚不愿死，三次写了遗书，又三次毁了。在第四次写了一封二十多页的遗书后，他终于服药自尽。而丢下一个支离破碎的大家庭，有十几口人嗷嗷待哺，家里只剩下十六个银元。大哥的逝世，给家人带来极大的痛苦。此时家庭成员中在成都的有：李尧林的继母，弟弟妹妹，大哥的遗孀和四女一男五个孩子。李尧林毅然挑起这副重担，每月按时把自己的大部分薪水寄回家。全家的生活费用，主要靠他供给。正如巴金后来的纪念文章中所说，李尧林像"一只鸟折断了翅膀"，"永远失去高飞的希望了"。他放弃了自己的一切，背着一个沉重的包袱往前走，就这样过了九年。

一九三三年春天，李尧林才有机会从天津来上海看巴金，兄弟俩同游了西湖，然后又到南京，这一次他们虽然没有心思在一起痛快地玩，但是有充分的时间交换意见。当时，巴金的小说《激流》早已在上海《时报》上刊完，并表示不愿意为家庭放弃自己的主张。李尧林也不愿意弟弟操心别的事，一门心思写作就好，所以就一个人默默地挑起家庭的担子。李尧林在南开中学的宿舍里住了近十年，后来，巴金曾去天津看望他，在他的学校里小住三次。每次都看出哥哥的"疲倦、寂寞和衰老"，但李尧林总是淡然一笑，对自己的生活从无抱怨。"生活费越来越高，他没有力量维持下去，然而不开口，他只是剥夺他可怜的最低的享受。"李尧林是巴金的三哥，但凡大家提起李先生，总要说，他是巴金的哥哥，这是否多少伤害了他的自尊？

一九三七年七月三十日日本侵略者占领了天津，天津和成都的联系中断，李尧林先生无法给家里寄信、寄钱。一九四一年和一九四二年，巴金曾两次回成都，发现家里生活着实困难，便由他负担起一家的生活重担。也许这时候的巴金对两位哥哥的处境才有了更多了解。好在这时小弟李尧集和大哥的长女李国煜先后当了小职员，多少也能分担一些家中的困难。

爱好多多

李尧林先生非常热爱生活，他受过教会大学的教育，除了勤奋读书外，他喜欢音乐、拉小提琴（自学）、唱歌、溜冰、打网球、看电影、听音乐会……但由于经济原因，他不可能十分尽兴。

在天津南开中学，单身教师们都住在西楼，李尧林先生住在西二楼，中间隔着体育场。南开体育举国闻名，南开的著名运动员曾代表中国参加远东运动会。学校冬季在棒球场搭建约五十米长三十米宽的棚子，作为室内溜冰场，每年冬季可溜冰一个半月左右。李尧林很喜欢运动，特别是溜冰。他总是用同一姿势溜冰：双手背在身后，一下又一下地溜。动作矫健，表情沉思。学生们知道李先生溜冰特棒，都想跟着他一块溜冰。他打网球动作娴熟，潇洒自如，每当他挥拍上阵，学生们就驻足围观给他呐喊助威。

一九三九年九月到了上海，他又迷上音乐，特别喜欢听唱片。他住在霞飞坊，在他的桌上有一台手摇式留声机。住所附近有不少白俄开的旧书店，于是淘外文旧书和旧唱片就成为他的业余爱好。他深爱古典音乐，歌唱得也很好。在霞飞坊附近，约五分钟步行距离，有一座兰心剧场，常举办音乐会，他常去欣赏。但音乐会票价不菲，作为一位中学教师，每次买音乐会的票都得咬咬牙。男高音歌唱家沈湘是他在天津时的学生，常来霞飞坊探望老师。有一次沈湘在圣约翰大学举行个人演唱会，李先生也去听了。虽然酷爱音乐，也不是每一种乐器他都喜欢，他不喜欢吹口琴，说："像啃馒头！"李尧林也不喜欢川剧，说不好听。

爱情友情

李尧林先生是那么善良，那么纯真。他不愿意伤害任何人，曾经有一些女性向他暗示过爱情，他总是认为自己穷，没有条件组织美满的小家庭，不能使对方幸福。

翻译家、散文作家杨苡先生是李尧林的挚友。二〇〇三年杨苡曾写过一篇名为《梦李林》的纪念文章，文章中详细地讲述了半个多世纪前两个人之间的永恒的友情。从一九三八年阴历年三十的晚上，杨苡收到了李先生的第一封信，半个月后在同学家中两个人第一次会面。在以后的五个月之内，他们彼此通信，杨苡共收到了李先生四十封信。有一次，在大光明电影院看电影散场后，二人偶然相遇，随后又到海河边散步聊天。杨苡说这段时间是她一生中最难忘的几个月。后来李尧林去了上海，杨苡去了昆明，他们仍旧相互通信。后来由于抗日战事紧张，他们之间的联系便中断了。

沪上生活

在一九三九年九月，李尧林从天津到了上海，和弟弟巴金同住在霞飞坊朋友索非的家里，巴金住三楼，他住在三楼亭子间。此时巴金已经开始了《秋》的写作，李尧林就成了第一个读者。巴金每写成一章就让哥哥先看并给他提意见。不久李尧林也开始了案头工作，动手翻译俄国冈察洛夫的小说《悬崖》，也常常征求弟弟对译文的看法。翻译《悬崖》所根据的英、法文译本都是巴金拿给他的。一九四一年底太平洋战争爆发，日军占领了上海的"租界"，到处抓人，文化人处境十分危险，巴金离开上海去了大后方，李尧林搬到三楼。后来，他又为文化生活出版社翻译了几本西方文学名著和其他一些外国文学作品。对于翻译工作，他勤勤恳恳、认认真真地一字一句推敲，一定要做到文字流畅、不拗口，但又要忠实于原著，达到"信、达、雅"的标准。同时他还在智仁勇女子中学兼课。

李尧林为人正直，尊重他人，处处为他人着想。但是他极少把自己内心深处的东西与他人分享，他似乎把一切都看得很淡，很少大声言笑。但是对孩子们、对年轻的学生十分友好。当时已是中学生的索非之子鞠躬喜欢到他房里去，他从来没有露出过不耐烦的神色。一九四〇年，他们一块儿在上海过了十个月，一个星期里他们总要一起去三四次电影院观影，也从不放过工部局乐队星期日的演奏会。他们还时常在弄堂里一起打羽毛球，一起去观看网球比赛，也喜欢同逛旧书店。

李尧林患肺结核，这病在二十世纪四十年代可是富贵病，但在沦陷的上海，仅靠弟弟巴金的稿酬（巴金一生只靠稿酬生活，他不隶属任何单位）和自己偶尔能得的译作酬金，是不可能有效地医治疾病的。李尧林逐渐消瘦，多年的战乱和不安定的困顿生活已经把他的身体完全拖垮了！

"真正的家"

一九四五年，抗战终于胜利了。已经在贵阳结婚的巴金在得知抗战胜利的消息后，马上给中断联系的三哥打电报。李尧林回电：大病初愈，盼速归。巴金夫妇多方奔走，花了两个多月时间赶到上海后，才发现三哥早已病倒。

初冬乍冷的十一月，李尧林住进了上海虹桥疗养院，但令人意想不到的是，他只在医院住了七天便离开了人世。当时李尧林先生有不少话要说，在病重之际，他也只能对他四弟巴金叹息着："有多少话要说，来不及了！"十一月二十二日，淡泊一生的李尧林先生永远闭上了闪着睿智的眼睛。他仅仅四十二岁。他不是死于绝症，而是死于原本可以医治的肺结核病。他的肺病长期得不到精心的治疗，又营养不足，再加上生活不安定，四弟巴金和朋友苦心经营的文化生活出版社被当局封门，留守的四弟好友、散文家陆蠡突然被日军抓去，下落不明。在紧张不安之中，李尧林总算等到了抗日战争胜利的日子，但他像一支燃尽了的蜡烛，熄灭了。一九四五年十一月二十二日下午两点，他的遗体在上海殡仪馆中入殓。他没有留下一个字的遗嘱。他把有限的全部收入都贡献给老家亲人，死后只有一把刻着他的名字的小小的金钥匙留给了巴金。

李尧林逝世后，巴金把他安葬在上海虹桥公墓。李尧林以"李林"为笔名翻译的《悬崖》等书出版，巴金用稿费为他两次修了墓。墓碑很别致，墓上用大理石刻了一本摊开的书，书中有字："别了，永远别了。我的心在这里找到了真正的家。"那是巴金从李尧林发表的译文中挑选出来的一句话。一九四五年底，巴金与萧珊的第一个孩子出世，巴金给她取名为"小林"，以纪念这一年。尧林生前曾在智仁勇女子中学兼课，五个女生在他墓前种了两株柏树。第二次修墓时，在墓前添置了一个石头花瓶。后来连续几年，在清明和他忌日时都有亲人与学生在他墓前插满鲜花。遗憾的是"文革"浩劫中，虹桥公墓被砸毁，书、碑和遗骨都找不到了。

巴金为纪念哥哥，曾经准备成立一个"尧林图书馆"，并在许多书上盖了"尧林图书馆"的章。可惜以后由于多种原因，尧林图书馆没有建成。巴金曾专门写过《纪念我的哥哥》《我的哥哥李尧林》等文章，表达自己对三哥的深切怀念，称赞"他像一根火柴，给一些人带来光与热，自己却卑微地毁去。他虽然默默无闻地过了一生，可是他并没有白活。他悄悄地来到这个世界，又悄悄地走了。不愿意惊动别人，但是却播下了爱的种子"。

二〇一一年六月二十一日

记巴金

◆ 黄　裳

一

　　一九四二年的冬天，我和几个朋友离开上海到内地去。我的目的地是重庆，打算在那里继续读完没有结业的课程。在重庆，我没有朋友或亲属，对四川这个陌生而又亲切的省份则充满了迷惘的憧憬。我对四川的知识很大部分是从古书里得来的。例如唐代诗人李商隐美丽而不易捉摸的诗句。不用说，这是些距离现实十分辽远的古昔的影子。正如李商隐诗，"红楼隔雨相望冷"，当时在我心目里的四川，倒正像笼罩在如尘的雨幕后面的红楼吧。

　　在我的旅行包里藏着几封信，其中一封是一位中学里的老师写给我的。收信人是他的一个住在重庆的弟弟，当时已经是著名的作家的巴金。好几年前我已经在天津学校的宿舍里读过了巴金的名著《家》，从小说里认识了成都。比起唐代诗人来，小说的描写可要真实、生动得多了。它更接近于现实。更何况小说里还有着活生生的人物，他们和千万个读者一起欢笑,一起哭泣。他们是住在成都的,成都是四川的一个城市;而四川则是中国的一个省。我的旅行包里藏着好几封介绍信,全是父亲的朋友写给他们的朋友的。必要时我可能请求并获得他们的一些照拂。但其中我最珍重的是李林先生写给我的信。和千万个青年读者一样,我非常希望看到自己所熟习、喜爱的作家。自然,当时完全没有想到,我会选择文学作为自己的终生事业。倒不是由于胆怯,当时多的是勇敢的狂想,其实是根本没有想到。

当我在重庆的扬子江畔定居下来以后,就怀着激动的心情,跑到城里去找巴金。非常失望,他到桂林去了,没有遇见。在那一年苦闷、寂寞的日子里,我写了一些散文,记下了入蜀途中所看到的形形色色的风景、人物。一九四四年夏天,我离开了学校,来到桂林,准备到湘桂前线去。在来到桂林第一天的傍晚,我就到城里的文化生活出版社去访问他,他又离开桂林到别的地方去了。这使我非常怅惘,今天我还记得一个人在斜风细雨中走过漓江江畔,在闪烁着微黄灯火的桂林街头徘徊的寂寞心情。

这以后我就到了印度。在那里我编定了我的第一个散文集子——《锦帆集》。我把这样一册幼稚的、薄薄的小册子寄给了巴金。这件事就足以说明我当时有着怎样的激情与勇气。我竟毫不惭愧地将一本年轻人的习作寄给了一位著名的作家并要求他为我找一个出版的机会。更出乎意料的是很快就收到了他的回信。回信很短,他告诉我已经把那本散文编入一个丛刊了。我在那封短信里没有发现一个前辈似乎应有的气派声口。

这在当时甚至都使我感到有些失望。他那封装在重庆土纸印的信封里的信，我一直保存到今天。

　　我第一次看见巴金，是在一九四五年秋天的重庆。抗战胜利使我失了"业"，从昆明回到重庆，依旧住在九龙坡学校的宿舍里，开始了一个真正的"作家"的生活。那就是说，开始卖稿为生。我把一年多来看到的战争场面、人民的生活与苦难用笔记录了下来。后来，我又成了一个记者。我到重庆市民国路的文化生活出版社去看巴金。我在那座就轰炸后的断瓦颓垣改修的"大楼"的底层的书店办事处里看见了他。那一次见面好像并没有谈多少话。我自己说不出什么话来，同时发现巴金也并不是一个会滔滔不绝发表议论的人，甚至是一个拙于言辞的人。我向他表示了敬意和感谢。我请他到上海后问候李林先生，我只知道李林先生在生病，却料不到那时已经临近他生命的结末了。我很快地就结束了这次"访问"，在我记者生涯的初期，这是一次真正的"失败"。最近我还遇到一位当时在重庆文化生活出版社工作的朋友，她还提起她当时的印象，说我那种说不出话来的样子简直不像一个记者，更不符合从我的文字中所能引起的关于我的印象。我想她的记忆是真实的。

二

　　《家》是巴金四十七年前写成的，是他影响最大的一部长篇小说。《家》在去年印行了新版，作者在《后记》里说，"我的作品已经完成了它们的历史任务，让读者忘记它们，可能更好一些。"我读到这里就立即在眼前浮现了一幕不易忘记的场景。去年冬天一个早晨，我走过上海老西门，发现马路上排着一条长长的队伍，队伍之头在新华书店门前，尾巴则看不见，已经伸展到中华路上去了。在上海，排成这样长的队伍是少见的。在书店关紧的铁门上面，攀附着一大群年轻人，看样子是中学生；队伍中间有男有女，有中年人也有老人，他们都安静地排着队。时间还早，离书店开始营业大约还有两小时光景。我猜不透今天书店有什么新书供应，就找一位老先生打听，他对我说："听说今天书店里可能供应《家》。"我肃然了一下，就赶车去了。我坐在车上想，巴金在《家》的后记里表示的愿望，可能是并不切合实际的。今天的读者，看来还不想忘记这部四十七年前出现的作品。

我最近又读过一次《家》，连同作者为作品写过的一些序跋。我思索着一个问题，作品为什么会有这样的力量。我觉得这是个复杂的问题，应该留给文学批评家和文学史家去解答，我自己只能思索一些比较浅显、更为实际的问题。譬如，作者在序跋文里反复声明，小说里只有两个真实的人物。可是四十多年来读者似乎都不大肯接受这样权威的解释，他们直到今天还在关心着小说里一些人物的命运。看来读者并不都是像"特种学者"那样有什么"历史癖"，他们对小说里人物的同情、关心，或厌恶、斥责是可以理解的，而且是完全正当的。这是一种善良的愿望，应该得到尊重。而且这正是说明作品力量的所在。

四十多年前我在中学里第一次读《家》的时候，也曾暗暗研究过我们的英文老师和觉民之间的关系，也想象过小说的作者与觉慧的关联。不用说，我当时并没有什么"历史癖"，也并无野心去写什么考证、索隐的论文，有的不过是一个年轻人的好奇心。我也始终没有向我的老师探询过这样的问题，那原因也并非怕被扣上唯心主义的帽子，实在只是腼腆。我失悔当时没有向李林先生提出这个问题。我相信，我是不会受到斥责的，不，他不是那样的人。

今天，我倒想根据自己的回忆，说明小说所写并非真实人物的传记这样一个浅显的道理。最近我常常发现，我是只能研究这样浅显的道理的，而且觉得这是我的一种小小的进步。

我手边还保存着一册一九三四年的《南开同学录》。这已经是历史文献了。当年的老师有很大一部分已不在人间，同学也多半久已不通音讯。翻翻旧录，却能引起许多回忆，往往仍鲜明如昨日事。在"男中学部教员"里就有着这样的记载："李尧林，四川成都，本校西楼，燕京大学毕业英文。"这就是我的英文老师，冈察洛夫《悬崖》的译者，李林先生。在我的记忆里留存的有关南开的种种，有许多是美丽的。离开南开以后，我也曾住过别的几处学校，对比之下，就使我更加觉得南开是值得怀念的。当然这并不是说，南开是什么天堂似的所在，不，完全不是这样。但，我仍不能不说，南开是值得怀念的。

后来也曾在南开做过教员的何其芳先生，曾经在一篇散文里不指名地称这个学校为一座"制造中学生的工厂"。我没有听过其芳先生的课，但对他的诗与散文是非常佩服的。其芳先生的愤慨和对南开的指摘，也都值得认真考虑，但我仍觉得不能简单地接受他的那个结论。不用列举别的理由，在南开，曾经有过李林、何其芳这样的教员，就很可以说明南开的特点。更不必说这座"工厂"的大量产品中间，曾经有过许多出色的人物了。一九五一年巴金从朝鲜前线回国休假，其芳先生在北京请巴金夫妇吃饭，我也被一起拉去。本来想向他提出这个问题，终于因踌躇而不曾提出。其芳先生在经历了长期的磨难之后逝世，在这里我要表示一个曾经受过他影响的学生的敬意与悼念。

南开中学的教员也真是五花八门。有浑身卫道气息的老夫子，有刚从美国回来的教授太太，有才从大学出来、比大学生大不了几岁的不像教员的教员，有"从×××先生习武二十年"的武术家，自然还有必不可少的"辅导干事"。就是这样一些出身、教养、性情、作风都天差地远的人在南开独特的"教育方针"统摄之下工作，这是一个怎样复杂的矛盾集合体，是不言而喻的。在这个教员群中，李林先生是个十分突出的人物。在他的班上，有时课上了一半，他会突然宣布，全班排队到外面去活动。具体的活动内容已经忘记了，大约是到墙子河边去散步吧，反正与英语无关是肯定的。他教英语，大不注意死板的文法，而着重阅读与朗诵，还有就是教我们唱英文歌，这可是经常的，每次上课都要唱。到今天我还记得一首歌的词句和唱法：Row, row, row your boat, gently down the stream, merrily, merrily, merrily, life is but a dream. 这大约是，我平生会唱的、得自恩师传授的唯一一首洋儿歌。这样的教授方法，在南开的主管人看来，大约总不免有些离经叛道，不过很奇怪，并没有听到他的饭碗曾受到过怎样的威胁，他在学生中间的威信倒是颇高的。他常和同学一起打篮球、打网球，有几个月还和同学一起在大饭堂里包饭，挤在八人一桌的台面上用不够文雅的方式吃饭。当一本小小的文艺刊物《水星》在北平创刊时，学校校园里出现了一些征求订户的小字条，下面写着"本校西楼"和他的签名。

回忆起来，早在中学时代我就有了买书的癖好了。学校外面有一家"会友书局"，专门经售文学读物和期刊。我是每天必去，而且总要抱两本回来的。不久，宿舍床头的木板架上，就排满了新书。记得有一天，李林先生把我叫到他的宿舍去，相当激动地问我，是不是买了不少新文学的书。然后就告诉我，一个姓傅的"辅导干事"当我们上课时去宿舍查了房间，翻检了我的书物，而且作为一种"危险情况"在教务会议上提出了。他说，他在会上和这种"荒谬绝伦"的意见激烈地争辩了一通，对这种侵犯学生自由的行为进行了抗议。他有些口吃了，说明他的激动还不曾平静下来，而且可以看出，他虽然勇敢地战斗了，但并未取得胜利。结局大约总是不了了之。他最后告诉我要小心一些。对他的警告，我当时是并不理解也不重视的，心想买两本书看有什么了不起，学校的图书馆里不是也添过些书而且用硬纸板装了封面在出借吗？但对他的出面主持正义则是感谢的。觉得他和别的老师不大一样，他是和我们站在一起的。

我回忆这些旧事，希望为读者理解《家》这本作品提供一些资料。当时也想说明，照我看，李林先生和《家》里的觉民实在并不是一个人，他比觉民还要更大胆、更活泼，对旧的传统有更多的叛逆性，他还会做出更多使读者精神一振的事来。不知怎的，又想到了《红楼梦》。关于《红楼梦》的争论，可谓多矣。而且不只过去争论得热闹，将来的争论肯定还会更加热闹。过去一段时期，人们正确地批判了一种荒唐的论点，那就是把曹雪芹当作太史公，把《红楼梦》当作由"宝玉列传""林黛玉列传"组成的《史记》。这是只有有着"历史癖"的特种学者才说得出的昏话，对这种昏话不加批判是不行的。不过事情往往不是一帆风顺的，半路上有些论客出来打诨了，他们把本来是不错的意见一个劲地推、推、推，终于推进了荒谬绝伦的所在。谁要是对曹雪芹的身世、经历，他所生活的时代、社会，作一些深入的研究，特别是与《红楼梦》做一些对比的研究，他们就气急败坏地喊道："复辟了！这种复辟太典型了！"这些论客和"特种学者"实际并没有什么不同，花样尽管翻新，目的原是一样。把一部伟大的作品封闭起来，加以取消。不过如此而已。近六十年前，鲁迅先生在《中国小说史略》中就对曹雪芹的创作《红楼梦》说过这样的话了："盖叙述皆存本真，闻见悉所亲历，正因写实，转成新鲜。而世人忽略此言，每欲别求深义，揣测之说，久而遂多。"这是十分平实的说法，经六十年岁月的检验，已证明是非常正确的说法，特别是经过某些论客的疯狂践踏之后，回过头来看，更感到这种说法的可贵，因为它是实事求是的。我并不想拿《家》和《红楼梦》对比，不过我觉得两者的产生过程确有某种程度的近似。巴金如果没有他最初十九年的生活，没有那些他所深爱、深知的亲人，没有使他坐卧不宁的激情，那么

《家》的产生就是不可能的。这就是我经过思索以后得到的简单结论。至于小说家不是摄影师也不是太史公，则是属于常识范围里的事，这里可以节约加以论述的篇幅了。

不久以前巴金在闲谈中说起，他的大哥和三哥（李林）寄给他的信，他曾经保藏了多年，订成了厚厚几册的，十年前由他自己亲手毁掉了。他说，他是不想落到"四人帮"爪牙的手里，成为"展览"的资料。他说这些话的时候一直都在微笑着。这些信已经毁灭了，他们的影子却清晰地留在《家》里面。作品自有它的力量，它会生存下去的。不论是怎样的"英雄"，对此都将无能为力。

三

一九五六年我到四川去旅行，过成都时曾去访问李家的旧宅。不记得那地方已经改为一个什么机关了，只在大门口张望了一下，远远地看了可能曾经是巴金的卧室和书房的屋子，就走开了。我没有走进去，没有去看花园，没有去凭吊鸣凤自沉的湖边"遗址"。这就证明我的"历史癖"并不太深，头脑也还比较清醒。不过我当时确是有着一种小小的计划，我想，如果要认真研究巴金和他的作品，不了解成都的种种是不行的。我在成都住了一个月。看了不少川戏，看了廖静秋的《归舟投江》，这是一个很有才华的演员，当时已经身患不治之症，但仍严肃地坚持舞台工作。巴金很尊重她这种工作精神，他和几位四川的全国人民代表大会代表给"人大"写过一封信，提议给廖静秋拍一部舞台纪录片。信里有这样的话："现代科学还不能保存她的生命，但是可以保存她的艺术。"后来她留下了一部纪录片。不久以后廖静秋逝世，巴金写过一篇纪念她的文章。从这件小事也可以看出巴金对川戏的感情。

在《家》里描写过五十年前川戏演员生活的一些小小侧面，在另外的文章里他还作过更详细些的说明，看来那时候四川演员的命运和《金台残泪记》这类作品里所描写的北京演员差不多。巴金对这些被侮辱与损害者是同情的。这一点，过去巴金的研究者似乎都没有加以注意，可能就是因为人们对这种社会现象缺乏必要的了解。不过一九五六年的成都已经再也找不到这种历史残迹的余痕。访问老演员也很难获得这样的材料。我看过《打红台》后访问了著名演员面娃娃（彭海清），他谈了不少表演和川戏流派，使我增长了见识，但他并没有谈旧时代演员的生活，仿佛这一切都真的一去不复返了。在成都，唯一使我感到满意的是发现了一个别有风味的舞台，当时它还被使用作一个主要的营业性剧场。它是在一个旧宅的花园里，舞台不大，池座四周有朱红的游廊，外面就是花园，只能接待几百个观众，在这里我看了《抢伞》《辨钗》这些节目，感到环境和演出十分协调。我想《家》里描写的公馆里演戏那种场面，大抵就差不多是这样子。

巴金是很喜欢川戏的，川剧团旅行演出路过上海，总有些演员到他家去做客。不管是老演员还是年轻演员，都像熟人似的和他随便谈话。川戏在许多地方都赢得了不少热情的观众，其中不少还是狂热的爱好者，碰在一起就热烈地谈起来。在这种场合，巴金只是微笑地听着，把"内行评论家"让给旁人。他在《谈我的短篇小说》的末尾说："我从小时候起就喜欢看戏。我喜欢的倒是一些地方戏的折子戏。我觉得它们都是很好的短篇小说。"他举了川戏《周仁耍路》的例子，作了分析，指出这完全是中国人的东西，从人民中间来的东西。他赞颂了我们深厚的传统。从这里可以看出中华民族优秀的传统文化给作家的哺育，而这也正是研究者往往忽略了的。

　　巴金有着非凡的记忆力。五十年代初，有一次饭后闲谈，他兴致很好，随口背诵了好多篇古诗，包括《长恨歌》《琵琶行》这样的长篇。那时我正在起劲地买旧书，他托我顺便给他找一部旧版的唐诗选本。记得后来找来了一部《批点唐诗正声》，选本并不高明，不过是明万历刻，棉纸印的。巴金喜欢买书，但从不买线装古书，这部《唐诗正声》，大约在他的藏书里算是很别致的了。他还托我从相熟的旧书店里买过一整套《绣像小说》。《老残游记》就是最初在它上面发表的。此外还买过全套的林译小说。这些都是他年轻时熟习并喜爱过的读物。他摩挲着这些书时，表现了非常的喜悦。我想起他在《忆》里的一段文字。当他还是一个孩子时，晚上在清油灯下，跟着母亲读他自己手抄的词，这是个非常美丽动人的场景，它使我想起龚自珍的《三别好诗》和诗序。龚自珍说有三位文学成就并不太高的作者的作品，却是他一直深爱的，那原因，"以三者皆于慈母帐外灯前诵之，吴（梅村）诗出口授，故尤缠绵于心，吾方壮而独游，每一吟此，宛然幼小依膝下时。吾知异日空山，有过吾门而闻且高歌、且悲啼，杂然交作，如高宫大角之声者，必是三物也"。龚自珍在这篇诗序里表现了他独有的文学特色之外，还表现了更重要、更真实的东西。

巴金的《家》里有两个真实的人物。一个是他的大哥，这是读者都知道的。还有一个呢？我问过他。他说："是我的祖父。"

一九五六年路过重庆，抽空到"米亭子"去了一次。抗战中这里曾是旧书店的集中地，此刻是冷落得多了。旧书店只剩下两三家，货色也少得多差得多。我在散堆在门板上的烂书中间，无意中抽出了两本薄薄的诗集，是民国初年成都相当精致的小字刻本。我从书末校刊的后裔列名里发现了李林和巴金的名字。我知道这该是他的祖父的诗集了。带回上海，给巴金看了果然是的。高老太爷和冯乐山这样的人物，在一九五六年的成都，恐怕已经再也找不到一个标本。因此想领教一下他们的"风范"，是困难的。但我在成都市上还是买到了《诗婢家笺谱》，买到去世不久的赵尧生（熙）的诗集和木刻小本《情探》。此外，他们的遗迹在四川各地一些名胜所在的刻石上，还留存着不少。他们有着那个时代一切遗老的共性，同时也有他们地区性的个性。就是这样一些确实无疑的地主阶级代表人物，也还是复杂的，不像"四人帮"论客们想象的那么简单。赵尧生写出了《情探》，就是一个例子。我没有用《焚香记》和《情探》比勘过。据说两者是大相径庭的。《情探》是鬼戏，是为江青之流所切齿痛恨的鬼戏。但自从三十二年前读了鲁迅先生的《女吊》一文以后，我就对诸如此类的一切高论产生了"免疫力"。无论"'前进'的文学家和'战斗'的勇士们"唱出了怎样慷慨激昂的高调，一概当作"呆鸟"的嘶鸣。现在看来，这种认识又十分不够了。他们哪里只是什么"呆鸟"而已呢？这又是我近来的一点小小的进步。

在我看来，《情探》里的焦桂英实在是一个带复仇性的、很美也很强的鬼魂。如果人们不是同情，反而责怪她，斥责她的斗争手段卑怯而不科学，那么，照我看来，简直就和手执核子武器，却在嘲笑第三世界人民手里的雕弓与匕首者异曲同工，实在已经大大高出"呆鸟"之上了。为什么冯乐山，或至少是冯乐山的诗友会写出《情探》这样的作品来呢？这就是使我感到问题并不那样单纯的因由。

一九五六年在成都的日子里，我还访问过《死水微澜》的作者李劼人，访问过"商业场"的旧址，设法吃了有代表性的川菜如"开水白菜"之类，在少城公园吃过茶。目的是想写一篇探索《家》的时代背景那样的报道，可是这个题目非常困难，时间又迫促，终于不曾写成。

过去，我也曾和朋友合作，用这种不太聪明的方法研究过《红楼梦》，不料却成了"典型的复辟活动""繁琐考证"的标本。我一点不明白，为什么一碰上"考证"，江青、张春桥之流就像被掘了祖坟似的发狂、发怒、发抖呢？他们为什么疯狂地反对写真人真事的作品？似乎这些都是不可理解的。现在可是悟出一点奥妙来了。

鲁迅曾经在一篇文章里描写过他婴儿时代曾经戴过的银饰，上面镶着尺、剪刀、算盘、天平之类的小东西。这是被当作避邪的法宝的。为什么呢？鲁迅解释道："中国的邪鬼，是怕斩钉截铁，不能含糊的东西的。"对同样的事物，鲁迅对日本朋友增田涉也解释过："总之，这些东西，都是为了弄清事物的。可见中国的邪鬼，非常害怕明确，喜欢含混。"考证这东西，终的也不过是为了弄清事物。邪鬼之见而生畏，因畏生恨，非灭此朝食不可，不是明明白白的了么？

鲁迅后来为了探究和好奇，从三十年代上海的银楼里买来了几乎一式一样的银饰，叹息道："奇怪得很，半世纪有余了，邪鬼还是这样的性情，避邪还是这样的法宝。"现在是距离鲁迅发出这种慨叹又已过了半个世纪。中国的邪鬼的性情是否有了什么改变，也真难说得很。世间大约没有什么永久不变的事物，我想，至少比起它们的前辈来，今天的邪鬼已经变得更为伶俐，只是银饰式样的法宝，已经难以制服。但无论如何，斩钉截铁，绝不含糊，这样的原则，在邪鬼不曾完全消灭之日，总还是适用的吧。

四

一九四六年秋我从重庆回到上海，到霞飞坊（现在的淮海坊）五十九号去看巴金，这已经是李林先生逝世的半年以后了。巴金和萧珊就住在三楼李林住的书房里，这时他们已经有了一个不满周岁的小女儿——小林。现在是小林自己也有一个小女儿了。一次，我从一面走动一面讲话的小林的侧面，又看到了李林的瘦削、带了分明轮廓的深深小酒靥，我想，有些似乎已经永远失去了的东西，也还会在无意中出现。

霞飞坊的房子的开间不大，三楼临窗放着一只书桌，铁床放在后侧的角落里，其余的空隙全部被装玻璃橱门的书架占去。书架布置得曲曲折折，中留有可以侧身走过的通路，就像苏州花园石假山中间的小径似的。书架里绝大部分是外文书。二楼的一间是朋友让出来的，是吃饭、会客的地方。

写完了《寒夜》以后，巴金没有再写新的长篇。这个时期除了翻译以外，主要是做编辑工作，还有就是读书。客厅里客人来往不断，他有时陪客，有时就躲到三楼上去。有时来了客人，喊他下来，他就披着一件半旧的人字呢夹大衣，手里捧着一本书，眼镜推在额上，从楼梯上走下来，一面招呼，一面嘴里还咿唔地说着什么。自然，这时的来客一定是熟人。

这时他们的生活过得还算平静，经济来源似乎主要靠巴金在开明书店的版税收入，他的一些主要作品都交给了开明。在那些日子里，物价一天一个样子，甚至一天早晚也是不同的。书店的版税隔一段时间付一次，还是期票。领取版税，买回生活资料，则是一场紧张的战斗。我曾经协助萧珊进行过这样一次"战斗"。我们一早赶到书店，取到支票，立即赶到一个在银行里工作的诗人朋友那里去贴现。领到用线绳扎起的一捆捆污秽的"法币"，借了一个小口袋装了，又立即跳上三轮车。按照事先的计划，飞快地把这换成一些日用品，才长长吐一口气，安心了。整个过程只需要很少一点时间，但毫不夸张确是一场战斗。在当时以笔墨为生者中间，有进行这种战斗的幸福的人是不多的，不，应该说是绝无仅有的。

巴金是怎样工作的？我说不大清楚。他总是一个人躲在三楼的卧室里工作的，而且多半在夜里。他做有关编辑的一切工作，有时还看校样，连插图、装帧都要管。他有一本外国印的厚厚的讲装帧的书，里面收了许多文学书的封面、扉页，文化生活出版社的《文化生活丛刊》的封面设计，就是从那里面取来的。他十分看重插图，有时为了一个译本要搜集两三种版本的不同插图。平明版的契诃夫短篇集的封面题字是捉住靳以挥毫的。巴尔扎克的几本小说的开本、装订，则是仿照了法国的出版物。自然并不是什么豪华版，但素朴、大方，自有风格，装订也认真。这套书后来重印时变成了硬纸面的"精装"，我看是反而"雅"得有些"俗"了。

巴金当了十几年编辑。他最早年编成的两套书是"文学丛刊"和"译文丛书"。"丛刊"一共出了十辑，鲁迅的《故事新编》就收在第一辑里；"丛书"的第一种也是鲁迅译的果戈理的《死魂灵》。这是这两套文学创作和翻译丛书的光荣。鲁迅先生用他晚年的最后两本书，支持了这两个新创办的丛书，这件事本身就带有一种传统、接班的意义。十多年前我在一次闲谈中问巴金，在他看来，中国的文学译本哪一种是最优秀的？他的回答是，《死魂灵》。我是同意这个判断的。我说不出什么系统的翻译理论上的根据，但我相信，翻译果戈理，比鲁迅更出色的译者，恐怕是没有了。

九年前张春桥曾经对一些搞"调查报告"的人发过一通"指示"。张春桥对列宁的只从经济上划分阶级十分不满，他要"发展"列宁的理论，他主张要从政治标准的角度考虑问题。张春桥把一大群人都定为资产阶级之后说，巴金算什么阶级？这个人实际上是个资本家。张春桥举出的理由是巴金家里是大地主，而自己则开过书店。

张春桥的"指示"提醒我们，巴金在文学编辑、出版方面所做的工作，是引起了这个"帮"的密切注意的。手头没有"文学丛刊"，也没有"译文丛书"，说不出确切的统计数字。根据我的印象，这里出现的作者，已知名的和新人的比例至少是一半对一半，有时甚至是一与三之比。有许多有成就的作者，当他们在"丛刊"中露面时，都是不折不扣的新人。这样的编辑方针，怕不是一个精明的出版家所能同意的。巴金居然这样把书店开下来了，居然有了成千上万的读者，同时还涌现了一批优秀的作者。用张春桥的理论加以衡量，也可以算是一个奇迹。

写到这里，看到巴金在《人民日报》上发表的纪念何其芳的文章，引起很多回忆。何其芳最早的一本诗与散文合集《画梦录》，就收在"文学丛刊"第一辑里。《扇上的烟云》就是这个集子的代序。这是一本薄薄的集子，全书也不过几万字吧。作者当时还是"一个穿长袍的斯斯文文的大学生"。今天的读者恐怕很难想象，这样一本小书，在当时曾经引起过怎样的影响。就在其芳先生称之为"制造中学生的工厂"的那所学校里，它引起了毫不夸张的一种震动。人们传说着，一颗文坛上的新的彗星出现了。不久以后，同学们又以怎样的热情迎来了这位年轻诗人做自己的先生。我没有被分在其芳先生的班上，没有听过他的讲义，但自《画梦录》出现以后，我就是他的一个忠实读者，而且在以后学习写作时，总是记着这样一位先生。他后来所写的一些散文，《呜咽的扬子江》那一套旅行记留给我的记忆尤深。这些文章都收在《还乡杂记》里，这本书最早的版本在封面上却大书着《还乡日记》。这本书的样子到现在我还清楚地记着，虽然书是早已失去了。

"文学丛刊"第一辑还给中国的读者和观众介绍了曹禺和他的《雷雨》。这以后又在接下去的几辑里介绍了《日出》《原野》《北京人》。我从"南开同学录"里还查到曹禺的名字，他是一九二八年的中学部第二十一次毕业生，还知道他有一个别号"小石"。

我手头没有"文学丛刊"，无法，但也没有必要提出更多的作家和作品了。当然不是说这里出现的都是"篇篇锦绣，字字珠玑"，但它在中国现代文学史上留下的痕迹，却是张春桥之流无论如何也抹杀不掉的。

我看见过巴金那张不大的书桌，那上面堆放着怎样零乱的一大堆书报、原稿，但我没有看见过他在这张书桌上工作的情景。不过我知道，他把生命的多大一部分消耗在这里了。今天，巴金的头发已经完全白了。每次我看见他，看着他那满头的银发，总会产生一种异样的感觉。一九六二年他的头发还是全黑的，使他的头发变白的，并不是四十年的工作，而是别的什么东西。我知道，这里有着一部没有字，或还未写成字的书。最近我还听他说起要写这样一本小说，我知道他不是随便说的，他是会写出来的。

巴金和他的哥哥李林在性格上是很相近的。无论是谁，和他最初接触时产生的矜持，总会在短暂的时间里消失，就像冰块遇见火一样。他当然不是一个演员，也没有受过什么交际训练，他甚至在这方面常常表现得相当笨拙。他有着一种特有的、完全不是造作出来的坦率与真诚。这实在是很有力量的。三十年前我称他先生，今天我还是称他先生，习惯了。这当然不是平常泛泛的敬称，可是我从未在他身上发现某种前辈的气息。和李林一样，他是自己的学生、后辈的朋友。

一九四七年，我工作的日报被国民党封闭了，一时失去了写作和发表作品的地方。这时，巴金把李林没有完成的威尔斯的小说《莫洛博士岛》的译本交给我，鼓励我把它译完。我向他申述我的语学素养不足承担这样的任务。他只是简单地微笑着说了些什么，就使我不能再表示反对。当然，我的天真与勇敢也是起了作用的。这以后，同样在他的鼓励、提示之下，我还译过另外几本书。这些都是不成气候的译本，但想起这些总会给我带来一种温暖，因为它们的出现是在被缴了械以后的事。也许可以不大恰当地比作"地下工厂"的出品吧。即使是被大石头紧紧压着，小草也还会钻出地面、生长、发育，石头再大再重，对水分和阳光也是无能为力的。

和李林的冷静孤介不同，巴金是更为热情的。但这只不过是外表上的差异。在谈天的时候，对一件事，一种社会现象，他常常会激动地发表意见，说得很多。往往说不下去了，就皱起眉用断续的"真是，真是"结束。多少年来他一直保留着这样的习惯，他现在是年过七十、满头银发的老人了，也还是这样，一些都没有改变。有时会感到他比过去激动得更厉害。谈论的事情有时是很细小的，但引起激动的因素却并不细小。他不可能是一个好演说家。他常常面对不少听众发言。这时他往往读他自己写好的稿子。就这样，听了还会使人激动。主要原因是他说了真话，说了人们所关心的一些重大的问题。二十年前，人民文学出版社出版了十四卷《巴金文集》。这是他自己编的，收进了解放前的全部作品。对这一套"文集"，"四人帮"的评价是"邪书十四卷"；也有人认为，编得不太谨严，把什么文章都收进去了。这也许是有道理的。不过我总觉得，把自己几十年来所写的一切，全部展现在读者面前，这事情本身就是了不起的。这需要惊人的坦率、勇敢。这件事，很好地说明了作为一个作家，巴金身上最本质的东西：正直。

五

巴金写过好几本旅行记，这些都收在"文集"的第十一卷里。他还说过"我爱旅行"这样的话。

我不大清楚，在中国文学传统中，哪些算是正宗的"游记"作品。像《徐霞客游记》那样地理学家的著作，我是不喜欢的，只是作为科学家的调查报告，加以尊重；柳宗元写的山水记也是有名的，我同样不大喜欢，觉得它还不及也是科学著作的《水经注》的有些片段写得好；柳宗元的追随者在千余年中所写的大量刁钻古怪、费尽心机的"游记"，我也同样不喜欢。

巴金的"游记"作品，大概也不能称作正宗的"游记"。他的确描写过不同地域的风景、道里，但对古迹、名胜、土产这些却毫不在意，在旅游事业蓬勃发展的今天，怕是不能满足旅行爱好者的要求的。在他的"游记"里，依旧是平凡的人物的生活和他们的快乐与痛苦的记录。小说家写游记，大抵总会写成这个样子的，我想。

新中国成立初期巴金参加了老根据地访问团，我是随团的记者。在一个多月中间，走过济南、沂南、镇江、扬州、盐城、兴化许多城镇；工作之余，也抽空到过一些地方，不过这大抵并非名区、胜景，说来可笑，只不过是找个什么地方去喝茶、吃东西而已。

在济南，一天中午，我们走到一个地方去吃午饭。这家饭馆很别致，大约也颇有名，可惜记不起它的名字了。这是一个大园子，外面有围墙，十分破败了，进门以后就远远看到一个很大的水塘，塘侧是一座水阁，看起来是上百年的建筑物了，也许还不止。水阁楼上临窗有十多张桌子，空落落的只有我们两个顾客。坐下来就正好望着那个水塘，倒是十分出色的。济南著名的鲤鱼就养在塘里。这里的名菜就是什么×鲤鱼。这实在是一个出色的饭馆，比起杭州的楼外楼，要好得远。

著名的鲤鱼的味道，今天一点都说不出了。只记得我们在走近园门之前，在路侧看到的两座石碑。并非近时的制作，雕镌也颇工致，一座碑上大书道"秦琼故里"（"秦"字上面可能还有"济南"二字，记不真了），另一座碑上好像写着有关"三十六友"之类的字样。

在楼上落座以后，第一件事就是向堂倌打听山东好汉秦琼的故事。他十分严肃地告诉我们，秦叔宝的故居确在这左近，而我们现在坐在上面的水阁，就是有名的"三十六友"结义之处的"贾家楼"了。我们也很严肃地听取了他的说明。

在吃着著名的鲤鱼中间，记得我们曾经进行过有趣的讨论。当时议论了些什么，也完全忘记了。只觉得碑文非常有趣而已。济南是有不少"古迹"的，我们没有去访，却在全然无意中碰到了这个似乎不曾有人提起过的"名胜"。

另外一次是在扬州。住在招待所里，偶然出去走走，在邻近不远的地方发现了一家茶馆。这茶馆是很特别的，大约是过去一处私家园林。从狭狭的弄堂走进去，走进一座小小的门。里面是曲曲折折的游廊。扶疏的花木，和小巧的厅堂轩馆，这些也都久未修饰，颇为荒落了。但花木还在的。别致的是茶座就安置在每个能放得下小茶桌的地方，疏疏落落，星罗棋布，吃茶的人很不少。这很引起了巴金的兴趣，四川的茶馆是有名的，花样也很多，但像这样的茶馆却没有见过。于是就坐下来喝茶。这家茶馆的名字是"富春"。后来知道是个有名的地方。不但卖茶，还有点心，点心的花样也真多。每样试试，没有非凡的胃口是不行的。味道也很好，我记得有一种特大的包子，用香菇和其他材料做心子，是非常出色的。平常多看见"维扬细点"的市招，这次才算真正得到一些理解。我们就这样坐着喝茶，吃点心，谈话，忘记了时间，一直坐到招待所里的人找我们回去吃晚饭为止。

这些小小的愉快的回忆，也许可以帮助说明作家生活的一个侧面。多年来，我不记得他曾主动提议过到什么地方去旅行，去看戏，逛街，有时也偶尔出去吃杯咖啡，但咖啡究竟不如沱茶的有味，不能一次次地泡下开水去。我想可能是因为，我开始认识他的时候，他已经是个中年人了。

最近，当他的生活又开始忙乱起来以后，因为感到疲倦，打算到杭州去住两天。我问他想玩些什么地方，他眯起了眼睛，愉快地表示了他的希望，想到西泠印社旁边的茶座去喝喝茶。他从杭州回来以后，告诉我坐了一部车子跑了很多地方。我想，这大概不是他所希望的休息方式。不过他最后说："还好，最后到了虎跑，喝了茶。"

如果说喝茶是巴金的嗜好的话，那也许是可以这么说的吧。他也确实还有别的喜欢的事物，那就是书。他喜欢买新书，更喜欢买旧书。这里所谓旧书是指旧的外文书。上海过去很有几处可观的外国人开的旧书店，新中国成立后另出现了几家，经营者大抵换了中国人。我陪他去跑过几次旧书店，他的兴致总是很好，当拿到一册好书时，眼里就会闪烁出异样的欣喜与光彩，用手提起厚厚一叠书时，也显得毫不吃力。我记得他曾买到过红色布面的蒲宁的全集，非常喜欢；还有一些旧俄作家的文集，还是十月革命前的版本，这都可以算是善本了。可惜我对此缺乏起码的知识，说不出更多的细节。记得有一次，他取出一册新得到的英国印莎翁戏剧人物图集给我看。虽是第二版，却也十分名贵了。那是彩色印的铜刻画，只有十幅左右，实在是美丽极了。巴金后来迁居到现在的住所，搬家时我曾自告奋勇去帮忙搬书。我看见堆在楼梯上下一捆捆的书，我实在只不过搬了两三捆。

巴金曾经珍重收藏过一些名贵的作家手稿。他给我看过鲁

迅先生的原稿《选本》，还是寄给在北平出版的《文学季刊》
的稿子，那真是一件艺术品，通体几乎没有什么改动，用毛笔
写在印格的毛边纸上的。还有鲁迅先生《立此存照》的手稿，
写在小幅的宣纸上，其中的引文，就从原来的报刊上剪下，贴
在文稿中间。这使我明白了鲁迅文章中经常提到的"剪而贴
之"的真相。还有先生在宣纸小幅上手书的"凯绥·珂勒惠支
版画选集"封面题字，古朴如晋人碑版。这些，后来都已赠给
了鲁迅纪念馆。巴金还为北京图书馆的手稿特藏部搜集了不少
大部头的创作、翻译手稿。

　　一个作家对书物的感情，是很难用几行文字作出满意的表
达的。鲁迅先生曾经讲起，一个文人节衣缩食去购买书籍，那
心情正如绿林英雄的不惜重资买进盒子炮。大概也确是如此的
吧。可是，这样平凡的事实，后来一度竟变成了难以理解的玄
思妙想。几年前"四人帮"的一些打手、爪牙就曾理直气壮地
质问我："一个人有几本书，是平常事。可是你却有这许多，
想干什么？搞囤积么？"

　　这难道是吴敬梓或斯惠夫脱他们编造出来的么？不，这是
真实。他们哪里想得到、写得出，我不相信世界上会有这样的
天才。

六

　　巴金在中国文学艺术界联合会第三届全国委员会第三次
扩大会议上的讲话中提到，"四人帮"说他在一九六二年上海

文代会上的发言,《作家的勇气和责任心》是"反党、反社会主义的大毒草"。关于此案,我知道一点故事可以在这里说一说。

揪出、砸烂,并深入揭批"四人帮",确是一场惊心动魄的政治大斗争、大革命、大胜利。通过近两年的工作,人们对"四人帮"是已经获得了一个概念的,不过还不够完整、深入。譬如说,"四人帮"的形成,以及它的流毒和余孽这样的问题,就都还值得深入研究。

姚文元这个角色的发迹并不太早,距离他的覆灭前后不过二十年,但一出现,就以其非凡的特色引起了人们的注意,其变化之快速也着实可惊。从叭儿到疯狗,演化的过程并不需要多长时间。姚文元很早就已获得"棍子"的声名了。人们送给他这个徽号,本已表示了明确的态度,没有必要添加多余的形容词。形容词是后来由江青补加的,叫作"金棍子"。

巴金一九六二年的那篇发言的确涉及了"棍子",虽然没有指名道姓,但人们一听就会联想到姚文元,这正是十分自然的事。记得那是一个很好的春天早晨,巴金发言以后,会议休息,人们在草地上散步。有很多朋友围着他谈笑。大家都说他讲得好,我却觉得他当时做这样的发言是冒着很大的风险的。巴金爽朗地笑着回答人们的问候,好像一点都没有什么。我想起他的发言的题目里有"勇气"字样,我想这确实需要一点勇气。

过了没有几天,上海文联举行唐代大诗人杜甫的纪念会。我赶到上海艺术剧场时迟了些,会议已经开始了。就在最后一排空着的位子上坐下来，我看见巴金还有几个别的人正坐在主席台上。不一会又有一个人进场，一屁股坐在我旁边，他不去听台上的报告，也不向左右张望，忙不迭地从袋里掏出一册刚刚印好还没有发卖的《上海文学》，翻开第一页就在暗淡的壁灯光下看了起来，打开那一页就是巴金的《作家的勇气和责任心》。

他埋头读着，读罢一段就向主席台上一看，一面发出没有声音的暗笑，露出了满口的牙，接着就又埋头去读下一段。他偶一回头，使我看到了那露出得意神色的凛然的目光。这正是姚文元。

会议开了不到一半，姚文元就站起，把杂志塞进衣袋匆匆溜掉了。关于杜甫的报告，我一个字都没有听见，我的注意全部被姚文元吸引去了。我看到了一匹窥伺着猎物的牧羊犬的全部动作，似乎也理解了它的全部心理活动。区别仅仅在于，驱使着牧羊犬的是动物猎食的本能，在姚文元这里，更多的却是仇恨。这当然是一切畜生所无法企及的。至于这仇恨的不仅限于"个人恩怨"，它还有着更为深刻的内容，那是十多年后才慢慢悟出来的。这以后果然就出现了一些流言，慢慢地流言变成了暗流。

从一九六六年下半年开始，我就没有再和巴金接触。他开始"靠边"的那些日子，我有好几次看到他在淮海路的邮局里买报，看见他一个人慢慢向作家协会走去，好几次想叫住他，都抑制住了。除了在报上看到他的名字用七行铅字排进标题以外，几乎没有听到他的任何消息。"四人帮"的爪牙经常"教育”我要学会“举一反三”“由此及彼”的本领，我也确实学会了这种本领，我从自己的切身感受里好像目睹似的看到了他的处境。“牛棚”的样式虽然千变万化，“牛棚”里的气息却是息息相通的，闭着眼睛也能想象出来。还是不久以前，从一位朋友口中，听到了他的一件“轶事”。那是在“干校”里发生的。他和另一个人同抬一筐饲料。路经一条垄沟，失足跌了进去。连忙爬起，身上的棉衣已经湿透，眼镜也失落了。赶回宿舍换了衣服，又慢慢摸回去，摸下垄沟，在烂泥里摸，摸来摸去，还是没有，后来水退了，发现眼镜却平安地睡在沟边的草地上。当我听着他这个真实的故事时，我仿佛亲眼看见他那缓缓移动着的身影，看见他那覆满银发的头在芦苇丛中出没。我没有话，也不想再去打听另外的故事，这已经尽够了。这中间我又听见了萧珊去世的消息。我连去吊唁、送葬的奢望也没有，在当时，这似乎是只有在小说《镜花缘》中才会出现的幻想。何况我听到消息时事情已经过去了许久了。

　　又过了好一些日子，我陪从北京来的一个画家朋友去访问了巴金。画家是接受了他的一个亲戚长辈，也是巴金的老朋友的嘱托，走过上海时代问候他。更重要的是要亲自看看巴金本人，听听他亲口说的话，哪怕是几句平平淡淡的话也罢。那时候，传说那么多，人们有时就不能不求助于更为原始的手段。

　　那时要去看望巴金也很不容易，好像要通过什么关系。这都是那位画家去经办的。在约定了时间以后，我随他去了，这是过了七年以后我第一次看见巴金，就在那一次，我发现他的头发完全白了。

　　他当时只能使用原来是客厅的一间房间，吃饭、睡觉、做事、会客都在这里。贴墙的一排大书橱也还在，但却封着。那位画家朋友是以机智风趣著名的，这时却变得蠢笨了。我自己就更不必说，我很不满意自己。

　　我们只坐了不多时候，大约吸了两支烟以后就告辞了。走到马路上以后，我却有着如释重负似的满意心情。原来的担心解除了。我发现他的身体，更主要的是精神，还是老样子。他完全没有被压垮，用"四人帮"的语言来说，这个"毒瘤"完全没有被"化掉"的迹象。他十分坚强。他告诉我他在译赫尔岑的书，已经完成了第一部。改好以后准备自己好好抄一部清稿，保存起来，他没有提到出版，只是笑了笑。我记起很久以前他对我说过，赫尔岑的《一个家庭的戏剧》是他自己最满意的一本翻译。他现在继续翻译这本厚书，完全不带排遣余年那种消极颓废的情绪，这在当时那些阴晦的日子里，原是许多老人或多或少都有的心情。我用不着对自己不满，其实用不着说什么多余的废话，我已经获得了满意的回答。

　　又过了两年。一九七六年十月下旬的一天，在挤满了欢乐人群的淮海路上我又看见了巴金。他站在襄阳公园转角处，仰头在看一张高高贴在墙上的大字报。这次我没有踌躇，在他背上拍了一下，叫了他："你好！""你好！"这就是全部的对话了。我发现他显得年轻，也许是他那天戴了一顶帽子，遮住了头发的缘故。他终于亲眼看到了"四人帮"的灭亡。现代中国史上，充满严酷斗争和胜利欢悦的不平凡的一页，终于揭过去了。

　　近两年中间，在祖国的大地上，发生了许多使人民高兴的事。除了使大家都感到高兴的大事之外，每人也都各有一些自己感到高兴的小事。现在，又有可能时时到巴金那里去喝茶、谈天，就使我感到十分高兴。

虽然现在得不到多少人承认了，我还不能忘记我曾经是一个记者。记者有记者的习惯，或积习，总想使自己的见闻使大家也都知道，明白。下面是一些最近在巴金那里的见闻，也自然都是些小事。

有一次我走去谈天，一见面巴金就告诉我，刚刚检查了身体，心、肺、全身都没有什么毛病，看得出他是很高兴的。我知道，最近他公开作过承诺："写到八十岁我有把握。"他的高兴是有理由的。

又有一次，我走去时他正有客人。过了一会我看见他送了两位解放军出去了。这是二十多年前他在朝鲜战场上结识的战友。最近他的客人很多，大半是过去没有见过面的，有些还是从国外来的。有一次，他拔去了几颗牙齿，不好说话，谢绝了一次访问。不料从美洲来的华侨说，不要紧，并不需要他说话，只要看见他就行。

每次邮递员来时总给他带来一大堆书报信件。他习惯地把眼镜推到额上，一封封地打开来看。一边看一边说，实在应付不了这许多来信，得找个人来帮忙了。有的读者还寄了厚厚的稿子来。一次，他从枕头下面取出一封厚厚的信，告诉我这是一个日本读者寄来的。这个素不相识的日本朋友细读了他的不少作品，把自己的意见写信告诉他。他抽出信来翻出一段读给我听，是分析他的作品的主题思想的。听得出来，这不是一个职业的文学评论者；但也听得出，这封厚厚的信是真诚的，是经过认真思考以后写下的。

一个作家可以比作一棵树，植根愈深，根系铺展得愈广，树身就生长得愈粗壮，枝叶也更繁茂。这是很浅显也很正确的道理。"四人帮"一伙对许多作家的残酷迫害，最凶狠的一手就是企图把树根斩断，这是从根本上毁灭一个作家的有效方法。从巴金自己和许多受过迫害的作家的大量控诉中可以明显地看出这个事实。"四人帮"还刮过多少次"台风"，有些树被连根拔掉了，有些被吹得东倒西歪，不成样子。但多数躯干生得正、根扎得深的树终于存活下来了。他们又从人民那里源源不绝地得到滋养，千万条稚弱但生命力极强的根须又很快地铺展开来，于是老树的枝叶也日复一日发生了新的变化，我从巴金身上看到了这个事实。他阅读那些不相识的读者寄来的信时，我注意他面部的变化，这里有欢喜，有激动，我产生了一种植物学家在显微镜下观察植物根系吸取水分、营养时同样的感觉。

巴金是恢复了他的青春的，证据是他从一九七七年五月以来写得不少。还没有一个重新拿起笔来的老作家能与他相比。他是勤奋的，他说出了一些很好的意见。说这些意见好，是因为这是出自一个真诚的、勇敢的、关心我们伟大的社会主义祖国的命运、人民的命运的作家之口的。

衷心祝愿老树开出茂密馥郁的繁花。

一九七八年秋

我心中的巴金

——在上海"走近巴金"系列讲座上的讲演

◆ 李 致

　　非常高兴能在上海与热爱巴老的读者、研究巴老的专家
见面并交流思想。我不是专家，不作学术演讲。只就我与巴
老的接触，讲一些对巴老的感受。我曾经在共青团中央工作十
年，普通话肯定比电影《抓壮丁》里的卢队长讲得好，但毕竟
不如讲四川话自如。前两天我在成都看望导演谢晋，他主张我
讲四川话，说邓小平、陈毅的口音，上海人能听懂。巴老离家
八十一年，至今讲四川话。我讲四川话，大家也可以听到巴老
的乡音。

我和巴老的交往

　　我的父亲是巴老的大哥。我是巴老的侄子。
　　一般人只知道巴老是四川人。四川人多是外省移民去的。
我们李家的祖籍是浙江嘉兴，清朝嘉庆二十三年（公元一八一八
年），巴老的高祖父李介庵入川定居。到巴老这辈，是入川的第
五代，我这辈是第六代，我的两个小孙女则是第八代。

　　巴老诞生的时候，李家是一个封建的大家庭，共三大房。我们这一大房以巴老的祖父李镛为首，他有五个儿子。巴老的父亲叫李道河，是长子。巴老的大哥即我的父亲，叫李尧枚。巴老的三哥叫李尧林，即翻译家李林。三哥是按大排行（李镛的子孙）叫的。巴老还有两个胞弟：一个叫李采臣，在银川；一个叫李济生，在上海。按大排行，巴老共有兄弟二十三人，姐妹十六人。最小的二十三弟、我的二十三叔，是我的高中的同班同学。四川人说：幺房出老辈子。

　　一九二三年，巴老与他的三哥离开成都去南京读书。在阔别家乡十八年后，一九四一年巴老首次回成都。当时，原来的大家庭已经崩溃；加上日本侵略中国，在天津的三爸无法给成都老家寄钱，生活十分困难，我继祖母和母亲各自带子女回娘家居住。巴老回来，住在我们这个小家里。我十一岁，对巴老的印象不深，记得他常带我几个姐姐看电影，说我看不懂，给我钱买邮票，我从小喜欢集邮。一九四二年巴老第二次回家，住了四个多月，我和他同睡一张大床。白天，除上学外，我老在外面玩，连吃饭都要大人"捉拿归案"。巴老开玩笑说："我给你改个名字，不叫李国辉（这是我的原名），叫李国飞好了。"当时，不少青年请巴老题字，我也拿了本子请他写。他丝毫没推辞，用毛笔给我写了四句话，即："读书的时候用功读书，玩耍的时候放心玩耍。说话要说真话，做人得做好人。"

　　我小时候对这四句话理解不深，最拥护的是"玩耍的时候放心玩耍"，因为我外祖母要我"有空就读书"。随着年龄增长才加深理解，这四句话影响了我一生，我还用它来教育子女和孙子辈。平常，我们家有这样一个传统：犯了错误，只要讲真话，可以从轻处罚或免于处罚。用我外孙的话，叫作"诚实就不挨打"，尽管我从来没有打过子女。至于我，"文化大革命"中受审查，无论靠边站、被夺权、关"牛棚"、被批斗、进干校、交代自己的问题或给别人写材料，我从没说过假话，并为此挨"造反派"打过。

从巴老一九四二年回成都起，他开始担负全家生活费用，并供给我和四姐上中学读书。为了节约开支，我们又和继祖母住在一起。直到一九五五年，巴老路过重庆，打电话找我，时隔十四年再得以相见。我那时二十六岁，以成人的资格开始与他交往。这以后的十年，无论我在重庆、成都或北京，巴老经常寄书给我，帮助我在藏书上"先富起来"。无论巴老来北京开会，或我去上海出差，我们都能见面。巴老给我有五十多封信，这些信后来被造反派弄丢了。"文革"迫使我们中断联系达六年之久，直到一九七二年才重新通信联系。一九七三年春，我从北京回河南团中央"五七"干校，利用只凭一张单程票就可报销来回车票的规定，悄悄绕道上海看望巴老。这次会面，除我与老伴暗中策划，没有告诉任何一个人。我突然到了巴老家，巴老喜出望外。根据以前做地下工作的经验，我宣称是来上海看眼病的，机关的同志都知道我有眼病。第二天一早即去医院看病，挂号证保存至今。

在上海只有三天时间，我又同巴老睡一张大床。巴老一九四二年回成都，我和巴老睡在一起。当时正是巴老创作最旺盛的时候。时隔三十年，我又和他睡在一起，他却碰到这样不公平的遭遇。我睡觉时打鼾，原想等巴老睡着了我再睡。可是他睡着以后，我却久久不能入眠。我在一篇短文中曾记叙当时的心情："我深切期望他能摆脱这不幸的处境，但我自己也不知道那黑暗的日子什么时候才能结束。"这次见面，我不敢深谈，但和巴老的心靠得很近，互相理解和信任。离开上海那天早上，天下大雨，巴老为我穿上雨衣，互道"保重"。我实在舍不得离开巴老，但又不能不按时回到那要我"脱胎换骨，重新做人"的"五七"干校。我淋着大雨去车站，满脸是水，有雨水，也有泪水。

作家李累看了我写的散文《我淋着雨，流着泪，离开上海》后说："李致想见巴金，竟然像解放前国统区做地下工作一样，悄悄地相会；叔侄同睡一张床上，也'不敢深谈'。难道这仅仅是巴金与李致两人的遭遇吗？不！这个侧面，这个片段，反映了'文革'中的中华民族的悲剧。"好不容易盼到粉碎"四人帮"，巴老在信上给我说："'四人帮'垮台我可以安心睡觉了。我得罪过张、姚，倘使他们不倒，总有一天会把我搞掉，这些'人面东西'。"接着又盼来改革开放的新时期。在这一期间，我和巴老有过多次见面和深夜长谈，互相抢着说话，直到九姑妈一再催促才上床。

八十年代后期，当巴老因为写《随想录》太疲倦，快到"心力衰竭"的时候，他曾希望我退下来帮他做点工作，例如整理他的日记、佚文、书信，等等；在他不能工作的时候，代替他帮助王仰晨编好《全集》的后一部分。可是我又当选为省政协秘书长，以致巴老感到"现在这些都成为空想"，这也是我感到十分遗憾的。如果我久没去上海，巴老会惦记我。一九八九年七月，巴老在给我的信上说："我仍在医院，大约八九月回家。回家后可能感到寂寞。……你有机会过上海时，可以找我谈谈，你可以理解我心上燃烧的火，它有时也发发光，一旦错过就完了。"这一生，巴老为我付出很多，我为巴老做得很少。我写过一篇名为《不知如何弥补》的散文，表示自己的内疚。从一九七二年起，巴老给我的信有二百五十多封，其中一百九十二封收入《巴金全集》。

我是巴老的侄子，但更重要的是我是他的忠实读者。我是受"五四"新文学的影响成长的。我喜欢读巴老的书，尊重他的人品。我信仰他的主张：生命的意义在于奉献不是索取。去年，有位记者问我巴金的侄子这个"身份"给我带来什么？我说身份不能带来什么，是巴老的文章和人品教育了我。如果一定要说身份带来什么，就是让我接受许多重复的采访，浪费一些时间；让我损失了不少照片，借出去收不回来。

巴老一贯重视做人，对此我有较深的感受。二十多年来，我在这方面写了一些散文和随笔。去年，为庆祝巴老百岁华诞，三联书店为我出了一本书，名为《我的四爸巴金》，汇集了我所写巴老的散文和日记。我心中的巴老，大多写在这本书上了。巴老不喜欢他的亲人写他，我们的小林、小棠至今没写过巴老，其实他们比我感受更多更深。一九八一年，我用笔名写了巴老的第一篇短文（即《永远不能忘记的四句话》）。发表后，有一些报刊转载。上海的《儿童文学选刊》要我写作者

简介，我怕"露馅"，不敢写。可是，在成都市少年儿童开展
"向巴金爷爷学习"的活动中，一家报纸未与我商量刊载了全
文，并把笔名换成本名，在姓名前还加上了我的职务。我大有
被"曝光"之感，颇为尴尬。既如此，就豁出去了，反正我写
的是事实，没有瞎吹，文责自负。以后干脆用本名写有关巴老
的文章。幸好巴老知道这个过程，没有就此责备我。

人各有志，最要紧的是做人

巴老很看重做人。一九四一年，他教我"说话要说真话，
做人得做好人"。事隔五十二年，一九九三年我去杭州看望巴
老。临别前一天下午交谈，他第一句话就说："人各有志，最
要紧的是做人。"巴老这句话，我当成家训，请人书写为横幅
挂在墙上。

巴老对我，更多的是身教。我讲一些主要的感受：

一是巴老"即使饿死也不出卖灵魂"的骨气。我一九七三
年悄悄去上海看望巴老，最使我吃惊的变化是：巴老满头白
发。它印证了巴老在"文革"中，精神和肉体上所受到的迫
害。给巴老加上各种罪名，在全市电视大会上批斗。十四卷
《巴金文集》被打成"邪书"。巴老的家几度被抄，六七间书
房被封，全家人挤在楼下居住。小棠被下放到安徽农村当"知
青"。稿费存款被冻结，只能领取生活费。我问巴老生活上有
无困难，他说："已经告诉姑妈，必要时可以像我早年在法国
一样，只吃面包。"巴老的夫人萧珊在磨难中患癌症，因得不

到及时治疗而离开人世。我在照片上看见萧珊妈妈全身盖着白布床单，巴老穿一件短袖衬衫，左袖上戴着黑纱，两手叉着腰，低着头在哭泣。我突然感到自己也到了现场，和家人一起给萧珊妈妈告别。

这次见面，令我最宽慰的是：巴老身体健康，精神未垮。尽管我们不敢深谈，我能感受到他十分关心国家民族的未来。他在家里翻译赫尔岑的书——明知无法出版，只为送给图书馆，供人参考。以后知道，巴老每天翻译几百字，仿佛同赫尔岑一起在十九世纪俄罗斯的暗黑里行路，像赫尔岑诅咒尼古拉一世的统治那样诅咒"四人帮"的法西斯专政。巴老当时平静从容的态度，表现了他"威武不能屈"的硬骨头精神，也就是他重新提笔所写的第一篇文章所说："我即使饿死，也不会出卖灵魂，要求他们开恩，给我一条生路。"

二是巴老一生的信念：生命的意义在于奉献，而不是索取。粉碎"四人帮"不久，巴老患帕金森症，几次骨折，举笔重千斤。巴老在与疾病作斗争的同时，一直坚持写作。我工作过的四川人民出版社，陆续出版了四本《巴金近作》和《巴金选集》（十卷本），最后一本近作结集《讲真话的书》，包括了他重新提笔后的全部著作（共八十多万字），深知他所付出的心血。八十年代末，巴老曾对我说，在他做完工作以后就休息，好好地看武侠小说。可是，天知道何年何时才是他做完工作的时候？我多次劝巴老要把健康放在第一，而他一再强调："如果不工作，生命就没有意义。"我们还为此辩论。我说"人有不可回避的自然规律"，他已做了很大的贡献，即使不能工作，他的"健在就是力量"。巴老似乎同意我的看法，说冰心健在对他就是力量，但他实际上仍像"春蚕吐丝"一样地工作，说自己"已死丝未尽"，编《全集》和《译文集》，艰辛地为此写跋。巴老甚至希望能再活一次，重新学习，重新工作，把全部感情献给他热爱的读者。当我六十岁快离开领导工作岗位时，他笑着对我说他"六十六岁才进'五七'干校"。我知道：这是他对我的启示和鼓励。

巴老是作家，完全靠稿酬养活自己。他历来对自己的物质生活要求不高，有了稿酬常去帮助有困难的读者和亲友。新中国成立后，直到今天，他不领取工资。"文革"中被冻结的存款，其实是他的稿酬。存款解冻后，仅一九八二年一次即捐了人民币十五万元给中国现代文学馆，这在当时是一笔相当大的数目。对"希望工程"和救灾，他也常请家属或工作人员隐名捐款。当时，巴老在四川出书，不要稿酬，出版社为他翻洗照片，他却亲自到邮局寄还费用四十一元一角。他的另一巨大"财富"是大量藏书，多次分别捐给国家图书馆。目前我们国家仍实行低稿酬制，作家的生活水平尚待提高。我说这些，绝不是希望作家放弃稿费，或都去捐赠，我只是想从这个侧面反映巴老的人品。

三是巴老经过认真的反思，坚持独立思考和主张讲真话。"文革"结束后，在拨乱反正的同时，仍有不是运动的运动。巴老不唯上，不随声附和。在讲假话成风的年代，巴老主张大家讲真话。讲真话的主张，受到广大读者和作家的欢迎，但也受到若干指责。巴老对这些指责十分坦然。在我们的交谈中，巴老表示他不害怕长官点名。他说："倘使一经点名，我就垮下，那算什么作家？"一位主管意识形态的高级官员，主张不写"文革"，巴老写信给这位高官，说自己是这个主张的受害者（因为受这个主张的影响，巴老发表在香港报纸的一篇涉及"文革"的文章被删节）。

　　一九八七年四月二十九日，巴老在给我的信上说："对我来说，我按计划写完《随想录》，而且出齐两种版本，想说的话都说了，该满意了吧！可是想到我们多灾多难的国家和善良温顺的人民，我又得不到安宁。对，人怎么能只考虑自己呢？不管怎样，我提出来：大家要讲真话，为了这个，子孙后代一定会宽容地看待我的。我只能尽力而为。"一九八八年冬，又写信说："……（我）又老又病，活下去总有些痛苦，但对我的国家和我的人民有感情，我始终放不下这笔。"

　　四是巴老不做盗名欺世的骗子。巴老不止一次表示他要用行动来证明和补写他所写的、所说的到底是真是假，自己到底是怎样的人。七八十年代，巴老在四川出书，不收稿费。一九八一年，出版社拟用巴老的稿费设立巴金编辑奖，巴老就不赞成，只同意用来帮助青年作者。一九九四年，四川省作家协会拟设立巴金文学奖。巴老来信说："我只是一个普通文学工作者，写了六十多年，并无多大成就……建立'巴金文学基金'，设立'巴金文学奖'，又使我十分惶恐。我一向不赞成用我的名字建立基金会、设立文学奖。"

　　巴老还反对出他的日记单行本。人民文学出版社编辑《巴金全集》时，拟编两卷巴金的日记。巴老委托我替他校看原稿。四川出版界一位朋友知道这个情况后，建议由四川出版日记的单行本。一九九一年冬我去上海，向巴老转达了这位朋友的请求。巴老有些犹豫，我说："《鲁迅日记》也有单行本，您的日记也可以出单行本。"在我的再三要求下，巴老勉强同意了。我回成都不久，接到巴老的信。他说："关于日记我考虑了两个晚上，决定除收进《全集》外不另外出版发行，因为这两卷书对读者无大用处（可能对少数研究我作品的人提供一点线索）。我没有理由出了又出、印了又印，浪费纸张。我最近刚看过这些日记，里面还有些违心之论，你也主张删去，难道还要翻印出来，使自己看了不痛快，别人也不高兴？你刚来信说你尊重我的人品，那么你就不该鼓励我出版日记，这日记只是我的备忘录，只有把我当成'名人'才肯出版这样东西，我要证明自己不愿做'名人'，我就得把紧这个关，做到言行一致。对读者我也有责任。我出一本书总有我的想法。为什么要出日记的单行本？我答应你，也只是为了不使你失望。……一句话，日记不另出单行本。"我立即给巴老去信表示尊重他的决定，并把巴老的决定转告给出版界的那位朋友。

五是不愿浪费国家钱财，不赞成重建故居。巴老的故居在成都市正通顺街，是巴老的祖父购置的。最兴旺的时候，"四世同堂"。巴老诞生在这里。除幼年随父亲在广元县住过两年多之外，一直生活在这里。巴老十九岁时离开成都去南京。随着大家庭的崩溃，故居被出卖了，几易其主。原成都市市长李宗林曾表示要把它保留下来，但他在"文革"中被迫害致死。故居经过"文革"，成了一个文艺单位的宿舍，原有房屋荡然无存。

改革开放以来，不少国外友人和港台同胞来成都，希望看看巴老的故居。有时专为此找到我。我解释说故居已经不存在了，但他们坚持要去看一看，在故居原址拍照。有的还对故居没有保留下来表示遗憾。一九八五年，省作家协会给省委、省政府写了报告，要求恢复巴老的故居。张秀熟、任白戈、沙汀、艾芜、马识途等老同志积极支持。经省委同意，成立了一个筹备小组。可是巴老一直不赞成，多次对我讲："不要恢复故居。如果将来要搞点纪念，可以在旧址钉一个牌子，上面写：作家巴金诞生在这里，并在这里度过了他的童年和少年。"虽然存在各种实际困难，故居的筹备工作一直没有进展，但巴老仍然很不放心。一九八六年十月三日，巴老去杭州休息之前写信给我："我想谈谈故居的事，一直没有工夫写出来。我的意思就是：不要重建我的故居，不要花国家的钱搞我的纪念。旅游局搞什么花园（指园林局搞慧园），我不发表意见，那是做生意，可能不会白花钱。但是关于我本人，我的一切都不值得宣传、表扬。只有极少数几本作品还可以流传一段时期，我的作品存在，我心里的火就不会熄灭。这就够了。我不愿意让人记住我的名字，只要有时重印一两本我的作品，我就满意了。"

不久，我又接到巴老二十一日的信。他说："我耳病未愈，无法跟你通电话，否则就用不着写信了；写信在我是件苦事。但不写信又怎么办？你知道我的想法吗？我准备写封长信谈谈我对'故居'的意见（也就是说我不赞成花国家的钱重建故居），以为在杭州可以写成。想不到十一天中一字也未写，因为没有精力，也没有时间。回到上海更没有办法。现在把第五卷的《后记》寄给你，你不妨多想想我那句话的意思：‘我必须用最后的言行证明我不是盗名欺世的骗子。’”三十日，巴老又在给我的信上说："关于故居的事就这样说定了。不修旧宅，不花国家的钱搞这样的纪念，印几本《选集》就够了。"

　　说实在的，对恢复巴金故居，我一直处于矛盾状态。无论从成都市市民的角度来考虑，或从文艺工作者的角度来考虑，能恢复故居的确是一件有意义的事情。我访问过若干国家，多数国家都注意保存著名作家的故居，作为本国历史文化遗产的组成部分。但我是巴老的亲属，他不赞成重建故居是对我说的，我当然不愿做违反他心愿的事。至于巴老不愿为修故居浪费国家钱财之心，是令人尊敬和感动的。去年庆祝巴老百岁华诞，参加巴金国际学术讨论会的代表又提出修建故居的意见，省委书记、省长和成都市委书记均积极支持。后来，我给成都市委书记写了信，转达小林的意见：尊重巴老的心愿，不重建巴金故居。省委书记看见我的信的抄件，也表示尊重巴老的意见。最近巴金文学院按可靠的图纸，做了一个故居模型，我前几天去看过，很不错。这个模型将长期存放在巴金文学院的陈列馆。

　　六是尊重读者。巴老常说读者是他的"衣食父母"。有一件小事足以说明巴老如何对待读者。巴老有自己的写作计划。他怕干扰，我们也不愿干扰他。但许多人都想看看巴老，或请他写文章、题字，或为他拍照、摄像。遇到这些要求，我总是加以解释，希望得到谅解。但有时也有例外：一九九一年秋，成都市第二中学前校长张珍健来到我家。他是巴老的读者，十分崇敬巴老的作品和人品。为迎接"巴金国际学术讨论会"在成都举行，他用了半年时间把巴老作品的书名刻成五十六方印章，并请艾芜老人题签。他希望我为他介绍，以便他到上海把这些印章送给巴老。张珍健幼时患骨结核双腿致残，一生拄着双拐。看见他诚恳的态度和辛苦的劳动，我被感动了。我向他说明了巴老的近况，试图寻找一个折中方案：我去信征求巴老的意见，能否用十五分钟时间会见他。张珍健表示同意，愿意静候佳音。

不久巴老即回了信说："张珍健同志要送我七十多个（巴老的记忆有误，是五十六方）印章，我感谢他的好意，但是我不愿意举行一种接受的仪式，让人们谈论、看热闹，也不愿意让他把印章送到上海亲手交给我，只为了一刻钟的会见，这样做，我仍然感到很吃力，而且显得不近人情。总之烦你告诉张同志，不要来上海送印章，他的好意我心领了。我看由慧园代收，不好吗？将来还可以在慧园展览。"读完信，我感到自己考虑很不周到。我虽然没有建议举行"接受的仪式"，但的确没有想到"为了一刻钟的会见"，让张珍健专程到上海"显得不近人情"。我当然尊重巴老的意见，立即给张珍健打了电话，委婉地作了解释，请他谅解。

一九九二年春我去美国探亲，一九九三年回到成都，偶然在一个杂志上看到张珍健的文章《巴金访问记》。原来他已在一九九二年秋到上海看望巴老。巴老收到《印谱》以后，既高兴又谦虚地说："你不值得花这么多时间和功夫，我过去那些书都是乱写的，没有多大意思。"巴老和张珍健交谈了五十多分钟（我原建议十五分钟），送了一部《激流三部曲》给他，并题字签名。临别的时候，八十七岁高龄且举步维艰的巴老，坚持把张珍健送到大门外。张珍健一再请巴老留步，巴老却说："你不远千里专程来访，我送送你是应该的。"

总起来说，我感到巴老是当今的快乐王子。大家都知道大卫·王尔德有一篇叫《快乐王子》的童话。快乐王子的像，高耸在城市上空。他身上贴满纯金叶子，一对眼睛是蓝宝石做成的，剑柄上嵌着一颗大红宝石。他站得很高，看得见"小孩生病躺在床上"；看得见一年轻人"饿得头昏眼花"，冷得"不能再写一个字"；看得见卖火柴的小女孩"没有鞋，没有袜，小小的头上没有帽子"，她"现在正哭着"……快乐王子请求睡在他像下的小燕子代他去帮助那些受苦受难的人们，先摘掉红宝石，再取下他的眼睛，然后拿走身上的贴金。小燕子本来要去埃及过冬，但他被快乐王子善良的心感动了，他不愿离开快乐王子。最后，他吻了快乐王子的嘴唇，跌在王子脚下，死了。我早年读过这篇童话，它深深地震撼过我的心，也使我流过不少眼泪。随着对巴老的了解，我豁然开朗，感到巴老不正是当今的快乐王子么？他从不索取什么，却无私地奉献自己的一切。

希望更多的人理解

巴老曾对我说过，"能够多活，我当然高兴，但是我离开世界之前，希望更多的人理解我"。受到人们的理解，不是一件容易的事，但巴老的真诚无饰，把心交给读者，广大读者是理解巴老的。只是由于种种原因，在大半个世纪中，巴老受到过一些误解和指责。

"无政府主义者"这个称谓，就是长期对巴金的指责。中国的知识分子追求真理的道路十分曲折。巴金在早年信仰无政府主义，许多知识分子如此，毛泽东也如此。一九四五年，毛泽东在重庆会见巴金。毛泽东问巴金："你年轻时信仰过无政府主义吗？"巴金说："是。听说你也信仰过。"无政府主义反对权威反对专制，强调个性自由，虽然属于空想的社会主义，但是在反对旧社会旧的专制统治上，起过积极的作用。巴金早年是无政府主义者，同时也是爱国主义者和人道主义者。他参加新思想启蒙运动，继而又坚决拥护抗日战争和反对国民党的独裁统治。鲁迅早在三十年代就称赞"巴金是一个有热情有进步思想的作家，在屈指可数的好作家之列的作家"。再举被巴老称为他的"第三个先生"吴先忧为例：吴先忧信仰无政府主义。他认为劳动神圣，脱离了学生生活去学裁缝。办刊物缺钱，他经常多穿衣服进当铺，把当衣服的钱捐给刊社。他任中学校长时，拒绝参加国民党主办的庐山集训，多次保护共产党员和进步人士。我一九四七年六月一日在重庆被捕（当时我已是党员），也是他亲自把我保释出来的。令人高兴的是，近几年理论界对无政府主义已经开始有较客观的评论。

从二十世纪四五十年代，一些评论家指责巴金的作品没有给读者指路。他们认为巴金只是揭露了旧社会的腐朽，但青年人离开封建家庭以后干什么？巴金没有指明出路。政治家以施政纲领指路，文学家以作品净化读者心灵。就是政治家指路，有指对的，也有指错的。毛泽东为建立新中国做出了重大贡献，但他晚年却错误地发动了"文化大革命"。邓小平这样伟大的改革家，对于具体怎样改革开放，也采取科学的态度：主张"摸着石头过河"。政治伟人尚且如此，怎么能苛求一位作家来指路呢？如果谈到巴金著作的影响，当年有人在延安做过调查，很多知识分子是受巴金小说《家》的影响，投身革命的。这个情况，毛泽东在一九四五年去重庆和谈时对巴老说过。事实证明：巴老的作品是有利于革命、有利于社会进步的。

八十年代，巴金提倡讲真话。有些理论家指责说，真话不等于真理。真话的确不等于真理，这本来就是两个不同范畴的概念。讲真话是针对讲假话而言的，不能因为真话不等于真理而反对讲真话。难道主张讲假话？如果一定要把真话与真理联系在一起，应该说：只有讲真话的人才可能追求到真理，讲假话的人永远与真理绝缘。

随着时间的推移，人们不难看清谁是谁非了。

巴老和他的两个哥哥

这里所说巴老的两个哥哥，是大哥李尧枚、三哥李尧林。

一九八六年四月二日，巴老与我有一次谈话，其中有两处很动感情。他说："我感到痛苦的是，我的两个哥哥对我都很好。他们两人都是因为没有钱死掉的。后来我有钱也没有用。""……他们都不愿意死，结果死掉了，就是因为没有钱。……所以我也不愿过什么好生活。他们如果有点钱，可以活下去，不至于死掉，但是偏偏我活下来……"其间，巴老两次痛哭失声，谈不下去。

去年，《中华读书报》记者祝晓风问我"他们三兄弟之间，感情为什么这样深"，我认为除了深厚的手足之情外，还因为他们都受到五四运动的影响。正如巴老所说："（五四运动）在我们的表面上平静的家庭生活里敲起了警钟。大哥的被忘记了的青春也给唤醒了。我那时不过十四岁半，我也跟着大哥、三哥一起贪婪地读着本地报纸上关于学生运动的北京通讯，以及后来上海的六三运动的记载。本地报纸上后来还转载了《新青年》和《每周评论》的文章。这些文章使我们的心非常激动。我们觉得它们常常在说我们想说而又不会说的话。"还说，"大哥设法买全了《新青年》的前五卷。后来他甚至预先存了一两百块钱在华阳书报流通处，每天都要去那里取一些新到的书报回来。……当时在成都新的书报很受欢迎，常常供不应求。""每天晚上我们总要抽出一些时间轮流地读这些书报，连通讯栏也不肯轻易放过。有时我们三弟兄，再加上香表哥和六姐，我们聚在一起讨论这些新书报中所论及的各种问题。后来我们五个人又组织了一个研究会。"

我最近写了一篇短文，名为《一部旧书一片兄弟情》。说的是一九七六年，巴老寄了一部在"民国二年"（即一九一三年）出版的法国革命小说《九十三年》（上下册）给我。作者是嚣俄（即雨果），译者自称东亚病夫。上面有我父亲的图章，刻有他的号"李卜贤"三个字和拼音，又盖有"尧林图书馆"的章，还有巴老用毛笔书写的"李卜贤先生捐赠"几个字。这应该是早年他们三兄弟一起读过的书。巴老在信上说是他在一九四二年那次回家带走的。一九四五年，李尧林逝世，为纪念三哥，巴老拟成立尧林图书馆，在书上盖了这个印章，并写上"李卜贤先生捐赠"这几个字。由于多种原因，尧林图书馆没办成，但书完整无损。这本书，是当年他们读新书报的见证，也反映了三兄弟的手足深情。

巴老的大哥赞成刘半农的"作揖主义"和托尔斯泰的"无抵抗主义"。正如巴老所说："他一方面信服新的理论，一方面顺应旧的环境生活下去。顺应环境的结果，就使他逐步变成一个有两重人格的人。"大哥支持巴老和三哥去南京读书，继而又克服家中的经济困难，帮助巴老去法国留学。后又鼓励巴老写小说《春梦》（即小说《家》）。他在最后一封信上对巴老说："《春梦》你要写，我很赞成；并且以我家人物为主人翁，尤其赞成。实在的，我家的历史很可以代表一切家族的历史。我自从得到《新青年》书报，读过以后，我就想写一部书来，但是我实在写不出来，现在你想写，我简直欢喜得了不得。弟弟，我现在恭（敬）向（你）鞠躬致敬，希望你有暇把他（它）写成罢。怕甚么罢。《块肉余生》过于害怕就写不出来了。现在只好等着你快写成了在《小说月报》上发表，你尚没有取名的小说罢。"

大哥在成都撑持一房人的生活，他实在承受不住各种压力，终于在一九三一年服大量的安眠药自杀。没想到，四月十八日巴老《激流》的《总序》在上海《时报》第一版上发表，报告大哥服安眠药自杀的电报十九日下午就到了。大哥不仅一个字不曾读到，连巴老开始写小说《家》也不知道。巴老读完电报，怀疑自己在做梦，像发痴一样过了一两个钟头。他不想吃晚饭，也不想讲话，一个人到北四川路，在行人很多、灯火辉煌的路上走来走去。……三十年代，巴老写过一篇《做大哥的人》，记叙了大哥的一生。巴老说："我不能不痛切地感到我丧失了一个爱我最深的人了。"一九五六年，巴老在《谈〈家〉》一文中提到他大哥，又说："他是我一生爱得最多的人。"巴老小说《家》的大哥高觉新，以大哥为模特儿，大家都熟悉这个人物，我不多说。不同的是：高觉新没有自杀。我理解巴老的心：他要给读者以希望，不忍心觉新在他笔下死去。

我过去不完全理解父亲。我虽然知道他是好人，但不满他扔下母亲和五个子女。我为此还和巴老辩论。巴老给我看了我父亲给他的仅存的四封信，才接触到父亲的心灵，尽管我仍不赞成他自杀。他不是不热爱和留恋生活，更不是回避矛盾抛弃亲人。他阅读《新青年》杂志，喜欢狄更斯的小说《大卫·科波菲尔》，爱听美国唱片Sonny Boy。家庭破产，父亲觉得对不起全家，企图自杀，正因他舍不得家人，写了三次遗书又三次毁掉。最后一封遗书中写道："算了吧，如果活下去，才是骗人呢。……我死之后不用什么埋葬，随随便便分尸也可，或者听野兽吃也可。因为我应得之罪累及家人受此痛苦，望从重对我的尸体加以处罚……"（这是我以后读到的）自杀前二十多天，父亲借自己的生日，请了全家人（包括佣人）看戏，以示惜别。父亲自杀当夜，他几次来看望母亲和我们几个孩子。第二天早上，全家乱成一团。我和二姐三姐四姐年幼尚小不懂事，唯大姐痛苦不已。她拼命地喊爹爹，多次用手扳开父亲的眼睛，希望把父亲叫醒，但这时已"呼天天不应，叫地地不灵"了。

巴老的三哥李尧林比巴老只大一岁多。两人从小住在一个屋子，一起上外国语专科学校读书，一起外出求学，直到尧林上大学才分手。巴老称三哥是"世界上最关心他的一个人"。他俩离开四川以后，与大哥保持密切联系。巴老曾说："在故乡的家里还有我们的大哥。他爱我们，我们也爱他。他是我们和那个'家'的唯一的连锁。他常常把我们的心拉出去又送回来。每个星期他至少有一封信来，我们至少也有一封信寄去。那些可祝福的信使我们的心不知跑了多少路程。"以后巴老去法国，途中写的《旅途通讯》，先寄给三哥，由三哥寄给大哥，多年后才正式出版。巴老和三哥离家后，大哥给他们写了一百多封信。巴老非常珍惜这些信，把它装订成三册，保存了四十九年。一九六六年，风云突变，大祸就要临头。巴老为了避免某些人利用信中一句半句，断章取义，乱加罪名，"只好把心一横，让它们不到半天就化成纸灰"。一九八〇年，巴老回想起烧掉大哥的信时，还说："毁掉它们，我感到心疼，仿佛毁掉我的过去，仿佛跟我的大哥永别。"

唱片《小宝贝》足以反映三兄弟的友情和喜爱。我最先是从巴老的文章《做大哥的人》中知道这张唱片的。一九二九年，巴老的大哥去上海，他们相聚一个多月。三十年代初，巴老回忆大哥离开上海回四川时的情景："我们的分别是相当痛苦的。……正要走下去，他却叫住我。他进了舱去打开箱子，拿一张唱片给我，一边抽咽地说：'你拿去唱（即听）。'我接到后一看，是G.F.女士唱的Sonny Boy，两个星期前我替他在谋得利洋行买的。他知道我喜欢听这首歌……然而我知道他也同样地爱听它，这时候我很不愿意把他喜欢的东西从他手里夺去。但我又一想我已经有许多次违过他的劝告了，这一次我不愿意在分别的时候使他难过。……我默默地接过唱片。我的心情是不能够用文字表达的。"一九八四年在上海，巴老把仅存的大哥给他的四封信给我看。其中一段，也提到这张唱片："弟弟，你说你硬把我的《小宝贝》要去了，你很失悔。弟弟，请你不要失悔，那是我很愿意送你的。其所以要在船上拿与你，就是使我留下一个深刻的映（印）象，使我不会忘记我们的离别时的情景，借此也表出我的心情，使我的灵魂附着那张小小的唱片永在你的身旁。"我一直很想找这张唱片，问音乐界的朋友，都不知道有这首歌。

一九九二年，我去美国探亲，闲聊时提到此事，儿子记下了我的心愿。去年庆贺巴老进入百岁，上海明星演出曹禺改编的话剧《家》。我两次在电视上听见剧中播放了一首英文歌，打电话问看过演出的济生叔，果然是Sonny Boy。我立即将此事告诉儿子。不久，我收到女儿从北美用电子邮件给我发来Sonny Boy，是儿子在网上找到的。我连续听了许多天，一天听若干遍。我请女儿把歌词试译为中文。全文是：乌云遮盖了天空／我却不在意灰暗，／你就是我的蓝天，Sonny Boy／／众人弃我而去／就让他们离开／我仍然拥有你，Sonny Boy／／你来自上天，珍贵无限／你使人间变成了天堂／上帝保佑你！Sonny Boy／／当我老去，意冷心灰／答应我你不会离去／我需要你在身边，Sonny Boy。从李尧林的好友杨苡那儿，我知道李尧林也喜欢这首歌。我请教杨苡，她说：Sonny Boy，直译为儿子般的男孩。巴老意译为《小宝贝》。"Sonny是儿子的爱称，也可理解为心中最珍爱的人。"我想，是否还可理解为某种信念，如对人类的爱？

巴老三兄弟出身于封建大家庭，他们却从自己的母亲和"下人"那儿学到"爱"。巴老曾说："我的第一个先生就是我的母亲。……使我认识'爱'字的就是她。""她很完满地体现了一个'爱'字。她使我知道人间的温暖；她使我知道爱与被爱的幸福……"他们三兄弟为什么都喜欢这首歌？前面已经讲到，五四运动像春雷把三兄弟唤醒。他们贪婪地阅读新书报，吸取新思想。不同的是大哥重在妥协，巴老重在反抗。在各自选择的道路上，都有曲折和痛苦。大哥和巴老在上海分别后，曾谈到彼此的心情。大哥在信上对巴老说："弟弟，你对现代社会失之过冷，我对于现代社会失之过热，所以我们俩都不是合于现代社会的。现代社会所需要的是虚伪的心情，无价的黄金，这两项都是我俩所不要的，不喜的。我俩的外表各是各的，但是志向却是同的。但是，我俩究竟如何呢？（在你的《灭亡》的序言，你说得有我俩的异同，但是我俩对于人类的爱是很坚的。）其实呢，我两个没娘没老子的孩子，各秉着他父母给他的一点良心，向前乱碰罢了。但是结果究竟如何呢？只好听上帝吩咐罢了。冷与热又有什么区别呢？"面对旧社会，大哥处处委曲求全，走投无路；巴老参与改天换地，难见成效（他作品的影响是另一回事）。他们三兄弟既喜欢音乐又懂英语，唱片《小宝贝》，无论作为心中最珍贵的人，还是孤寂中的精神寄托，或作为所寻求的信念"对人类的爱"，引起他们的共鸣。这是我的分析，是否正确，得请专家评论。

巴老的三哥是一个有理想、开朗乐观的人，喜爱音乐，会滑冰，能与学生打成一片。在燕京大学毕业以后，在天津南开中学教英语。他深受学生爱戴，五十年代曾任《中国青年》杂志总编辑的邢方群、作家黄裳、戏剧家黄宗江等，至今对他充满深情。李尧林利用寒假，单独为方群补英语课，教他练习发音。黄宗江说李尧林教他们读《快乐王子》给他的启示，不下于曾经使他"感动并行动的宗教的宣讲，政治的宣言"。今年发表的申泮文院士的文章，称李尧林为南开名师中的佼佼者，学生崇拜的偶像。他选教的英译杜甫《赠卫八处士》诗，深受学生喜爱，几乎成了他们的班歌。五十年后聚会时大家还一起凑全诗的译文。一九二九年，大哥去上海。巴老和大哥曾邀李尧林来上海，但因没有解决路费，失去这次团聚的机会。一九三一年，大哥自杀以后，全家十一人的生活重担落在三哥的肩上。他一直过着清贫的生活。他担心不能给未来的妻子带来幸福，甚至没有结婚。抗日战争爆发后，他离开天津到了上海，靠翻译维持最低的生活。好不容易抗战胜利，他却因贫病交加，在一九四五年逝世，年仅四十二岁。

作家李健吾当年在《挽三哥》一文中，一开始就说"世界上少了一位君子人"。巴老前后写了两篇怀念三哥的文章，其中说三哥像"一根火柴，给一些人带来光与热，自己却卑微地毁去"。李尧林逝世后被安葬在虹桥公墓，墓碑的形状是翻开的两页书，上面刻有他翻译的小说《悬崖》中的一段话："别了，永远别了，我的心在这里找到真正的家。"过去，时有人来墓前献花。但"文革"中，这个从没有伤害过人的人的墓，也被作为"四旧"给毁掉了。巴老为此不停地追问自己："我在哪里去寻找他的'真正的家'呢？"

巴老多次对我说，他们三兄弟的共同之处，都是愿意多为别人着想，多付出一点。"两个哥哥对我的帮助很大，我要帮助他们，结果没有机会了。我可能不会被人忘记，我希望他们两人能被人记住。"巴老希望他们三兄弟能在"慧园"见面（即有一个展览室展出他们三兄弟的物品），但难以实现。

为实现巴老的愿望，去年我选编了一本书，名为《不应被忘记的人·巴金的两个哥哥》，以巴老所写两个哥哥的文章为主，兼收了已有的李健吾、黄裳、纪申等人的文章，还有新组织的邢方群、杨苡、黄宗江等人的文章，由巴金文学院内部赠送。可惜巴老不能阅读了。

巴老已用最后的言行证明自己

巴老生于一九〇四年，到二〇〇四年正好百岁。去年只是进入百岁。时至今日，巴老已经用行动来证明和补写了他所写的、所说的到底是真是假，自己到底是怎样的人。人们爱戴巴老，称他为"世纪良知"。国务院在去年授予巴老"人民作家"的称号。明天是巴老进入一百零一岁的生日。在此之际，上海巴金文学研究会和上海档案馆联合举办"走近巴金"系列讲座很有意义。感谢你们给我这个机会介绍自己对巴老的感受，尽管我讲得不深不全。还得感谢在座的朋友耐心地听完我用四川话讲的感受。不当之处，请不吝指正。

二〇〇四年十一月二十四日下午二时

巴金家族历史研究正误（增补）

◆　**李治墨**

多年来许多专业和业余的巴金研究者们为巴金家族历史研究付出了大量心血，取得了可喜的成果。但是也有不少说法和观点与史实有出入。本文根据现在确实掌握的古籍材料，探讨商榷，力求准确，以免讹传。

一、关于巴金的曾祖父（宗望公）李璠

巴金的曾祖父李璠生于四川，并非从浙江到四川的

巴金先生在《春蚕》一文中写道："在成都正通顺街有我的老家……就在这个老家里我几十年前读到一本《醉墨山房仅存稿》，那是我的曾祖李璠的遗著，他是作'幕友'从浙江到四川的"（《随想录·四十二》，1980年4月28日）。

宗望公李璠的仕途确实起于幕僚，襄助四川南溪县令唐炯（见《醉墨山房仅存稿》中代序的《……李公宗望墓志》）。不过他生于四川，而并不是从"从浙江到四川的"。在《醉墨山房仅存稿》的《先府君行略》中李璠写道："嘉庆二十三年，先君

（即李璠之父介庵公李文熙）至蜀"。这说明浙江嘉兴的这一支李氏家族辗转迁居到四川，始于这一年（一八一八年·戊寅）其父介庵公入蜀为官。同一文章中又有先君"积劳成疾，遂于（道光）十九年三月初八日戌时卒于官"。而此时宗望公李璠"年十五，介庵公卒"（见《……李公宗望墓志》）。宗望公即介庵公之子李璠，这样推算宗望公李璠出生于道光四年（一八二四年·甲申），是在介庵公入川六年后生于四川的。巴老这篇文字是当时根据记忆写的，估计成文时《醉墨山房仅存稿》并不在手边。江苏人民出版社一九八〇年七月版《中国当代文学研究资料·巴金专集（1）》中《巴金小传》中有：（巴金）"祖籍浙江嘉兴，曾祖一代定居四川"，有着同样的错误。

李璠历署四川多县，并非只做了一任县官

徐开垒先生的《巴金传》（上海文艺出版社1991年5月第一版）提到"李镛的父亲李璠……做了一任县官"。徐伏钢先生的《巴金家族的祖脉》（又名《历史祠堂的帷幕……》，见于多种报刊和网站）把宗望公李璠"做一任县官"的误说进一步发展成带有描写色彩的"后来虽熬了一任县官当"。其实宗望公李璠历署四川南溪、筠连、兴文、富顺等多县，并卒于定远（今武胜）县任上。

关于李璠的著作《醉墨山房仅存稿》

谭兴国先生的《走进巴金的世界》（四川文艺出版社2003年10月第一版）说："巴金的曾祖父李璠对文学颇有研究，刻

印过一部《醉墨山房诗话》。"田夫先生编著的《巴金的家和
〈家〉》（上海文艺出版社2005年2月版）也原封不动地抄录
了这番话。宗望公李璠从来没有刻印过他自己的书。他的著述
是其子浣云公李镛在李璠去世三十多年后失而复得，刻印为
《醉墨山房仅存稿》的，共分两册，包括文稿、诗稿、诗话、
公牍四种。巴金在《随想录·思路》中写道："文徵明的词我
还是在我曾祖李璠的《醉墨山房诗话》中第一次读到的。"这
里《醉墨山房诗话》正是《醉墨山房仅存稿》上册的最后一部
分，但是却被一些文章演绎为巴金"曾祖父珍藏的《醉墨山房
诗话》"，进而在谭书和田书中成为"李璠……刻印过一部
《醉墨山房诗话》"。夏琦先生在《文豪巴金的仁爱和幽默》
（《新民晚报》2005年10月18日）中写道"巴老幼时曾在曾祖
父藏书《醉墨山房诗话》中读到这首词（即文徵明的《满江
红》）"，巴金曾祖父李璠在世时《醉墨山房仅存稿》并未刊
印成书，更不可能是李璠自己的藏书。

晚清名将（也是甲午抗日功臣）罗应旒在李璠身后为他写的
《……李公宗望墓志》（光绪八年四月文，后被收为《醉墨山房
仅存稿》代序）中说李璠有"女（儿）一"人，而该书《外集》
（即公牍）中李璠本人在奏折中说自己有"女（儿）酉姑幺姑"
两人（咸丰十一年十二月二十日）。显然后者才是正确的。

尘尘著《泥土深情——巴金》（安徽少年儿童出版社1997
年11月版）把李璠误为李番（第8页）。

二、关于巴金的高祖父（介庵公）李文熙

李文熙并非幕僚出身，亦非从浙江直接入川的

李辉、陈思和、李存光先生的《巴金生平及文学活动事略》收集了有关巴老生平的大量史料。文中写道"巴金的高祖李文熙（即介庵公，是巴金曾祖父李璠的父亲）作为'幕友'从浙江到四川定居"。陈丹晨所著《巴金全传》（中国青年出版社2003年10月版）写道"（李介庵）当年远迁入川，以一个普通儒生的身份在官府里当幕僚"（又见网载陈丹晨《巴金的梦》）。谭兴国文章《悠悠故乡情》（《四川省情》2004年第1期）则更说为"大约在清朝乾隆年间，巴金的高祖李介庵作为清政府派往四川的官员的幕僚，携家入川"。刘勇和李春雨的文章《拿出自己的心来高高地举在头上——纪念文学大师巴金先生》（《中国教育报》2005年10月20日）还要进一步："高祖李介庵的时代作为'幕僚'随主公举家迁入四川。"《中山大学学报》（社会科学版）1996年第1期中《巴金与〈红楼梦〉》则有"高祖李介庵在清朝道光时代入蜀游幕，举家从浙江嘉兴迁入四川"说法。估计这些都是从前面提到的宗望公李璠的仕途起于幕僚演化来的。《醉墨山房仅存稿》中的《先府君行略》记录着介庵公李文熙是因为课徒有方，被学生家长感其恩"捐布政司照磨（清代部司府主管文书、照刷卷宗的从八品职官）一官报之。分发四川……"所以介庵公李文熙是宦游至四川而定居的。另外他从一七八六年去北京（见《秋门草堂诗钞》——巴金伯高祖父秋门公李寅熙的著作），到一八一八年入四川，"颠倒京兆，奔驰南北"三十余

年。"从浙江到四川定居"一说显然过于简化。一八一八年是嘉庆二十三年，显然不是乾隆年间或者道光时代。徐开垒先生《巴金传》、李存光先生的《巴金》（中国华侨出版社1997年4月版）和《巴金传》（北京十月出版社1994年12月版），以及周立民《巴金年表》（见当代中国出版社《嘉兴文杰》第二集第413页，2005年12月版）也都有"幕僚"的说法，"随主公举家迁入四川"更是无从谈起。

李文熙一七八六年赴北京投奔李寅熙

周立民先生力作《巴金手册》（广西师范大学2004年3月第1版）是巴金研究的重要工具，但仍有几处涉及家族史的有失准确，都在该书第1页中。"约在嘉庆早年李介庵随伯祖李秋门赴京"，秋门公李寅熙是介庵公李文熙的长兄，不是伯祖。李文熙是在一七八六年赴北京投奔李寅熙的，这是乾隆五十一（丙午）年（见《秋门草堂诗钞》）。到了嘉庆早年，李寅熙早已作古。"李介庵随李秋门赴京"一说来自《醉墨山房仅存稿》的《先府君行略》。宗望公李璠写道，其先君（李璠之父介庵公李文熙）"十七岁，先祖母去世，先君哀毁骨立。秋门公挚之入京"。李璠祖母去世时，秋门公李寅熙正在北京，"一恸几绝，（头左）瘤坟起如拳，呻吟卧榻，欲奔丧不果"（李文熙为《秋门草堂诗钞》所作之后记）。"挚之入京"实际上是秋门公李寅熙函召其四弟介庵公李文熙入京。周立民《新与旧：巴金关于"家"的叙述》重复了"嘉庆早年"的说法（《纪念〈家〉出版75周年研讨会论文集》2008年10月15日）。

没有史料证明李文熙迁入或者落户成都

陈思和先生的《巴金图传》（广东教育出版社2002年12月第1版）说"李氏家族由浙江嘉兴迁入成都是在（巴金）高祖李介庵的时代"。谭兴国先生的《走进巴金的世界》提到"大约在十八世纪初，（巴金）高祖李介庵做官入川，落户成都"。文洁若著的《俩老头儿（巴金与萧乾）》（工人出版社2005年10月第1版）中也说："巴金，原籍浙江嘉兴。到了高祖李介菴这一代，移居四川成都。"酝藉的文章《巴金：寒夜春秋一百年》（《新西部》杂志2003年第12期）更进一步具体到："巴金……出身于成都市正通顺街一个官宦之家。从他的高祖李介庵作为幕友离开祖籍浙江嘉兴，定居到这条街上，到尧字辈的巴金这一代，已经是第五代人了。"现有史料说明介庵公李文熙自一八一八年入四川后一直在州县做官，没有任何史料证明介庵公李文熙迁入或者落户成都（府）。迁入或者落户成都（府）应当是李文熙身后之事了。

三、关于巴金的祖父（浣云公）李镛

李镛有六子三女，其中一子早夭

关于浣云公李镛有几个子女，众说纷纭，有"五子一女""五子三女""六子一女""六子三女"等不一。其中"五子一女"说法可能始于巴金本人，这大概源于巴金幼年懂事时他的父辈就只剩五男一女了。徐开垒先生的《巴金传》中有一段相对比较准确的说法："（李镛的原配继配）两位夫人为李镛生下了五个儿子和三个女儿，其中一子二女早年夭亡。李镛在两个夫人谢世后，又讨了两个姨太太，为他带来一个足以做他的孙子的第六个儿子。""六子三女"的说法是正确的。唯其"早夭"定义不明。若以未成年（即满十八岁）而亡故作为标准，则只有一子可算早夭。陈思和先生的《巴金图传》说"李镛有两房妻室，生了六个儿子和三个女儿，其中一子二女早年夭亡，后来又娶了两个姨太太"。这里除了"早夭"前面已经说明外，李镛六个儿子中的幼子是姨太太之一曾氏所生。另外"有两房妻室"的说法，不如"先后有过两房妻室"准确。陈思和《巴金》（见当代中国出版社《嘉兴文杰》第二集，2005年12月版）有一段"李镛有两房妻室，两个姨太太，为他生了六子三女，其中一子两女早年夭亡"（第327页）。"早年夭亡"已在前面说过。"两房妻室，两个姨太太"也应说明是先后，而不是同时。事实上是原配汤氏故后，继娶濮氏；濮氏故后，纳妾曾氏；曾氏故后，纳妾黄氏。

《巴金生平及文学活动事略》中还有道：（巴金）"祖父李镛（号皖云），也做过官，后闲居在家，为大家庭的家长，有五子一女（子：李道河、李道溥、李道洋、李道沛、李道鸿；女：李道沆）。"其中"皖云"应为"浣云"，"道沆"应为"道沅"。如果此处说的是李镛的成年子女的话，则遗漏了另外两个女儿，她们是二女儿李道湘和小女儿李道漪。李道漪的《霞绮楼仅存稿》被收入李镛及其妻女的《李氏诗词四种》。谭兴国著《巴金的生平和创作》（四川人民出版社1983年3月版）还把李镛之名错为李金镛。此书还说（李镛的）"晚年，一心想的是'五世同堂'"。"五世同堂"当时在李氏家族是不可能的。李镛晚年的心愿是"四世同堂"，并得到实现。李存光近作《百年巴金——生平及文学活动事略》（人民文学出版社2003年11月版）也把"浣云"错为"皖云"。

陈思和先生在二〇〇四年十二月十七日"走进巴金"系列文化演讲第三讲《〈家〉的解读》（后整理收入《巴老和一个世纪》，上海社会科学院出版社2005年10月第1版）中说"……巴金的祖父是个非常开明非常有眼光的人。……他有几个儿子，老大就是巴金的父亲，曾做过县官；老二死了，老三老四都被送到日本去学习法律，……"这大概是演讲者把巴金小说《家》里的"高家"与巴金真实的李家混淆了。到日本去学习法律的正是老二李道溥和老三李道洋。事实上，无论是巴金祖父浣云公李镛的子女，还是巴金高祖父介庵公李文熙以下的大排行，都不存在"老二死了"的史实。

另外关于李道溥，唐金海和张晓云所著《巴金的一个世纪》（四川文艺出版社2004年1月版）说：（巴金的）"二叔李道溥，……，娶妻刘氏。"其实刘氏是继配，原配为吴氏。还有："五叔李道沛，……，娶妻固氏。"固氏为周氏所误。《巴金的一个世纪》对李镛子女介绍的顺序为李道河、李道溥、李道洋、李道沅、李道沛、李道鸿，使人认为他们的排行顺序也是这样。唐金海和张晓云所著《巴金年谱》（四川文艺出版社1999年版）则在介绍巴金的父亲、二叔、三叔、五叔、六叔时，则更明确"依次"写成"大姑妈李道沅，排行第四。"文洁若著的《俩老头儿（巴金与萧乾）》中也说"大姑

405

妈排行第四，叫李道沅。祖母汤氏生了以上四个子女"。其实除了前面说过的遗漏外，李氏家族男女是分开排行的。不能因为四叔李道瀛早夭，就把大姑妈李道沅说成是排行第四。李道瀛也是汤淑清所出。这本《巴金年谱》还说，（李镛）"娶妻汤氏，续弦濮氏，妾曾姨太；共生六子一女"，其中"六子一女"已在其所著新年谱《巴金的一个世纪》中改正为"六子三女"，但是李镛之姨太黄氏则被两书遗漏。

由于四叔李道瀛早夭并鲜为人知，不少人就设法弥补空白，难免不张冠李戴。李春雨编著《心灵的憩园——走进巴金的〈家〉》（北京师范大学出版社2007年1月第一版）第57页先有李镛"五儿一女"之误，并把女儿名字误为"李道沅"；然后就把五个儿子介绍为"李道河、李道溥、李道洋、李道鸿、李道沛"，这样就误导读者以为李道鸿是四子了，其实李道鸿是六子。南海出版社出版的《百年激流——巴金回忆录》（2000年10月第1版第232页）里把多次出版过的巴金《谈〈春〉》一文中"不过他（五叔）和三叔都干过……"错误地重印为"不过他（五叔）和四叔都干过……事情"。这两本书，以及其他一些读物，都是把巴金小说《家》里的"高家次子早夭"与巴金真实家中的李家四子早夭混淆了。问题是《谈〈春〉》一文在《百年激流——巴金回忆录》中重印错误，把错误的起源强加到巴金本人身上了。

由成都市工商业联合会编撰的《百年沧桑——成都商会历史沿革》第15页说（四川首任劝业道周孝怀）"委任他（樊孔周）和李道江（巴金之父）筹集资金，创办社会所需要的新兴

事业";第27页上说（成都）"总商会为适应潮流，也成立了
'宪政研究所'，聘倪天来、李道江（巴金父亲），陶思曾为
义务讲师，讲解宪法"。巴金的父亲是李道河；此书中的李道
江是巴金的二堂伯。

关于李镛的著作《秋棠山馆诗钞》

《巴金生平及文学活动事略》《巴金传》《巴金评传》
（陈丹晨著）都说李镛"印过一册《秋棠山馆诗钞》"。而
《秋棠山馆诗钞》并没有被单独刻印过，而是与浣云公李镛原
配夫人汤淑清的《晚香楼集》、继配夫人濮贤娜的《意眉阁
集》、女儿李道漪的《霞绮楼仅存稿》一同被木刻刊印为《李
氏诗词四种》。《中山大学学报》（社会科学版）1996年第1期
中《巴金与〈红楼梦〉》更称："祖父李镛……著有《秋棠山
馆诗钞》石印送人"，"石印"一说更纯属发挥。李存光《巴
金》和《巴金传》也说李镛"自印过一册题为《秋棠山馆诗
钞》的诗集"。李书还称李镛"做过知县、知州"，但是并未
提出有关"知州"的史料佐证。

陈思和先生的《巴金图传》说"（李氏家族）到了李镛时
代，这个家族才真正中兴起来"。田夫先生在抄录中则略加修改
为"到了李镛这一代，李家开始发达了起来"（《巴金的家和
〈家〉》）。不知道这里"中兴"和"发达"标准是什么，但
是就那个时代一般以仕途为追求而言，介庵公李文熙、宗望公李
璠、蓉洲公李忠清（巴金的二伯祖）、浣云公李镛等几代都是差
不多的，多在边远地带为县官，其中李璠和李忠清倒还做过直隶

州知州；如论军功，也以李璠和李忠清为最；如论科举，李文熙以后的这两代人，则因清制籍贯所限，无法正常参加考试。

李镛原配夫人汤淑清不是浙江人

周立民先生力作《巴金手册》还说（李镛）"原配汤氏，为浙江的大家闺秀"。这一说法更早见于孙晓芬所著《巴金祖籍家世》（《人民日报·海外版》1996年5月30日连载）。汤氏祖籍江苏南兰陵（今武进），生于四川戎州（今宜宾）（见《李氏诗词四种·秋棠山馆诗钞》），不是浙江人。徐开垒先生的《巴金传》还提到"（李镛原配夫人汤氏）她的外祖母更是当年'兰陵三秀'之一，既能绘画又能作诗，还曾一度以诗画维持生活，自称'澹影阁老人'"。徐先生对历史材料的挖掘深度独到，曾经亲临四川采访。只是汤夫人的外祖母赵书卿的斋名是"澹音阁"，而不是"澹影阁"。估计这是因为四川话中"音"和"影"两字的区分不如普通话明显，以致所误。《近代巴蜀诗钞》（巴蜀书社2004年版）在分别介绍赵书卿和她的姐妹们（姊赵云卿和妹赵韵卿）时说（赵氏三姐妹）"皆有诗名，并称'兰陵三秀'。曾合刊少作为《兰陵三秀集》（已佚）"（第60、66、70页）。这不准确。该集仍藏于国内，除了图书馆外，在2004年春季嘉德拍卖中也曾高价转手。《近代巴蜀诗钞》还说赵书卿"著有《澹音阁诗词钞》，今已散佚"一语（第66页）。其实《澹音阁词》被收入光绪二十二年（1896年）南陵徐乃昌刊本《小檀栾室汇刻闺秀词》第三集第二册，署"锡山赵友兰佩芸撰"。赵氏名书卿，字友兰，号佩芳，后改用佩芸；"锡山"为兰陵之误。《小檀栾室汇刻闺秀词》为海内外诸多图书馆所藏。
《江苏艺文志·常州卷》（江苏人民出版社1994年6月第1版）误
录《小檀栾室汇刻闺秀词》收其妹赵韵卿的《寄云山馆诗余》，
其实并没有；《小檀栾室汇刻闺秀词》只收了赵书卿的《澹音
阁词》，但是《江苏艺文志·常州卷》并没有把赵书卿与赵友
兰联系起来，所以并没有著录她的《澹音阁词》。另外此书著录
赵氏姐妹时称赵云卿和赵书卿为赵邦英的长女和次女（第676、
679页）。《江苏艺文志·常州卷》的这几处错误，在柯愈春所
著《清人诗文集总目提要》中都有出现（第1321、1329页）。柯
著《提要》还进一步说赵韵卿是"三女"。事实上赵氏姐妹共四
人，以诗词闻名并被誉为"兰陵三秀"的赵云卿、赵书卿、赵韵
卿依次分别是次女、三女、四女。柯著《提要》又根据清《国朝
闺秀正始续集补遗》把赵云卿误说成是"江苏铜山人"，与同被
著录的两个妹妹籍贯不同。《国朝闺秀正始续集补遗》还把云卿
之妹书卿韵卿误为书卿瑞卿。清《小黛轩论诗诗》也把赵云卿
误说成是"江苏铜山人"，并把其早年诗作《绣余小咏》误录成
《绣余小草》。《江苏艺文志·常州卷》还说赵韵卿"道光年间
在世"。其实赵韵卿和赵书卿都高寿八十余岁，历经嘉庆、道
光、咸丰、同治、光绪五代皇帝。李朝正、李义清所著《巴蜀历
代名媛著作考要》（巴蜀书社版）把赵氏姐妹误为"山东兰陵
人"。赵氏姐妹籍贯江苏武进（或称阳湖，今属常州），古称兰
陵或毗陵，因山东有兰陵，又称南兰陵。赵氏姐妹的雅号"兰
陵三秀"，即源于此。叶恭绰编《全清词钞》（中华书局1982年
5月版）、鲜于煌注释的《历代名媛诗词选》（重庆出版社1985

年10月版）、王延梯著《中国古代女作家集》（山东大学出版
社1999年2月版）、朱德慈著《近代词人考录》（中国社会科学
出版社2004年12月版）、胡文楷编著《历代妇女著述考》（上海
古籍出版社1985年5月第1版）、龚学文编著《闺秀词三百首》
（漓江出版社1996年6月版）和清末民初施淑仪《清代闺阁诗人
征略》（上海书店1987年5月影印本），都据《小檀栾室汇刻闺
秀词》"锡山"之误，把赵友兰（书卿）进一步说成是无锡人，
其实尽管清代无锡时属常州府，但还是不能与武进混淆。前三本
书还分别把《澹音阁词》误为《澹香阁词》（叶书和鲜于书）
或《淡香阁词》（王书和朱书）。而且《中国古代女作家集》没
有按其体例都把赵友兰（书卿）和其妹赵韵卿的条目联系起来。
《历代妇女著述考》也还把赵云卿误说成是"江苏铜山人"，云
卿之妹书卿韵卿误为书卿瑞卿，均来自《国朝闺秀正始续集补
遗》。但该书虽误录《小檀栾室汇刻闺秀词》收其妹赵韵卿的
《寄云山馆诗余》，但申明"未见"。可是该书把三姐妹列为三
个不同籍贯，也很有趣，唯韵卿籍贯正确。民初吴灏从《小檀栾
室汇刻闺秀词》精选的《闺秀百家词选》（民国四年扫叶山房石
印本）第三卷把澹音阁错为澹青阁。

四、关于巴金的高伯祖父（秋门公）李寅熙及浙江嘉兴祖上

李寅熙晚年一直在北京，并卒于北京

陆明先生撰文《巴金与嘉兴》，对李氏家族在嘉兴的历史

有比较扼要的描述。但是文中写道："李文熙之兄李寅熙（别号秋门）晚年一直住在嘉兴，……，著有《秋门草堂诗钞》四卷；……"其实《秋门草堂诗钞》的诗词中记载着秋门公李寅熙乾隆丁酉（一七七七年）年后离乡北游，多居京城，只曾一度短暂回乡应考。此书之后记中更有简洁明确的记录："乾隆己酉病瘤卒于京邸。"陆正伟先生文章《巴金的祖籍在嘉兴》（2006年10月27日）还增加了细节，如："另一支为巴金的高祖李寅熙，著有《秋门草堂诗抄》等，有文名，又同嘉兴籍的状元汪如洋交往，在一起吟诗唱和，因而一直世居嘉兴甪里街。"李寅熙和汪如洋吟诗唱和早年在嘉兴，后来则在外地，以北京为主，而且不少时间是在两地间以书信唱和。李寅熙第二次到北京曾经住在北京长春寺附近的汪如洋寓所。不仅李寅熙并不一直世居嘉兴甪里街，在一七八四年他因赴乾隆南巡召试回乡时嘉兴的李家已经搬离甪里街。这篇文章还两次提到巴金的二堂伯，却先后使用了不同的"李青程"和"李青城"，后者是正确的，二堂伯李道江号青城。此文还有一句有趣的说法："李璠的嫡曾孙，是李氏家族迁四川后的第五代。"其实只要是李璠的曾孙辈，无论嫡庶，都是李氏家族迁四川后的第五代。

　　李存光的《巴金》（第23页）和《巴金传》（第61页）都提到一九二三年"十二月八日（巴金与其三哥李尧林）再度去嘉兴。这次是遵在四川的二伯祖之嘱，去查验修缮后的祠堂，扫祭祖先，并替二伯祖做神主"。这里的"二伯祖之嘱"应为"二堂伯（李道江号青城，即二伯祖蓉洲公李忠清之子）之嘱"，因为不仅二伯祖此时早已作古多年，无法嘱托；即令他还活着，也不能请人为自己在祠堂里做神主。

李寅熙嗣子李玑一支在嘉兴繁衍之说，尚无史料佐证

《巴金与嘉兴》写道："寅熙无后，以文熙次子李玑为嗣，这一支在嘉兴繁衍。"应当指出，关于秋门公嗣子李玑一支在嘉兴繁衍的说法，只是该文作者的推论，虽有可能，尚无任何史料佐证。王学平先生二〇〇三年的《巴金的祖籍情结》也援用了陆文的这一说法。二〇〇五年十月二十一日《嘉兴日报》载史念先生文章《1923年巴金嘉兴之行》，说法也与陆文基本一致；此外史文还说"由于巴金的伯高祖李寅熙无子，以李玑为嗣子，故李介庵的儿孙便顶了四川与嘉兴两支血脉"。其实秋门公李寅熙兄弟五人（见《醉墨山房仅存稿·先府君行略》），并没有充足根据说只有其四弟介庵公李文熙的"儿孙便顶了四川与嘉兴两支血脉"。二〇〇六年六月出版的《上海滩》（总234期）载陆正伟先生文章《寻访巴金祖籍地》基本袭用了上述说法，此外还说"一支为李介庵（名文熙），为谋求发展，于嘉庆二十三年离开迁往四川，……"如前所述，此说不确。接下来陆文还说"四川的李介庵有三子——李璇、李玑和李璠，他们都在四川、甘肃等地做官"。其实并没有任何关于李玑所在和做官的史料记载。陆正伟先生的另外一篇文章《巴金的祖籍在嘉兴》（2006年10月27日）基本重复了同一种说法。周立民先生文章《寻访巴金旧踪》也称"李寅熙（别号秋门）一支人则一直在嘉兴生活"。

关于浙江嘉兴祖上

史文提到"巴金的祖上在清代前期就世居嘉兴甪里街。其八世祖李玉傅、七世祖李誘、……"陆正伟文章《寻访巴金祖籍地》则提到"其八世祖李玉傅、七世祖李誘、六世祖李南堂"。陆正伟后文《巴金的祖籍在嘉兴》还称"七世祖李彪"。姑且不论究竟该称几世祖，这三位正确的名字应当是李玉傅、李澍、李南棠。《寻访巴金祖籍地》又提到"嘉兴市志办找到了李家祖籍旧址"，其实找到的只是祠堂旧址。《巴金的祖籍在嘉兴》还说"这座祠堂尔后成了四川与嘉兴李氏家属联系的纽带。早年，成都的李家后代只要到东南地区办事，都会弯到嘉兴来拜谒祖先"。其实那时候李氏家族并没有什么事情要到东南地区去办，几乎每次都是专程到嘉兴祭祖访旧。嘉兴市出版的旅游资源普查图集《寻踪追源》（王照祥主编，出版年月不详）第四十四页收有一张题为《李氏祠堂》的照片。根据本文作者考察，这是在嘉兴市塘汇李氏祠堂旧址拍摄的，但是因为祠堂早已被拆除，所以照片上的房屋并不是祠堂，而只是在祠堂原址上修建的民居，应予说明。

唐、张二人所著的《巴金的一个世纪》说"李氏原籍浙江嘉兴塘汇镇"。其实在秋门公李寅熙离开嘉兴以前，李氏"世居甪里街"（见《醉墨山房仅存稿·先府君行略》）。

傅逅勒先生呕心沥血二十余年，编出万言《嘉兴历代人物考略》（香港天马出版有限公司2005年5月第1版）。其正文中收入介庵公李文熙和秋门公李寅熙，但是把李文熙误为李璠的儿子和李寅熙的哥哥，李文熙实为李璠的父亲和李寅熙的弟

弟。该书附录还收入巴金姑姑李道漪，称其"字蕙清，……李
道沅、李道祥妹"。这有两处错误：李道漪的字应当是蕙卿；
她兄姊多人，但是没有李道祥。她这一辈姓名第三个字偏旁都
有水，最接近的是李道洋。

李道洋为他祖父宗望公李璠的《醉墨山房仅存稿》作跋，
结尾句为"丁亥秋孙道洋谨述"，其中"孙"字用小字刻出，其
意为"丁亥秋（李璠）孙（李）道洋谨述"。《清人别集总目》
（李灵年、杨忠主编，2000年安徽教育出版社出版）则误录《醉
墨山房仅存稿》为"孙道洋刻"。另外李道洋这篇跋本身也刻印
有误，此书既不可能是丁亥一九四七年（民国三十六年）刻印，
因为李道洋早于此前故世；也不可能是丁亥一八八七年（光绪
十三年）刻印，因为李道洋在《跋》中说他自己因"国变……弃
官闲居"，这里的"国变"是一九一一年的辛亥革命。收藏此书
的各图书馆据"丁亥"各加不同分析，并予著录。《总目》把这
些图书馆著录汇总为"光绪十三年（即一八八七年）李氏成都刻
本（上图、川图）"和"民国三十六年（即一九四七年）孙道洋
刻本（南图、南大）"；柯愈春所著《清人诗文集总目提要》
也说是"光绪十三年李氏成都刻"，都是不对的。以《跋》中
李道洋称其父李镛为家君而不是先君来看，此书当刻印于辛亥
革命（一九一一年）后、李镛过世（一九二〇年）前，以丁巳年
（一九一七年）可能性最大。《总目》还说"光绪十三年李氏成
都刻本"为一卷本，其实此书只有一个版本，四卷两册。《总
目》还附作者简历："李璠，宝坻人，同治四年进士。"这个简
历显然是错误的，与《醉墨山房仅存稿》作者宗望公李璠无关。

因为宗望公李璠是浙江嘉兴人，同治四年已在四川任知县。

五、关于巴金的父母兄姊

　　陈思和先生的《巴金图传》说："巴金的父亲李道河是李镛的长子……，但是他的官运和才干都不及其父，学识也不及两个去日本留过学的弟弟。"陈思和《巴金》（见当代中国出版社《嘉兴文杰》第二集，2005年12月版）在同样这段话后还加了一句"所以（李道河）过得平平"（第327页）。这段话也被田夫先生一字不差地抄入《巴金的家和〈家〉》（第5页）。但是并未见到陈书和田书对（子舟公）李道河的才干和学识提出什么真实材料，也没看见陈书和田书说出两个去日本留过学的弟弟相对李道河而言又过得如何不平凡。在那个时代，长房长子或长房长孙要对大家庭承担着更多的责任，要为长辈和弟妹们做出牺牲。以一九一一年底（十二月二十八日）成都发生兵变为例，整个大家族撤走避难，只留下长子李道河和长孙李尧枚在家彻夜守护。所以长子长孙往往不得不放弃很多机遇，特别是留学海外，但是并不能因此断言他们才学不济。周立民先生《新与旧：巴金关于"家"的叙述》说"巴金的父亲李道河不做诗"（《纪念〈家〉出版75周年研讨会论文集》2008年10月15日），但是同文前一段则引用了《秋棠山馆诗钞》胡淦《序》中的"子舟大令亦有（诗文）集待梓"。子舟是李道河的号，大令则是当时对当过知县者的雅称。李道河不仅擅长诗文，而且还为子侄们（也有幼弟）写了新戏（讽刺剧）《知事现形记》在家里演出。

　　徐开垒先生的《巴金和他的同时代人》（学林出版社1999年1月第一版）说"（巴金的）母亲（陈淑芬）生于在山明水秀的浙江省一个小城里"。陈淑芬祖籍浙江，但是出生于四川。徐书又说"巴金的母亲还有一个与她婆家的人很大的区别，这就是高家有人生病，总是烧香拜佛，请神求道，急了才请中医上门，搭脉开方；她却相信西医，……"她的婆家姓李不姓高，作者显然把巴金的李家和《家·春·秋》里的高家混淆了。徐书还接着说"（巴金母亲与）他的祖父和父亲及害怕外国人，又轻视外国人，是完全处在两种心态中"。事实上，巴金的祖父和父亲在当时是比较开放，不仅接受照相等当时并不被国人普遍接受的西洋术，还把巴金的二叔和三叔送到日本留学。徐先生的"既害怕又轻视"观点不知基于何种事实根据。一些书籍特别是网络转载，把巴金的母亲陈淑芬的名字误为陈淑芳，这里就不一一列举了。

　　徐开垒先生的《巴金传》写道："她（即巴金的母亲陈淑芬）进门第二年，就……生了……巴金的大哥……李尧枚。"其后"又为李家接连生了三个女儿。"后来"……不到四岁的大女儿…夭折了"（以上皆引自第4页）。同书后面又写道："（巴金的）二姐尧桢比大哥尧枚只小一岁"（第9页）。既然大哥和二姐之间还有早夭的大姐，二姐就不可能比大哥只小一岁。

　　四川辞书出版社出版《四川近现代人名录》（1993年2月版）收入巴金的二哥李林（李尧林的笔名），其生卒年月录为"1901—1945"。事实上，李林先生出生于一九〇三年六月。

六、其他种种

各种地方志之误

民国《筠连县志·武功》中称李璠以及其侄李忠清为"江西人"，实为浙江嘉兴人，《筠连县志·职官》亦称李璠为"江西监生"。民国《高县志·宦绩》也误说李璠是"江西人"，民国《南溪县志》则误称李璠为"云南昆明（人）"，民国《富顺县志》除了沿用"云南昆明人"外，还把李璠的名字错为"李蟠"。民国《松潘县志》把李忠清误为"李忠青"，并将其籍贯误为"湖北人"；民国《泸县志》把李忠清误为"李宗清"；光绪《彭水县志》把李忠清之兄李洪钧误为"李鸿钧"。民国重修《广元县志》称李道河"云南人"，民国重修《大足县志》把李道河误为"李道和"。

各种照片之误

陈思和先生的《巴金图传》第7页上的照片"大家族的合影"并不是巴金祖上大家族的合影。巴金先生曾告诉他的侄子李致先生这是当年成都商会部分成员的合影，前排左起第一人是巴金的父亲李道河。该书第一页左侧还有一张照片，未加说明。但因为是在第一章《家庭的环境》标题的右页上，所以给人造成这是巴金家族照片的印象。其实这张照片是巴金先生与他四舅陈砚农一家人等的合影。陈砚农（右一）是巴金生母陈淑芬的四弟，后为成都市邮政官员，家境较好。在李家原来的大家族破落后对巴金的大哥的遗孤们多有照顾。左一为巴金先生的四舅母。唐

金海和张晓云所著《巴金的一个世纪》第4页上的众人合影照旁
有注释："'李家大公馆'是个大家庭",令人以为这是李家合
影,其实这是巴金母亲的娘家——陈家的女眷及子女的合影。

李辉先生撰稿的《一个知识分子的历史肖像》(四川人民
出版社2003年10月版)第196页上有巴金与大哥李尧枚和七堂弟
李西舲(左)的合影,但是该书却误注为"李家三兄弟。大哥
尧枚(中)、三哥尧林(左)、尧棠"。

家族旧居种种

巴金家族旧居在成都正通顺街。二〇〇三年《华西都市
报》(记者杨帆)报道:出了名的"老成都"、白发老作家冯
水木说:"咸丰年间,那儿是成都有名的猪羊市场,后来被人喊
成珠市街,是取猪屎的谐音。当时巴金的祖父李浣云看地价便
宜,就把这个市场购置下来修李公馆……"巴金的祖父浣云公
李镛生于咸丰三年,到咸丰最后一年也不过八岁。这个年龄的
李镛不可能自己购置宅院,咸丰年间购宅也无任何史料记载。

《文汇生活周刊》二〇一一年十二月十三日载文《上海成
都双城居·巴金的"家"春秋》(作者唐骋华)说:"诞生巴
金的那所大宅院便是其父花上万银元购入的。"这篇文章居然
给出了宅院价格,也属奇谈。

《作家巴金》优中有误

香港作家余思牧先生长期研究巴金。由于不受"文化大
革命"等外界因素干扰,他的研究见地独到,见其近作《作

家巴金》（增订本，香港利文出版社2006年3月出版）。但是有关巴金家族历史，尚有几处错误，除了上面指出过的巴金的曾祖父李璠只"做了一任县官"和祖父李镛（号"皖"云）等外，还有"李镛还娶了一房妾侍，叫曾姨太，她为李家添了六子一女"。事实上李镛娶了曾、黄两房妾侍，黄氏无出、曾氏只生一子。另外书中说"巴金父亲李道河（字子丹）"为子舟之误。书中还有"后来他（巴金）的父亲续娶，继母邓景蘧为他添了三个弟妹。这就是十四弟李尧椽、十七弟尧集和妹妹李琼如、李瑞珏"。根据这里算出来是四个弟妹，不是文中所说三个，而事实上却只有两个，即十七弟尧集和十二妹瑞珏为继母邓景蘧所生。十四弟李尧椽和九妹李琼如均为原配陈淑芬所生。该书所附《巴金生平年表简编》又说："继母邓景蘧为他生了三个弟妹。"仍然包括了"妹妹李琼如（九妹）"之误。余书还先后提到两个不同的李镛病逝的日子，正确的是一九二〇年二月十九日（农历除夕）。该书在提到李镛死后，李氏大家族分家时说"代表巴金这一房的自然是嫡子李尧枚"，应为长子李尧枚。其父李道河从未纳妾，嫡庶之分无从谈起。

该书所附《巴金生平年表简编》还有："1909年（清宣统元年巳酉）5岁——李镛夫妇给大儿子娶了一个知书达理的闺秀陈淑芬做李氏长房的媳妇。李道河新婚的第二年，李镛就花了一笔巨款给大儿子捐了一个过班知县——四川有名的'蜀道门户'，'川中重镇'的广元县知县。（巴金）父亲赴四川广元上任为县官，随家同去，至父所任。"这段话给人的印象是巴金父亲一九〇九年由李镛捐官赴广元任知县，是在与巴金母亲陈淑芬结婚后的"第二年"。这显然与此时巴金已经五岁以及他上面还有两个哥哥和三个姐姐的事实不相符合。

香港出版的《香江文坛》2003年10月总第22期刊有"庆贺巴金百岁华诞专辑"，其中有署名慧丹的《巴金小传》。这篇文章除了包括前书提到的一些错误外，还有两点需要指出：（1）文章说"李镛有两位夫人，汤氏和濮氏，都是能文善画、出身名门的闺秀"，应当说"李镛先后有两位夫人，原配汤氏和继配濮氏，……"（2）文章还说"（巴金）他母亲（陈淑芬）在1913年（民国二年）生了她最小的一个孩子尧椽之后…逝世。后来他（巴金）的父亲续娶，继母邓景蘧为他添了四个弟妹。这就是十四弟李采臣、十七弟尧集（又名济生）和妹妹李琼如、李瑞珏"。如前所述，巴金的继母邓景蘧只生了李尧集和李瑞珏；李尧椽和李琼如均为巴金生母陈淑芬所出。应当特别说明的是李采臣就是李尧椽，不能当作两个人。此外文中还有一处把巴金二姐李尧桢的名字误印为李尧植。

《巴金家族的祖脉》和《巴金家何处》开创戏说先河

徐伏钢先生的《巴金家族的祖脉》（又名《历史祠堂的帷幕……》，见诸多种报刊）和郑光路先生的《巴金家何处》（《百姓》2005年第9期，多处转载，见《中国文艺》2005年第06期《寻找巴金的老家》等）等文章综合以前关于巴金家族历史的若干文章，也几乎包括上述全部错误说法。另外两文均有巴金先生一九二三年四月到嘉兴时与其四伯祖李熙平的"对话"，而且"对话"的内容都加了引号，变成"原话引用"，开创了"戏说"巴金家族历史之先河。郑文中竟有:"清嘉庆二十三年,李璠随他父亲李文熙游宦入蜀"之类奇谈,并与"李寅熙,别号秋门,晚年一直住在嘉兴"不正确的说法一起,放入了四伯祖李熙平口中(均加引号),成为李氏"家传"之言。郑光路文中还演绎道:"笔者发现一个有趣的问题:巴金高祖李文熙,熙字与'火'有关;曾祖李璠,璠与'土'有关(玉通土);祖父李镛,'镛'字与'金'有关,李镛有李道河等五子一女,名字之中都有'水';而巴金(李尧棠)及他兄长们,名字中都有'木'。……很可能李文熙自入川后,就已定下为后辈取名的'五行相生'的顺序,以祈求在四川能子孙繁衍、生生不息……"可是巴金的二伯祖蓉洲公李忠清(李文熙的次孙)及其长兄李洪钧(李文熙的长孙)的名字就都不在此列。李家后代的"五行相生"显然不是从李文熙的后一辈开始的。

《巴金的家和〈家〉》中诸多错误

田夫先生编著的《巴金的家和〈家〉》中说"……李介庵……当年远迁入川,以一个普通儒生身份在官府充当幕僚"(第3页),这里"幕僚"之误如前所述。

接着上面那一段,田书还有:"祖父李镛也能诗文,他给自己起了个雅号:皖云。他自刻过一部诗集《秋棠山馆诗钞》"。这番话,田书也是从别的书原封不动抄录而来的(抄自谭兴国先生的《走进巴金的世界》)。其中"皖云""自刻""诗集"之误已在前面指出,不赘。

即使是这样的大量抄录（而且不注明出处），田书也抄得前后自相矛盾。第5页中说"李镛有两房妻室，生了六儿三女"（抄陈思和《巴金图传》）；第69页又从别处抄来"他结过两次婚……，生了五儿一女"。

田书中赫赫印出李氏家族后人李致为该书顾问，据了解，李致先生根本就没有同意担任顾问，也没有看过该书的定稿。

本文是在过去几年里根据所读到的文章书籍陆续记录下来并在近期整理出来的，并于近期作了大幅补充。若所"正"有误，谨此致歉，并欢迎指正。

2005年8月19日深夜初稿
2006年12月25日补充定稿
2018年11月18日再次增补

编者后记

巴金先生说过他和两个哥哥的共同之处，就是都愿意多为别人着想，多付出一些。"两个哥哥对我帮助很大，我要帮助他们，结果没有机会了。我可能不会被人忘记，我希望他们两人能被人记住。"

为了却巴金先生的这一心愿，巴金文学院于二〇〇三年九月印行了一本由李致先生选编的小册子《不应该被忘却的人——巴金的两个哥哥》，收入了二十余篇纪念文章，成为献给巴金先生百岁诞辰的礼物。

李尧林先生逝世六十周年之际，由李致先生选编《巴金的两个哥哥》，作为汪致正先生主编的纪念李尧林丛书之一，由人民文学出版社于二〇〇五年五月正式出版。这本增收了十余篇文章的书与读者见面，时值巴金先生驾鹤西行。此书先后在报纸杂志上得到了四十余篇报道和评论，并被《中华读书报》选为当年最值得阅读的百本图书之一。

二〇〇九年，华侨出版社出版《巴金的两个哥哥》，收入各类纪念文章共达四十余篇，增加了李尧枚和李尧林致巴金的信件和手迹，杨苡、叶笃正、黄宗英等十多篇诗文，有关巴金家族历史资料的材料，以及若干历史照片，并附录了前一版出版后的两篇评论文章。

近十年来编者又发现二十世纪四十年代的怀念杂文和其他史料，黄裳先生等又写出了新的回忆文章，四川文艺出版社将之集大成，增补校订，定名为《棠棣之华》。书名出于《诗经·小雅·常棣》；"常棣之华，鄂不韡韡，凡今之人，莫如兄弟。"这里"常"意通"棠"，"棣"读音"弟"，"韡"读音"伟"，形容茂盛，用以赞美骨肉兄弟情。

巴金先生希望他的两个哥哥能被人记住，不仅仅是因为兄弟之情，更是因为两个哥哥对人的真情。这本书正是展现了巴金先生两个哥哥的这种情操。谨此后记。

李斧

二〇一八年十月二十八日